UNMASKED

이 책에서 언급된 몇몇 사람들의 이름과 특징, 사건이 발생한 날짜와 장소,
사건의 사건 세부사항은 실제와 다르게 변경됐다.

CSI 폴 홀스의 연쇄살인마 추적노트

UNMASKED

: 언마스크드

폴 홀스 구술 | 로빈 개비 피셔 정리
고현석 옮김

황소자리

2019년 12월

버번 한 잔을 더 시킨다. 마지막 잔이다. 어떻게 하다 지금 이곳에 오게 됐는지 기억이 나지 않는다. 조금 전까지 친구들과 저녁을 먹으면서 요즘 수사하고 있는 미제사건에 대해 얘기를 했던 것 같다. 밸런타인데이 댄스파티를 마치고 귀가하던 여고생을 강간한 뒤 목을 졸라 살해한 사건이었다. 저녁 자리에서 나와 택시를 탔던 것도 기억이 난다. 어디로 가려고 했는지는 모르겠다. 요즘 들어 무슨 일이 내게 일어나고 있는 것 같다. 술을 너무 많이 마신다. 썩어가는 시체들이 나오는 악몽을 꾸다가 깨어나면 침대 시트가 흥건히 젖어있다. 꿈속에서 한 여성을 본다. 여성의 아름다운 몸매는 눈에 들어오지 않는다. 나는 시신을 부검할 때처럼 그 여성의 몸을 한 겹씩 해부한다. 좋아하는 여성과 은밀한 시간을 보낼 때도 자꾸 여성의 시체가 생각나 머뭇거리게 된다.

사람들은 나에게 묻곤 한다. 내가 맡은 끔찍한 사건들과 일상생활을 어떻게 분리할 수 있느냐고. 아마도 그건 일과 일상생활을 분리할 수 있는 능력을 내가 타고난 덕이 아닐까 싶다. 나는 머릿속에서 일을 상자 속에 담아둔 다음 필요할 때만 그 상자를 열어본다. 게다가 나는 끔찍한 사건들을 수없이 다루면서 경험을 충분히 쌓았다. 이렇게 끔찍한 일들을 자주 맞닥뜨리다 보면 익숙해지고, 그 상황과 나 자신을 분리해 생각할 수 있게 된다. 피가 철철 흐르는 장면을 보면서도 흥분하지 않고 과학적으로만 분석한다. 누구라도 이런 장면이나 시신 등을 많이 접하다 보면 별 느낌이 없어질 것이다. 나는 대학 다닐 때 병리학 교과서에서 시신 사진을 보면서 공부를 시작한 이래 이런 장면들을 수없이 봐왔다.

하지만 현실에서 마주하는 장면은 교과서에서 본 사진처럼 흑백이 아니다. 운이 좋게도 나는 매우 뛰어난 분석력을 타고났지만 죄 없는 피해자들을 보면 마음이 너무 아프다. 범죄 해결 과정은 사냥이나 과학 문제를 푸는 일보다 훨씬 더 복잡한 과정이다. 선량한 사람들이 고통받고 있다는 생각을 하면 나는 좋은 의미로든 나쁜 의미로든 집착을 하게 된다. 그러면서도 일을 위해 내 감정을 조절할 수 있다는 사실에 늘 자부심을 가져왔다.

하지만 요즘에는 그동안 억눌렸던 어두운 감정이 스멀스멀 올라오는 느낌이 든다. 마치 댐이 무너지거나 분화구가 폭발하는 것 같은 느낌이다. 이런 곳에 오게 된 것도 그 느낌 때문인 듯하다. 지금 나는 할리우드대로의 점보스 클라운 룸이라는 바에 있다. 맞다. 이 바는 실제로 존재하는 바다. 내부는 온통 빨갛다. 벽, 바닥, 바, 조명도 모두 빨갛다. 술 한 잔을 더 시켜 마시면서 최근에 맡은 사건에 대해 잊어버리려 애쓰지만, 그게 쉽지 않다.

*   *   *

칼라 워커는 키가 150센티미터 정도인, 생기발랄하고 풋풋한 10대였다. 사진으로 봤을 때는 17세가 아니라 9세 정도로 보였다. 범죄현장 사진에서 칼라는 배수로에 누워있었다. 눈을 감은 채 머리를 앞으로 숙인 상태였다. 코는 매우 작았다. 칼라의 표정은 죽기 직전에 겪었을 야만적인 행위를 전혀 연상시키지 않았다. 편안하게 잠든 것처럼 보이기도 하고, 인형처럼 보이기도 했다. 칼라는 부모에게 밸런타인데이 파티에 다녀오겠다는 말을 할 때 입었던, 레이스가 달린 파란색 점무늬 드레스를 입고 있었다. 드레스는 찢진 상태에서 칼라의 가슴을 덮고 있었고, 하체는 그대로 노출된 상태였다. 파란색 머리핀 두 개는 그대로 꽂혀 있었지만, 붉은빛이 도는 칼라의 예쁜 금발은 진흙이 묻고 헝클어진 모양이었다. 파란색 드레스와 색깔을 맞춰서 공들여 눈꺼풀에 칠했다는 파란색 아이섀도도 지저분하게 번져 있었다. 정액 얼룩, 목 주위의 보라색 멍, 팔과 다리의 타박상 자국도 칼라의 끔찍한 죽음에 대해 말해 주었다. 나는 칼라의 상처들을 자세히 살펴보면서 어떤 일이 일어 났을지를 생각했다. 칼라는 심하게 구타당하고 강간당한 다음 목 이 졸려 죽었다. 시신은 철조망 울타리 밑으로 질질 끌려와 쓰레기 처럼 버려진 뒤 거의 나흘 동안이나 방치되었다.

이 살인사건은 1974년에 일어났지만 지금도 해결의 기미가 보 이지 않고 있다. 하지만 45년이 지난 지금도 부수적인 피해가 계 속되고 있다. 칼라가 살해당했을 때 12세였던 남동생 짐 워커는 지금 나보다도 나이가 많다. 최근 이 미제사건을 조사하기로 했을 때 나는 포트워스 교외에서 짐을 만났다. 짐은 운전면허를 딴 이 후부터 계속 범죄현장 근처를 돌아다녔고, 밤에는 배수로에서 누 나의 살인범이 나타나길 기다렸다고 말했다. 마음이 너무 아파 눈 물이 나는 것을 간신히 참았다. 45년이라는 긴 시간이 지났는데도 짐은 누나를 바로 어제 잃은 것 같은 표정을 짓고 있었다. 부모님 은 세상을 떠날 때까지 훨씬 더 큰 고통을 겪었다고 짐은 말했다. 엄마는 매일 아침 눈을 뜰 때마다 칼라의 사진을 쓰다듬었다고 했 다. 엄마의 이런 행동은 딸에게 "잘 잤니?"라고 말하는 아침 인사 였다. 이런 비극이 일어나서는 안 되는 이유가 여기에 있다. 피해 자가 너무 많고, 그 피해자들의 삶이 완전히 부서지며, 수많은 가 족이 해체된다. 치유는 다른 사람이 해줄 수 없고, 상처는 전혀 줄어들지 않으며, 고통도 사라지지 않는다. 이런 비극은 많은 사람의 삶을 처참하게 파괴한다.

나는 칼라의 가족에게 사건을 해결하기 위해 최선을 다하겠다고 약속했다. 칼라의 가족이 평화를 얻을 수 있는 유일한 방법은 살인자가 누구이고, 왜 죽였는지 알게 되는 것이다. 나는 배수로를 살펴보면서 살인범을 잡기 위해 끝까지 노력하겠다고 칼라에게도 약속을 했다. 칼라를 위해 헌신하겠다고 다짐했다.

사람들은 나를 철저하게 분석적인 사람이라고 생각한다. 하지만 범죄현장에 머물 때 나는 매우 영적인 사람이 된다. 나는 범죄자와 피해자의 시각에서 두루 생각한다. 내가 범죄 해결을 위해 사용하는 핵심적인 방법이다. 하지만 그 수준을 뛰어넘어서 피해자와 좋은 관계를 구축하기 위해 온 마음을 기울여 노력한다.

칼라의 경우도 그랬다. 칼라의 시신이 버려졌던 배수로는 텍사스 주 시골 도로 아래 터널에 있다. 칼라가 살던 집과 다니던 고등학교에서 16킬로미터 정도 떨어진 외진 곳이다.

칼라의 시신이 있던 바로 그곳에 서자 마치 내가 그때의 끔찍한 장면을 목격하고 있는 것 같은 느낌이 들었다. 범인이 칼라에게 다가간다. 범인은 흥분에 휩싸인 눈으로 칼라의 속옷을 벗기고, 칼라의 가슴을 감싼 브래지어를 풀어헤치고, 미친 듯이 드레스를 찢기 시작한다. 칼라의 동공이 확대되고, 심장이 쿵쾅거리고, 호흡이 빠르고 가빠지는 것이 보인다. 아드레날린이 분비돼 온몸으로 퍼지고 공포에 사로잡히지만, 범인과 맞서 싸우기에는 칼라는 너무 작고 힘이 없다. 범인은 얼굴을 찡그리며 칼라의 목을 조르기 시작하고, 칼라는 범인의 손을 목에서 떼어내기 위해 안간힘을 쓴다. 칼라는 자신의 목을 조르는 범인의 손을 손톱으로 할퀴면서 자기 살도 손톱으로 찌르기 시작한다. 칼라는 이렇게 죽을 수밖에 없다고 생각한다. 살기 위해 할 수 있는 일이 없다. 몸이 점점 말을 안 듣는다. 외경정맥이 막힌 상태에서 심장이 경동맥을 통해 계속 피를 밀어내 뇌압이 폭발적으로 상승한다. 연구결과에 따르면 이 시점에서 피해자는 6~10초 안에 의식을 잃지만, 범인들은 피해자가 죽는 데 더 긴 시간, 즉 몇 분 정도가 걸린다고 말한다.

칼라가 내쉬는 마지막 숨결이 느껴지는 듯하다. 나는 무릎을 꿇고 칼라의 머리가 있었던 곳을 만지면서 말한다. "범인을 반드시 잡겠다고 확언할 수는 없지만, 최선을 다하겠다는 약속은 할 수 있습니다." 이 말은 내가 지킬 수 있는 약속이다.

* * *

점보스 클라운 룸 바가 점점 더 시끄러워졌다. 음악이 커지고, 야한 비키니를 입은 여성들이 무대에 오른다. 바를 둘러싼 봉에 매달려 몸을 흔드는 여성들, 바닥에서 유혹적인 몸짓을 하며 천천히 움직이는 여성들이 보인다. 이 여성들은 손님들이 무대 쪽으로 던지는 지폐를 줍고 있다. 손님들은 좋은 뜻으로 돈을 던지겠지만, 그걸 지켜보는 내 눈에는 뭔가 잘못되고 무례한 듯한 느낌이다. 봉에 매달려 춤추는 여성들을 차마 볼 수 없다. 저 여성들은 어떤 삶을 살고 있을까? 그들이 스스로를 위험에 빠뜨리고 있는 것은 아닐지 나는 걱정이 된다. 그런데 대체 나는 여기서 무엇을 하고 있는 걸까?

다른 사람들에게 내가 밖으로 나갈 것이라고 신호를 보내고 재킷을 걸치는데 댄서 한 명이 눈에 들어왔다. 스무 살쯤 돼 보인다. 내 큰딸보다도 어린 듯한 여성이 무대에서 내 쪽으로 몸을 조금씩 움직인다. 나는 만신창이가 된 이 여성의 시신이 진흙탕 도랑에 버려진 장면을 상상한다. 몸서리를 친 후 100달러 지폐를 꺼내 1달러 지폐로 감싼 다음 그녀에게 내밀었다. 돈을 받기 위해 그녀가 몸을 숙일 때 나는 "받으세요."라고 말했다. 그녀는 관능적인 목소리로 "고마워요."라고 대답하지만, 그녀의 얼굴에서 나는 어린 소녀의 모습을 본다.

바에서 나온 후 비틀비틀 할리우드대로로 걸어가 택시를 잡았다. 뒷자리에 앉자 기사가 내게 물었다. "어느 방향으로 가시나요, 손님?"

눈물을 훔치면서 나는 속으로 대답했다. "나는 미치는 방향으로 가고 있다고!"

차례

1장 : 길의 끝

2018년 3월

전처 로리는 내 직업이 '정부'라고 말하곤 했다. 내가 모든 사람의 정부가 되기로 선택했기 때문이다. 사무실에서 마지막으로 짐을 챙겨 나올 때, 오래전 그녀가 했던 격한 말이 귓가에 맴돌았다. "당신은 길을 잃었어요…. 우리에겐 당신이 필요해요…. 하지만 당신은 집에 있을 때조차 진짜로 집에 있는 게 아니에요." 로리가 한 말은 대부분 옳았다. 지금도 그렇지만 그때도 나는 가족을 위해, 가족이 내게 바라는 대로 살지 못했다. 그렇다고 내가 원하는 대로 살았던 것도 아니다. 내 일은 단순한 직업이 아니었다. 내게 일은 소명이자 목적이었다. 마치 공기나 물 같은 것이었다. 근 30

년 동안 나는 사건을 가장 중요하게 생각했다. 내겐 항상 가봐야 하는 범죄현장이 있었고, 추격해야 하는 범인이 있었다. 나는 미제 사건을 파헤칠 때 가장 행복했다. 늘 다른 누구도 해결하지 못하는 사건을 해결하기 위해 도전해야겠다는 생각을 떨치지 못했다. 대학을 졸업한 직후부터 평생 다니던 직장을 떠나면서 나는 세월이 눈 깜빡할 사이에 흘렀다는 생각을 했다.

사무실의 텅 빈 책상과 책장을 보면서 심호흡을 했다. 이게 무슨 느낌일까? 뭔가 찝찝한 건가? 은퇴해도 그렇게 나쁘지 않을 것이라고 스스로를 속인 건 아닐까? 이제 기타를 배우고 산악자전거를 탈 수 있는 시간이 생겼으니 좋지 않은가? 이제는 다른 길을 찾을 수 있지 않은가? 이런 생각들이 연이어 떠올랐다.

내 사무실은 캘리포니아 주 이스트베이 지역 공업도시 마르티네스 시의 카운티 건물에 있었다. 그 건물 3층의 형사사법국으로 가기 위해 계단을 오르는데 지평선 너머로 해가 떠오르는 모습이 보였다. 동료들이 출근하기 전에 물건을 챙기기 위해 일찍 집에서 나왔다. 나는 항상 조용하면서도 감상적이었다. 특히 뭔가가 끝나는 상황과 과거에 대해서 더욱 그런 태도를 보였다.

며칠 전 나는 내가 처음으로 샀던 집 쪽으로 차를 몰고 가서 길가에 주차했다. 1992년 첫 번째 아내와 함께 그 집을 장만하던 때, 집은 완전히 새집이었다. 그 집에서 나는 집을 관리하고 보수하는 법을 배웠다. 집 뒤편에 데크를 만들고 옥상에는 묘목을 심었다.

그날 가서 보니 묘목은 크게 자라 옥상 위로 솟아있었다. 차 안에 앉아 그 집을 보면서, 거실에서 가족과 단란하던 날들을 떠올렸다. 그때 나는 너무 어려 앉아 있기조차 힘들던 첫아이 르네를 베개로 받쳐 앉혔고, 이가 하나도 없던 르네는 웃으면서 옹알이를 했었다. 지금은 그 아이가 딸을 낳아 기르고 있다.

나는 잘 울지 않았지만, 요즘 들어 갑자기 눈물을 흘리곤 한다. 그 집을 본 후 차를 몰아 돌아올 때도 눈물이 쏟아졌다. 동료들이 출근하기 전에 짐을 챙겨서 나와야 했던 이유 중 하나다. 나이 쉰에 감상적인 늙은이가 된 것일까? 내 아버지는 나이가 들수록 부드러워졌다. 나를 키울 때 엄격한 퇴역군인이었던 아버지는 손자들에게 재미있는 표정을 지으면서 실컷 놀아주는 할아버지로 서서히 변해갔다.

사무실을 떠나는 날 태연한 모습을 보이겠다고 작정했지만 나는 이 다짐을 지키지 못했다. 이곳에서 평생을 보냈기 때문이다. 캘리포니아 주의 연금 시스템이 안정적이지 않았더라도 내가 은퇴를 결심했을지는 모르겠다. 나는 스물두 살 때부터 은퇴할 때까지 콘트라코스타 카운티의 정부 건물에서 거의 매일 살다시피 했다. 내 인생에서 가장 중요한 일들도 이 건물 안에서 시작됐다.

모든 일에는 부침이 있고, 내 첫 번째 결혼도 그랬다. 첫 결혼에서 두 아이가 태어났지만, 나는 이혼했고 두 번째 아내가 된 셰리를 만났다. 그 결혼에서 딸과 아들이 태어났다. 수십 건의 살인사건들이 해결됐다. 여전히 해결되지 않은 사건들도 있다. 하지만 그 사건들은 절대 잊히지 않아서, 내 하드드라이브에 담겨 나와 함께 집으로 향한다.

내가 떠난 다음 날이면 내 사무실은 지방검사와 협의해 살인사건을 담당하게 될 후임자가 사용하게 될 것이다. 후임자는 범죄수사학forensic, 성적 살인, 연쇄살인범에 관한 책들로 가득하던 빈 책장을 다른 책들로 채우고, 지나가는 사람들이 끔찍한 범죄현장 사진을 보지 못하도록 내가 각도를 조절해 놓은 컴퓨터 모니터 앞에 앉을 것이다. 후임자는 새크라멘토 강 삼각주가 내려다보이는 창 바깥으로 오랫동안 묵은 먼지를 털어버릴 것이다. 강물은 늘 눈부시게 반짝였지만 나는 거의 알아차리지 못했다. 항상 일에 너무 몰두했기 때문이다.

*   *   *

우리 관할구역은 수백 제곱킬로미터에 이르는 샌프란시스코 만지역 전역이었다. 우리는 인구 100만 명이 넘는 이 지역 전체에서 일어나는 범죄 사건들을 처리했다. 우리 관할구역에 속한 4개 도시는 FBI가 선정한, 캘리포니아에서 가장 위험한 100개 도시에 포함돼 있었다. 나는 수백 건의 살인사건을 수사했지만, 지난 몇 년간은 거의 미제사건만 파헤치고 있었다.

모든 미제사건은 부수적인 피해를 동반한다. 가장 큰 피해자는 살인의 고통스러운 여파를 안고 살아가야 하는 사람들이다. 이렇듯 많은 이들의 삶을 파괴한 살인자가 여전히 자유롭고 정상적인 삶을 영위하고 있다는 생각을 할 때마다 나의 수사 의지는 강고해진다.

우리 관할구역에는 항상 나쁜 사람들이 넘쳐났다. 그리고 어떤 까닭인지는 모르지만, 최근 들어 발생한 가장 끔찍한 범죄 중 일부가 콘트라코스타 카운티에서 일어났다. 2003년, 레이시 피터슨과 그녀의 태중에 있던 아들 코너의 시신이 콘트라코스타 카운티의 해안가로 떠올랐다. 레이시의 남편 스콧이 아내의 시신을 샌프란시스코 만의 차가운 물 속으로 던지고 4개월이 지난 시점이었다. 유사한 상황을 많이 겪었지만, 영안실에서 레이시와 코너의 시신을 보던 순간은 내가 영원히 잊지 못할 정도로 끔찍했다. 레이시가 살해당하던 때, 코너는 출생을 채 한 달도 남기지 않은 상태였다. 도대체 어떤 괴물이기에 임신 8개월 반의 아내를 죽이고, 태어나지도 않은 아이와 아내의 시신을 콘크리트 블록에 묶어 차가운 바닷속으로 던지고도 아무렇지 않게 살아갈 수 있을까?

그로부터 6년 후인 2009년. 1991년 사우스 레이크 타호의 스쿨버스정류장에서 11세 나이에 납치됐던 제이시 더거드라는 여성이 집에서 약 270킬로미터 떨어진 곳에서 발견됐다. 제이시는 자신을 납치한 성범죄자 필립 개리도와 그의 아내 낸시가 집 뒤뜰에 쳐놓은 텐트에서 살고 있었다. 우리 관할구역 안이었다. 발견 당시 제이시는 29세였고, 개리도의 아이 두 명을 낳은 상태였다. 무려 18년 동안 제이시는 우리 코밑에 있었던 것이다. 동료 형사인 존 코너티와 나는 제이시와 제이시의 어린아이들이 구조된 직후 현장에 도착했다. 코너티는 18년 동안 제이시가 갇혀 지내던 참혹하고 더러운 환경을 보면서 "도대체 우리가 어떻게 이걸 놓친 거지?"라며 자책했다. 나는 고개를 절레절레 흔들 수밖에 없었다. 아무런 말도 나오지 않았다.

그동안 나는 이상한 사건들을 수없이 맡았다. 내 사건이 아닐지라도 도움이 될 수 있다면 나의 범죄수사 전문성을 동원하거나 끈질긴 수사관 근성을 보이면서 사건 해결에 도움을 주려고 했다. 나는 항상 마지막으로 수사를 했던 사람이 놓친 어떤 것을 나라면 잡아낼 수 있을지 모른다고 생각했다. 오만해서 그랬던 것은 아니다. 단지 나는 "노."라는 대답을 하기 싫었을 뿐이다. 지금의 아내와 전처 둘 다 내가 나 자신과 스스로의 능력을 지나칠 정도로 믿고 있다고 지적하곤 했다. 반쯤은 맞는 지적이다.

하지만 나는 필요하다고 생각할 때는 자신감을 드러내지만, 천성적으로 내성적인 사람이라 다른 사람들과 사적인 관계를 맺고 유지하는 것을 힘들어한다. 파티에서 이웃들 얼굴을 마주칠 때면 마음이 편하지 않다. 식당에서 사람들과 앉아 있을 때도 거의 말을 하지 않는다. 다른 사람들 역시 내게 말을 걸지 않는다. 다중 앞에서 말을 하는 것은 더더욱 힘들다. 처음으로 많은 사람 앞에서 말을 해야만 했을 때는 온몸이 마비되는 듯했다. 지금은 세간의 이목을 끄는 수사를 많이 하면서 경험이 쌓여 다소 나아지기는 했다. 그래도 다중 앞에서 말이나 연설을 하기 전에는 버번 한 잔을 마셔야 긴장이 누그러든다.

사건 검토는 대부분 집에서 서류 파일 속에 머리를 묻고 했다. 나는 스스로 일을 잘하고, 다른 사람들이 풀지 못한 사건들을 해결해내려는 투지가 강하다는 사실을 잘 안다. 살인사건이 내게 배정되기 전에 그 사건에 관해 다른 사람들이 말하는 직감이나 추정을 신뢰하지 않는다. 그럴 때 누군가 견해를 물어오면 나는 "음, 생각해 보겠습니다."라고 회의적으로 말하곤 했다. 나는 이런 일을 하기 위한 본능을 스스로 타고났다고 믿으며, 거의 항상 그 본능에 의존한다. 다른 사람들의 충동적인 생각이나 아이디어를 편하게 받아들이기 위해서는 적잖은 시간이 필요하다. 물론 이런 태도가 자기중심적으로 보일 수 있다는 걸 나도 잘 안다. 특히 내가 초보 수사관이었을 때는 내 생각에 동의하지 않는 사람들이 많았다. 베테랑 수사관들은 나 같은 초보가 자신들의 영역을 침범한다고 여겨지면 그 자리에서 바로 지적을 했다. 그들은 내게 "그건 당신이 할 일이 아니야."라는 말을 자주 했지만, 그 말을 듣고도 어깨를 한번 으쓱하고는 무작정 수사에 뛰어들곤 했다.

내가 다뤘던 수많은 사건이 이제는 담뱃갑 크기의 하드드라이브에 담겨있다. 생각해 보니 재미있었다. 내 오랜 수사관 생활의 마지막 흔적들이 38×30×25센티미터 크기의 문서보관 상자 하나에 모두 담기다니 말이다. 나는 하드드라이브와 25년 전 내가 처음 경찰이 됐을 때 부모님이 생일선물로 주신 연쇄살인범에 관한 책, 책상에서 밥을 먹을 때 사용했던 그릇과 포크, 숟가락, 실험실 장비 제조회사의 로고가 새겨진 갈색 가죽 컵받침을 상자 안에 집어넣었다. 컵받침은 밤늦게까지 일하다 책상에서 술 한 잔 마실 때 매우 유용하게 사용했었다.

*　*　*

포장 테이프를 잘라 상자에 붙이려고 할 때 문득 무엇인가가 눈에 띄었다. 아침 햇살이 내 옆에 있던 책장 안의 가족사진들을 비춘 것이다. 나는 그 사진들이 거기 있다는 사실을 잊고 지냈다. 행복했던 순간들이 담긴 그 사진들은 오래전에 행정서류와 살인사건 파일들 앞에 놓인 뒤 내 시선을 끌지 못했다. 그중 내가 좋아하는 사진은 10년 전쯤, 둘째 아들 벤이 아장아장 걸어 다닐 때 찍은 것이다. 벤과 내가 같이 걸어가는 모습을 찍은 것으로, 그때 나는 경찰 공식 행사에 참석한 뒤라 경찰 정복 차림에 경찰 모자를 쓰고 있었고, 줄무늬 폴로 티셔츠를 입은 벤은 작은 팔을 흔들면서 나를 따라오고 있었다.

보안관청 공식 행사가 있었던 2007년 5월 18일 경찰 정복을 입은 나와 둘째 아들 벤이 어딘가로 걸어가고 있다. 은퇴하기 전까지 내 책상 위에 있던 사진이다. _셰리 홀스

막내 줄리엣이 태어난 직후인 2007년 11월 4일 바커빌 집에서 찍은 가족사진. 오른쪽에 있는 사람들은 어머니와 아버지다. _폴 홀스

2010년 3월 아이들 네 명과 산으로 하이킹을 갔다. 이 하이킹 전에 르네와 네이선을 데리고 하이킹을 갔을 때 죽은 소의 뼈들을 우연히 본 적이 있었는데, 이 사진을 찍기 전 나는 아이들에게 그 뼈들에 대해 자세히 설명했다. 벤과 줄리엣은 그 뼈들을 보고 무서워했지만, 생명의 순환에 대해 확실하게 알게 된 것 같았다. _셰리 홀스

나는 잠깐 멈춰 빛바랜 사진들을 골똘히 들여다봤다. 첫 번째 결혼에서 태어난 큰아들 네이선은 얼마 전 스물세 살이 됐는데, 아이가 그 나이가 돼서야 나는 아이에 대해 알기 위한 노력을 시작했다. 일주일에 한 번 전화통화를 할 때마다 비디오 게임으로 시작해 비디오 게임으로 끝나는 아들의 이야기를 들으면서, 자식과 관계를 발전시키는 것 역시 쉬운 일이 아님을 나는 비로소 깨달았다. 그런 이야기조차 제때 들어주지 못했던 내가, 아버지가 없는 집에서 아이가 겪었을 중요한 일들을 그에게 듣기를 바라는 건 터무니없는 욕심이었다. 언젠가 네이선이 말했다. 자기가 아주 어렸을 때 내가 집을 나왔으므로, 아버지인 나와 함께 살았던 기억이 나지 않는다고.

벤은 두 번째 결혼에서 태어난 아들이다. 하지만 나는 벤과 벤의 여동생 줄리엣에게도 첫 번째 결혼에서 태어난 두 아이가 감당해야만 했던 정서적 결핍감을 안긴 것 같아 걱정스럽다. 그 두 아이가 자전거를 배울 때나 나쁜 꿈에서 깨어날 때 내가 곁에 없었던 것이 후회된다.

마지막으로 근무하는 날이 돼서야 다른 모든 것보다 일을 앞에 놓은 결과가 어떤 것인지 나는 깨닫기 시작했다. 나는 르네와 네이선이 자랄 때 그 아이들에 대해 알았던 것보다 셰리와의 결혼으로 낳은 아이들에 대해 아는 것이 더 많다. 아이들에 대해 더 많이 알게 된 것은 나이가 들어 내가 성숙해진 덕이다. 하지만 여러 면에서 볼 때 나는 전혀 변하지 않았다. 두 번째 아내 셰리도 첫 번째 아내 로리가 20년 전에 내게 가졌던 것과 똑같은 불만을 말한다. 첫 번째 아내 로리처럼 셰리도 내가 말이 없는 것은 다른 사람에게 신경을 쓰지 않기 때문이라고 했다. 하지만 그런 생각은 완전히 틀렸다. 셰리는 내가 무슨 생각을 하는지 도통 모르겠다고 말하곤 한다. 셰리는 내가 집에 있을 때조차 집에 있는 게 아니라고, 항상 다른 생각에 빠져있다고 말한다.

왜 나는 저녁에 아내와 아이들이 하는 보드게임을 함께 즐길 수 없었을까? 노력은 했다. 하지만 몇 분만 지나면 몸을 뒤척이기 시작했다. 아이와 체스를 두거나 주사위 놀이를 할 때도 내 마음은 사건에 가 있었다. 심지어 그런 마음을 숨기지도 못했다. 사건 생각을 하느라 입술이 계속 움직였기 때문이다. 얼마 전 저녁 자리에서 아내와 아이들이 대화를 나누는데, 나는 듣는 척만 하고 있었다. 아내는 "당신 또 딴생각에 빠져있군요? 우리 얘기를 듣고 있지 않잖아요. 당신은 입술을 계속 움직이는 미친 노인네 같아요."라고 말했다.

아이들과 유대감을 형성하는 여러 방법 중 내가 아는 유일한 길은 밖에 나가서 함께 공놀이를 하는 것이었다. 첫 번째 결혼에서 태어난 두 아이와 두 번째 결혼에서 태어난 두 아이 모두에게 나는 그 방법밖에 쓰지 못했다. 해리 채핀이라는 가수가 부른 노래 중에 '요람 안의 고양이'라는 게 있다. 너무 바빠 아들에게 제대로 신경을 써주지 못한 아빠의 이야기를 담은 노래다. 가사에서 아이들은 자라고 아빠는 은퇴를 한다. 아빠는 아들에게 전화를 걸어 보고 싶다고 말한다. 아들이 대답한다. "아빠, 시간이 나면 보러 갈게요." 아빠는 생각한다. '아들이 나처럼 어른이 됐구나. 그 작은 꼬마가 이제 나처럼 됐어.' 이 노래를 들을 때마다 가슴이 뭉클하다. 내게 너무 와 닿는 가사다.

얼마 전 큰딸 르네와 하이킹을 간 적이 있다. 르네가 물었다. "아빠는 왜 우리를 떠났어요? 뭐가 잘못됐던 거죠?" 나는 르네에게, 항상 엄마를 사랑했지만 그때는 둘 다 결혼생활을 하기에는 너무 어려 헤어질 수밖에 없었다고 말했다. 내가 집을 떠난 것은 르네나 네이선과는 아무 상관이 없다고도 덧붙였다. 내가 르네와 네이선을 얼마나 사랑했는지도 말했다. 르네가 대꾸했다. "하지만 아빠는 집에 없었잖아요."

＊　＊　＊

벤과 찍은 사진을 상자에 담으면서 마지막으로 사무실을 둘러봤다. 감정을 추스르고 사무실 불을 끈 후 문을 닫으면서 생각했다. "이곳은 내 인생의 모든 것이었다." 상자를 들고 나오는데 목이 메는 것 같았다. 계단을 걸어 내려가 정부 건물들이 있는 워드 스트리트로 나왔다.

이제 사무실은 내 과거의 일부가 됐다. 내가 처음 경찰 일을 시작한 보안관청, 범죄현장에서 밤새워 일하고 돌아온 후에 혹은 새벽까지 사건파일을 읽다 바닥에서 잠이 들곤 했던 범죄 도서실, 수십 번 증언대에 섰던 법원, 점심시간에 역기를 들던 교도소 체육관, 마지막 몇 년을 보냈던 지방검사 사무실이 눈에 들어왔다. 경찰 생활을 하면서 나는 여러 가지 일을 했지만, 마르티네스를 벗어난 적은 없었다. 마르티네스는 야구영웅 조 디마지오가 태어난 곳이기도 하다. 마르티네스는 아주 세련된 도시는 아니다. 나의 집은 시골에 가까운 바커빌에 있었다. 하지만 내겐 마르티네스가 진정한 고향이었다.

내일 나는 서류들을 작성하고, 민간인 신분으로 할 수 있는 일과 해서는 안 되는 일에 대해 FBI로부터 교육을 받을 것이다. '일급비밀' 정보를 누설해서는 안 되며, 정보원을 보호해야 한다는 내용일 것이다. 총기와 업무용 차량을 반납함으로써 공식적으로 경찰에서 은퇴할 것이다. 그 후에는 내 삶의 다음 장에 대해 생각할 시간을 갖게 되리라. 하지만 이번 장을 닫기 전에 해야 할 일이 하나 남아있다.

2장 : 마지막으로 해야 할 일

내 모든 경력이 담긴 상자를 차 조수석 아래에 싣고 마르티네스를 빠져나오니 정오에 가까운 시간이었다. 대학을 졸업하고 1990년 봄 경찰 면접을 보던 날 오후처럼 스모그가 눈부시게 빛나는 해를 가리고 있었다. 그때 나는 새크라멘토 강 삼각주 위에 놓인 1.5킬로미터 길이의 다리를 건너면서 지옥으로 떨어지고 있다는 생각을 했었다. 정유공장들이 굴뚝으로 연기를 뿜어내는 풍경을 보면서 말이다. 그 풍경은 지금도 별로 달라지지 않았다. 셸 정유공장을 지나고 베니시아 다리를 건너 북쪽의 80번 주간고속도로 방향으로 들어섰다. 이른 오후라 도로에 차들이 많지 않을 수도 있다고 기대했지만, 캘리포니아의 고속도로는 예외 없이 늘 막혔다. 내 목적지는 고속도로를 한참 타고 가야 하는 곳이었다. 라디오에서는 연예인들에 관한 이야기, 미국인이 더 뚱뚱해졌다는 연구결과에 관한 이야기가 흘러나왔다. 나는 말이 많은 라디오프로그램을 좋아하지 않는다. 게다가 정치에도 관심이 없다.

라디오를 끈 나는 아이팟으로 음악을 틀었다. 음악을 들으면서 치유를 받았다. 기분에 따라 듣는 음악의 종류가 달랐다. 집이나 직장에서 언쟁을 벌여 열이 오를 때는 헤비메탈을 크게 들었다. 가령 지난주에 미제 살인사건을 조사하는데 목격자 중 한 명이 내게 왜 집에까지 찾아와 귀찮게 하냐고 화를 냈고, 나는 돌아오는 차 안에서 '메탈리카'를 들었다. 나는 갈등 상황을 처리하는 것이 힘들다. 군인 집안에서 자란데다 독실한 가톨릭 신자이기 때문에 나는 웬만해선 감정을 잘 드러내지 않는다(내 경험으로는 이런 성격이 관계를 유지하는 데에는 별로 도움이 안 된다). 따라서 나는 화가 날 때면 보통 체육관에 가서 풀었다. 지난주 화난 목격자에게 당한 뒤에는 차에서 헤비메탈을 들어놓고 미친 듯이 헤드뱅잉을 하면서 손으로 운전대를 마구 두드렸다. 하지만 그런 경우를 제외하면 대부분 빌리 조엘, 짐 크로치, 닐 다이아몬드 같은 1970년대 발라드 가수의 음악을 들으면서 긴장을 풀었다.

나는 내 삶이 통제되지 않는 듯한 느낌을 좋아하지 않는다. 하지만 바야흐로 나의 삶 전체가 미지의 세계로 접어들고 있었다. 바커빌에 있는 집을 내놨고, 팔리는 대로 가족과 콜로라도로 이사해 전원생활을 즐기는 것이 내 계획이었다. 당시 나는 은퇴 후에 어떤 일을 해야 할지 확신이 서지 않았다. '폴 홀스 인베스티게이트' 같은 이름의 회사를 만들까도 생각했다. 나는 세간의 이목을 끄는 사건들로 언론에 많이 노출된 상태였다. 따라서 많은 범죄 전문 방송이나 뉴스 채널에서 출연해달라는 제안을 했다. 하지만 확실한 것은 아무것도 없었고, 그 불확실성이 나를 불안하게 만들었다. 나는 어릴 때부터 공황 증상에 시달리곤 했는데, 그때마다 음악을 들으면 불안감이 누그러졌다.

차는 정체된 고속도로에서 아주 조금씩 움직였고, 나는 엘튼 존의 '타이니 댄서'를 들으면서 발로 차 바닥을 두드려댔다. 이 노래는 내가 즐겨듣는 노래다. "예쁜 눈과 해적의 미소…, 해변에서 춤을 추는 그녀를 본 적이 있을 거야…, 이제 그녀가 내 마음 안에 있어…, 내 손 안의 작은 댄서~~." 볼륨을 높이면서 노래를 따라 불렀다. 외롭고 불안할 때 나는 노래를 크게 따라 부르곤 한다. 이 노래를 4~5번 반복해서 듣고 나니 정체가 다소 풀렸고, 불안한 마음도 진정되기 시작했다.

마음이 진정되자 늘 그랬듯이 골든 스테이트 킬러GSK, Golden State Killer(골든 스테이트는 캘리포니아 주의 별칭이다—옮긴이)가 머릿속에 떠올랐다. GSK는 캘리포니아 주에서 강간과 살인을 일삼고 다니면서도 수십 년간 잡히진 않던, 정체가 파악되지 않은 미치광이다. 내게 미제사건은 열정의 대상이지만, 이 사건은 열정을 넘어선 집착의 대상이었다. 수백 명 수사관이 사건을 해결하기 위해 노력했으나 죄다 실패로 돌아갔다. 캘리포니아 주 경찰 역사에서 이 사건만큼 많은 인력과 자원이 투입된 적은 없었다. 그 무수한 노력에도 무려 40년 동안 사건은 해결되지 않은 채 남아있었다.

호기심 많은 신참 과학수사관이던 1994년의 어느 날, 나는 범죄도서실 캐비닛 속에 방치된 미제사건파일 속에서 이 사건을 우연히 발견했다. 다른 미제사건도 많았지만, 특히 이 문제는 내게 더 중요한 의미로 다가왔다. 범인이 최고의 수사관들을 계속 농락해온 사건이기 때문이다. 나는 범인이 그때까지도 어딘가에서 자유롭게 돌아다니고 있다고 생각했다. 1970년대와 1980년대에 걸친 10년 동안 범인은 정교한 계획을 세워 캘리포니아 주 전역에 걸쳐 수많은 심리적 테러를 자행했다. 한밤중에 가택을 침입해 공포에 질린 피해자들을 묶고, 남자와 여자를 가리지 않고 무자비하게 폭행을 저질렀다. 때로는 어린 자식들이 보는 앞에서 부모를 폭행했으며, 결국 연쇄살인을 저질렀다. 범인은 몽둥이로 사람들을 구타하는 방식을 선호했다.

이 자는 심리학적 사디스트(가학성애자)였다. "문제를 일으키면 네 자식들의 온몸을 썰어버리겠다. 아이들의 잘린 귀를 보게 해주지." 범인은 어느 집에 침입해 부부를 이렇게 협박하면서 남자의 아내를 다른 방으로 끌고 가 여러 차례 강간하기도 했다. 1986년에 갑자기 이런 행동을 멈추기 전까지 범인은 최소 13명을 살해하고 50명 이상의 여성을 잔인하게 강간했다.

범인이 죽었을 거라고 여기는 사람도 있었지만, 나는 그렇게 보지 않았다. 나는 범인이 교외의 중산층 동네, 연쇄살인범이 살 거라고는 아무도 의심하지 않는 동네로 숨어들었으리라고 추측했다. 범인은 운이 좋은 미친놈이거나 여우처럼 교활한 악당 중 하나일 것이다. 아마 둘 다였을지도 모른다.

흔히 사람들은 연쇄살인범이 살인을 멈출 수 없다고 생각한다. 하지만 연쇄살인범들은 살인을 멈출 수 있으며, 실제로도 그렇게 한다. 긴 기간 살인을 멈췄다가 다시 시작하기도 하고, 아예 완전히 멈추기도 한다. 꼬리를 밟혀 잡힐 위험성이 높아지거나, 살인이라는 취미를 대신할 새로운 취미가 생기면 이런 현상이 나타난다. 여기서 새로운 취미란, 결혼해서 가정을 꾸리는 일 같은 것이다. 단순히 나이가 들어 더는 살인을 저지르지 못하게 되는 경우도 있다. 정말 어처구니없지 않은가?

나는 GSK가 수많은 사람의 삶을 파괴하고도 어디선가 아무렇지도 않게 생활하고 있을 것이라는 심증을 떨칠 수가 없었다. 범인은 태연하게 운전을 하고, 철물점에 가서 연장을 사고, 가족들과 저녁을 먹으면서 자신을 잡지 못하는 경찰들을 비웃고 있을 것을 것 같다는 생각이 계속 들었다.

범인은 나중에 내 친구이자 조력자가 된 미셸 맥나마라가 2013년 한 잡지에 기고한 글에서 '골든 스테이트 킬러GSK'라는 이름으로 명명하기 전까지는 '오리지널 나이트 스토커ONS, Original Night

Stalker'라는 이름으로 불렸고, 그 이전에는 '동부 지역 강간범EAR, East Region Rapist'이라는 이름으로 불렸다. 범인에게 붙은 이름들은 그가 여성의 속옷 등을 훔치는 도둑에서 한밤중에 여성을 강간하는 사악한 성폭행범으로 변한 후 끝내 살인범이 된 과정을 그대로 보여준다. 범인은 자신에게 붙여진 이름들을 사용하면서 우리를 조롱했다. 범인이 EAR로 불리던 기간에 새크라멘토 경찰서에 전화해서 자신이 범인이라고 밝힌 통화 녹음을 되풀이해서 들은 적 있다.

"내가 EAR이다, 이 멍청한 자식들아. 오늘 밤 또 한 명을 강간할 테니, 잘 해보라고."

그 목소리는 매우 위협적이고, 대담하고, 자신만만했다. 듣는 사람을 조롱하는 목소리였다. 나는 오랫동안 이 미제사건을 조사해온 켄 클라크 형사에게 통화 녹음에 대해 아는지 물었다. 클라크는 새크라멘토 보안관사무실 소속 형사였다.

"당연히 알지." 그가 대답했다.

"그 목소리가 범인의 목소리라고 생각하십니까?"

"그런 것 같아."

"정말 화가 납니다." 내 말에 클라크가 대꾸했다.

"당연하지. 그게 바로 범인이 노린 거니까."

1977년에 이 전화가 오고 2년이 지난 시점부터 범인은 살인을 저지르기 시작했다.

20년이 넘도록 이 미제사건을 조사하면서 나는 피해자들의 부모, 형제, 자식들이 고통받는 것을 지켜봤다. 나는 범인이 가학적인 행동을 저지른 현장 사진들을 자세히 살펴보고, 운이 좋았든 본인이 용기를 냈든 무자비한 그놈의 공격에서 살아남은 사람들의 이야기를 들었다. 생존자들은 사건 발생 수십 년이 지났지만, 여전히 그날의 공포에서 벗어나지 못하고 있었다.

얼마 전 한 여성이 내 핸드폰으로 전화를 했다. 삶이 무너지기 직전의 목소리였다. 이 여성은 "그놈이 다시 올 것 같아 멕시코로 이사 갑니다."라고 말했다. 범인이 한밤중 집에 침입해 가족에게 테러를 가한 지 30년이 지났을 때였다. 내가 미제사건을 끊임없이 파고들게 만드는 것은 이런 사람들이다. 이들은 내가 범인을 잡아줄 것이라고 기대한다. 그동안 나는 "수사관님이라면 범인을 반드시 잡을 수 있을 겁니다."라는 말을 수없이 들어왔다.

이 여성을 실망시킬 수 없었다. 다른 모든 피해자들도 마찬가지였다. 다른 미제사건들을 수사하는 중간중간에도 나는 개인적인 시간을 할애해 GSK 사건을 조사했으며, 지난 몇 년 동안 이 사건을 최우선 순위에 놓고 전력을 다했다. 수천 건의 경찰 문서와 목격자 진술서를 자세히 검토하고, 이 미제사건과 관련 있을 만한 모든 생존 인물을 인터뷰했다. 주말에 정원 잔디를 깎거나 아이들과 놀 때도 집착은 이어졌다. 심지어 크리스마스 아침에 가족들이 선물을 뜯을 때도 GSK에 대한 생각을 떨칠 수 없었다. 밤늦게까지 컴퓨터 데이터베이스를 뒤지면서 단서를 추적했고, 범행 장소의 지리적 분포와 특성을 분석해 범인의 주거지를 찾아내려고 했다. 이 사건은 끝나지 않는 영화를 반복해 보고 있는 느낌을 주었다. 피해자들이 계속 꿈에 나타났다.

피해자 중에 메리라는 여성이 있다. 나이가 가장 어린 피해자 중 한 명이었다. 범인이 메리의 삶에 침입했던 1979년에 그녀는 막 8학년이 된 상태였다. 메리는 뒤뜰에서 소꿉장난하고 사방치기 놀이를 좋아하던 겨우 열세 살짜리 아이였다. 그해 여름 어느 새벽 4시, 범인이 유리 창문을 통해 월넛 크릭에 있는 메리의 집에 침입했다. 아빠와 언니가 양 옆방에서 각각 잠들어 있을 때 범인이 메리의 방문을 열었다. 메리는 범인이 두 다리를 벌리고 자기 몸 위에 앉아 목에 칼을 댔을 때 잠에서 깼다. 범인은 위협적인 목소리로 "좋을 거야."라고 속삭였다. 메리는 범인이 무슨 말을 하는지 몰랐다. 유니콘 무늬 벽지로 도배된 메리의 핑크색 침실에서 놈은 이불을 걷어내고 아이를 잔인하게 강간했다. 메리는 자신의 두 다리를 누르고 있던 범인이 떨어져 나가고 거의 한 시간 동안이나 아무 말도 하지 못했다. 가족에게 말하면 그들을 모두 죽이겠다고 협박했기 때문에 메리는 범인이 확실히 사라졌다고 생각될 때까지 기다린 것이다. 옆방으로 달려가 아빠를 깨울 때까지도 메리의 손목은 줄로 묶인 채였다. 그 후 긴 세월이 흘렀지만 메리는 여전히 언니에게 소리치던 아빠의 목소리를 잊을 수 없었다. "저거 빨리 풀어." 그 사건이 벌어지고 얼마 후 메리는 친구의 언니에게 이렇게 물었다고 한다. "나 아직 처녀 맞아?"

사건이 일어나고 3년 뒤 메리는 침대에서 숨을 거둔 아빠를 발견했다. 메리는 아빠가 괴로움을 이기지 못해 죽었다고 확신했다. 나도 같은 생각이다. 나도 두 딸의 아빠다. 나였다면 내 딸을 지키지 못했다는 죄책감과 후회를 견뎌낼 수 있었을지 확신이 서지 않는다.

그 괴물은 너무 많은 사람에게서 너무 많은 것을 빼앗았다. 그놈은 반드시 심판을 받아야 했다. 내가 은퇴하고 나면 이 사건의 수사를 다른 사람이 이어서 하지 않을 수 있다는 걱정이 들었다. 내가 이 사건파일을 우연히 발견하던 때처럼 또다시 캐비닛 속의 미제사건이 돼 잊힐 수도 있다고 생각했다. 그렇게 된다면, 내가 이 사건을 해결할 거라고 기대했던 사람들은 나를 용서하지 않을 것이다. 그렇게 된다면, 삶이 철저하게 파괴된 사람들에게 어떤 일이 일어나게 될까? 범인이 누군지 알게 됐을 때 얻을 수 있는 작은 마음의 평화를 그들이 무엇으로 대체할 수 있을까?

지난 수십 년 동안 꽤 많이, 나는 사건 해결에 근접했다고 믿었다. 하지만 번번이 DNA 감식에서 내가 틀렸다는 결과를 얻고는 참담한 좌절감을 느꼈다. 마지막으로 범인에 대한 확신을 품었다가 좌절감을 느낀 것은 불과 몇 주 전이었다. 그때는 정말 속이 부글부글 끓어올랐다. 당시 나는 유전계보학genetic genealogy에 기초한 DNA 세그먼트 삼각측정법DNA segment triangulation이라는 방법을 처음 알았다. 이것은 (예를 들어, GSK에 대해 우리가 가지고 있는) DNA 단서들과 유료 민간 혈통 확인 웹 사이트의 유전계보학적 분석결과를 결합해 생물학적 관계를 찾아내는 방법이었다. 아주 어릴 때 버려진 여성의 신원을 이 방법으로 확인하는 데 성공했다는 이야기를 들은 나의 촉각이 곤두섰다. 이 여성이 누구인지, 어디에서 태어났는지에 대해서는 아무도 알지 못했다. 너무 어릴 때 버려졌기 때문에 여성은 당시에 대한 기억이 전혀 없었다. 몇 년 동안 우리는 기존의 방법을 이용해 이 여성의 신원을 밝혀내려고 했지만 계속 실패했다. 그러던 어느 날 다른 사건에 관해 전화로 회의를 하고 있을 때 DNA 세그먼트 삼각측정법을 적용해 여성의 신원을 마침내 밝혀냈다는 말을 들었다. 그때 나는 생각했다. 이 방법으로 GSK를 잡아낼 수 있지 않을까?

수사관, 범죄분석 요원 그리고 다른 사건에서 도움을 주었던 유능한 유전계보학자로 구성된 소규모 전담팀과 우리는 몇 달 동안 DNA 프로파일(DNA 지문)을 비교해 가계도를 분석했고, GSK 검거에 도움이 될 가능성이 있는 약간의 단서를 확보했다. 제거 과정을 통해 우리는 GSK와 나이가 비슷하며, 공격이 일어났던 시기 캘리포니아에 살았던 남성들의 명단을 작성했다. 우리는 이 명단을 기초로 피해자들이 진술한 범인의 신체적 특징을 고려해 범위를 크게 좁혔다.

나는 가장 가능성이 높아 보이는 용의자 한 명에 집중해 은퇴하기 전 몇 주 동안 그에 대한 수사를 벌였다. 그 용의자는 콜로라도의 건설노동자로, 개인적인 특징 및 지리적인 특징이 GSK의 그것과 매우 비슷했다. 나는 FBI 요원 스티브 크레이머에게 "범인이 맞는 것 같습니다. 그놈의 삼촌도 강간범인 걸 보면, 가족에 그런 피가 흐르는 것 같습니다."라고 말했다. 우리가 범인을 밝혀냈다고, 이제 사건을 종결하고 멋있게 은퇴할 수 있다고 확신했다. 하지만 얼마 후 크레이머가 내게 전화를 했다. 크레이머는 이 건설노동자의 여동생에 대한 DNA 검사에서 GSK의 여동생이 아니라는 결과가 나왔고, 따라서 그는 용의자가 될 수 없다고 했다. 전화를 끊고 책상에 머리를 박았다. 너무 크게 좌절했기 때문이다. 그때 나는 GSK를 잡을 수 있는 마지막 기회가 사라졌다는 사실을 인정할 수밖에 없었다.

하지만 아직 한 명이 남아있었다. 40년 동안 한 번도 용의선상에 오르지 않았던 인물이다. 이 사람의 이름이 떠오른 것은 DNA 프로파일을 통해서였다. 그의 6촌과 8촌들의 DNA 프로파일이 GSK의 그것과 비슷하다고 나온 것이다. 민간이 운영하는 조상 찾기 웹사이트에 자신의 DNA 자료를 올린 먼 친척들은 그 DNA 프로파일이 악명 높은 연쇄살인범을 추적하는 데 사용된 사실을 전혀 몰랐다. 콜로라도의 건설노동자가 용의자가 아니라는 것이 밝혀진 후 나는 며칠 동안 사전 조사를 했고, 이 사람이 어느 정도 가능성이 있다는 결론을 내렸다. 키가 170센티미터 정도인 72세 남성이었다. 내가 예상해온 범인보다는 나이가 많았지만, 그를 명단에서 제외하지 않았다. 남성은 범인이 거주할 것이라고 내가 예상했던 새크라멘토 교외에 살고 있었다. 그의 이름은 조지프 디앤젤로Joseph Deangelo. 흥미로운 사실 중 하나는 그가 전직 경찰이라는 점이었다. 하지만 그에게 많은 기대를 걸지는 않았다. 이 남성보다 정황증거가 더 많은 용의자가 여럿이었지만 그들 모두 DNA 프로파일 분석결과 용의선상에서 제외됐기 때문이다. 이 남자가 제외된 용의자들과 다를 가능성이 있을까? 당시 나는 그동안 축적한 GSK에 대한 자료에 기초해 콜로라도의 건설노동자가 범인일 가능성이 훨씬 높다고 생각했었다.

＊　＊　＊

오후 2시 30분경이었다. 80번 주간고속도로를 벗어나 앤텔로프 로드로 접어들던 때였다. 앤텔로프 로드는 쇼핑몰과 프랜차이즈 식당들이 들어선 지역과 시트러스 하이츠의 주택가를 연결하는 중심 도로다. 사무실을 떠난 지 한 시간 정도 지난 시점이었다. 고속도로를 빠져나오면서 나는 마치 차를 자동주행 모드로 설정한 것처럼 운전했다. 속도를 전혀 줄이지 않고 고속도로를 빠져나온 것이다. 조지프 디앤젤로에 대해 조사할 게 더 남아있었지만, 오늘은 은퇴하는 날이므로 잠시 그 생각을 접어야겠다고 다짐했다. 다만 모든 사건에서 나는 용의자가 어디 사는지 확인하고, 그의 정체를 알아내기 위해 노력해왔다.

시트러스 하이츠는 새크라멘토 카운티에 속하는 약 36제곱킬로미터의 지역으로, 매우 살기 좋은 동네다. 깨끗하고 안전하며 공원과 운동장, 식당 등이 많이 들어서 있다. 부동산 거래도 활발하고, 토요일 밤이면 광장에서 공짜로 영화를 틀어주는 소도시의 전통이 유지되고 있는 곳이었다. 디앤젤로는 '주택단지'라는 이름과는 어울리지 않게 1970년대식 오래된 집들이 늘어선 지역에 살고 있었다. 나무로 엉성하게 지은 집과 집 사이에도 빈약한 나무 울타리만 쳐져 있어서 사생활이 거의 보장되지 않는 동네였다. 앤텔로프 로드를 벗어나 여기저기 막다른 골목들로 복잡하게 연결되는 길로 들어선 나는 '어린이 보호구역'이라는 노란색 경고판이 곳곳에 설치된 도로를 지나 캐니언 오크 드라이브로 접어들었다. 평범하게 보이는 황갈색 집 건너편에 차를 세웠다. 차고는 문이 닫혀 있었다. 볼보 세단과 낚싯배가 실린 트레일러가 집 앞 진입로에 주차돼 있었다. 관심을 끌 만한 풍경이었다. 이렇게 좁은 동네에서도 디앤젤로의 집은 주인의 자부심이 드러나는 앞마당을 품고 있었기 때문이다. 디앤젤로의 집은 구석구석 매우 세심하게 관리된 모습이었다. 잔디도 완벽하게 정리돼 있었다. 무슨 이유에선지 디앤젤로는 큰 바위 세 개를 집 앞 잔디밭에 놓아두었다. 아무렇게나 놓은 듯 보이지만 무척 신경을 써서 배치한 것임이 분명했다. 장식 목적으로 그런 것 같다는 생각이 들었다. 그 집의 뒤뜰을 보기 위해 차를 약간 후진했다가 다시 앞으로 움직여 주차한 다음 엔진을 껐다. 집에는 블라인드가 쳐져 있었지만 나는 디앤젤로가 집 안에 있다는 것을 알았다. 용의자의 집 앞에서 수십 년을 잠복하다 보면 그 정도는 알게 된다. 이런 느낌은 학습을 통해 터득하게 되는 확실한 감각이다.

문을 두드리고 싶은 충동이 일었다. 그냥 가서 내가 누군지 말하고 싶었다. 머릿속에 별별 생각이 다 떠오르고, 불안해지기 시작했다. 차에 앉아서 몇 가지 가능한 시나리오를 생각했다.

첫 번째 시나리오는 이렇다. 일단 문을 두드린 후 디앤젤로가 나오면 내 소개를 한다.

"콘트라코스타 카운티 미제사건 수사관 폴 홀스라고 합니다. 풀리지 않는 사건들을 조사하고 있는데….

디앤젤로는 무슨 일인지 궁금해하겠지만 나를 의심하지는 않는다. 경찰 출신인 디앤젤로는 경찰인 나에게 동료의식을 느껴 호의를 보이면서 안으로 들어오라고 할 것이다.

"커피 드릴까요?" 디앤젤로가 묻는다.

"괜찮습니다. 제가 커피를 안 마셔서요."

"그럼 맥주 한잔하시겠어요?"

우리는 맥주를 몇 모금 마시면서 경찰 일에 관한 소소한 잡담을 나눌 것이다. 경찰 생활이 예전과 어떻게 달라졌는지 이야기하면서 나는 수사 과정에서 그의 이름이 언급됐다고 말한다. 그는 어이가 없다는 표정이지만 별로 걱정하는 모습은 아니다.

내가 말한다. "선생님의 친척 중 한 명이 유전계보학 웹사이트에 DNA 자료를 올렸는데, 그분이 내가 찾고 있는 용의자와 친척입니다. 선생님도 그 용의자와 먼 친척인 것 같습니다."

디앤젤로가 고개를 끄덕인다. "제가 뭘 도와드리면 될까요?"

"DNA 샘플만 채취해주시면 됩니다." 경찰 출신에게 자신이 사악한 연쇄살인범이 아니라는 증거를 요청하는 상황이 어색하지만, 그 샘플만 있으면 이 사람을 용의선상에서 공식적으로 제외할 수 있으니 다행이라고도 나는 여긴다.

"네, 그러지요. 당연히 그래야지요."

우린 둘 다 웃으면서 어색한 상황을 넘기려고 한다. 샘플을 채취한 나는, 번거롭게 해서 미안하다며 집을 나온다.

이렇게 되면 나는 이 사건에서 완전히 손을 뗄 수 있다.

하지만 다른 가능성도 있다. 디앤젤로가 진짜 GSK일 가능성이다. 만약 그렇다면 나는 이미 바보 같은 실수를 저지른 셈이다. 공식 업무용 차를 몇 분 동안이나 그의 문 앞에 세워놓고 있었다. 전직이든 현직이든, 경찰이라면 누구나 이 차가 수사관이 타는 경찰

표시가 없는 차량이라는 것을 쉽게 알 것이다. 게다가 디앤젤로가 살인범이라면 이 차의 정체를 더더욱 빨리 알아볼 것이다. 자신이 집에 갇혔다는 느낌을 받으면 그가 어떤 행동을 할지 알 수 없다. 그는 내가 여기에 있다는 사실을 안다. 교활한 연쇄살인범이라면 당연히 알 것이다. 그는 피해자들이 TV에서 무엇을 보았는지, 피해자들의 직장과 학교는 어디에 있는지, 피해자 중 누구의 남편이 출장을 갔는지, 누구의 부모가 저녁을 먹으러 나갔는지, 언제 피해자들이 잠드는지 알고 있을 것이다.

이 시나리오대로라면 그는 블라인드 너머에서 집 앞에 정차된 자동차를 주시하고 있을 것이다. 내가 집 쪽으로 걸어간다면, 이 미제사건에 대해 언론과 여러 해 동안 인터뷰하는 내 모습을 이미 보았을 그는 나를 쉽게 알아볼 것이다. 내가 문까지 가는 동안 그는 이미 무장을 하고 기다릴 것이다. 문을 여는 것과 동시에, 그는 내가 말을 꺼내기도 전에 총을 쏠 수도 있다. 아니면 나를 집에 들인 다음 잠시 자리를 비웠다가 돌아오면서 뒤에서 내려칠 수도 있다. 아무도 내가 이곳에 있다는 것을 모른다. 무전기를 가져오지도 않았고, 여기에 온다고 집에 통보하지도 않았다. 그냥 사무실을 나와 여기까지 왔다.

정신을 차리기 위해 심호흡을 했다. 디앤젤로를 만나러 오다니, 내가 무슨 짓을 하는 거지? 디앤젤로가 GSK라면, 우리가 추적한다는 사실을 그가 안다면, 수사가 위험에 빠질 것이다. 궁지에 몰렸다고 생각하면 그는 나를 죽일 것이다.

이제 그만 돌아가야겠다고 생각하면서 주행 기어로 바꿨다. 너무 이르다. 이런 식으로 수사를 망칠 수는 없다. 디앤젤로라는 자에 대해 아직 충분히 알지 못하지 않은가?

차 시동을 걸었다. 하지만 한 블록도 못가서 내 판단을 의심하기 시작했다. 그냥 돌아가는 게 수사를 오히려 망치는 것은 아닐까? DNA 샘플을 채취했어야 하는 게 아닌가? 그랬다면 유전계보학 데이터를 하나 더 추가할 수 있었을 텐데. 그리고 디앤젤로가 범인이라면? 그의 집을 코앞에 두고도 나는 왜 문을 두드리지 않았을까?

바커빌의 집으로 돌아가는 길이 너무나 멀었다. 후회가 가득했다. 끝내 해결하지 못한 사건의 마지막 용의자를 결국 만나지 못했기 때문이다. GSK 사건이 언젠가 해결된다고 해도 나와는 상관없는 일이 되고 만다. 열패감이 느껴졌다. 생존자들은 내가 정의를 구현해줄 최후의 수사관일 거라고 기대했다. 이제 그들은 나에게 실망하고 내 경찰 경력은 오점으로 마무리될 것이다.

기대했던 결말이 허무하게 무산되는 느낌이 들었다.

3장 : 시작

1968~1989년

사람들은 나를 외톨이라고 여긴다. 하기야, 범죄 해결을 하는 사람과 친해지고 싶은 이는 거의 없을 것이다. 그들은 흔히 내가 내면을 드러내어 관계 맺는 것을 의도적으로 꺼린다고 생각한다. 사실이 아니다. 단지 나는 마음을 여는 게 힘들 뿐이다. 고백하자면 나는 내성적이지 않은 방식으로 행동하는 법을 모르는 것 같다.

사람들과 친밀해지거나 편한 관계를 맺지 못하는 성격은 어릴 때 형성됐다. 누군가와 친밀한 관계를 형성할 만하면 나는 늘 그들과 헤어져 처음부터 새로 시작해야만 했다. 공군이었던 아버지는 한 곳에서 오래 머물지 못했다. 1968년 플로리다 탬파의 맥닐 공군기지에서 태어났을 때부터 1986년에 캘리포니아 페어필드의 밴던 고등학교를 졸업할 때까지 우리 가족은 적어도 열두 번 이사를 했다. 어린 시절에 대한 기억 중 많은 부분은 간신히 친해진 선생님이나 친구들에게 작별인사를 하던 순간들이다. 아버지의 전출로 인해 처음으로 친해진 친구와 헤어져 괴로웠던 경험을 한 7학년 때 이후 나는 일종의 보호막을 만들기 시작했다. 당시 아버지는 샌안토니오에서 트래비스 공군기지로 전출됐었다.

그해에 나는 트래비스 공군기지 주변 환경에 힘겹게 적응하면서 자유 시간을 거의 집에서만 보냈는데, 그때 〈퀸시〉라는 TV 드라마를 즐겨 보곤 했다. 드라마에서 잭 클러그먼이 연기한 로스앤젤레스의 퀸시라는 법의관은 살인사건 수사에 개입하다 어려움을 겪지만 결국에는 모든 사건을 해결한다. 처음 그 드라마를 보았을 때가 지금도 생생하게 기억난다. 그때 나는 숙제를 다 하고 거실 바닥에 앉아 TV 채널을 돌리고 있었다. 우리 집에서 처음 산 컬러 TV였다. 근엄해 보이는 남자가 의사가운을 입고 젊은 여성의 시신을 내려다보는 장면이었다. 살해돼 쓰레기통에 버려진 여성의 시신이었다. 나는 눈을 크게 뜨고 그 장면을 지켜봤다. 퀸시는 시신보관소에서 연구실로, 다시 살인현장으로 움직였다. 살인현장에서 그는 수사관과 언쟁을 벌이면서 경찰이 놓친 증거를 찾아냈다. 드라마가 끝날 때쯤 퀸시는 혼자 힘으로 살인범을 잡고 죽은 여성의 여동생 목숨까지 구했다. 그 이후 나는 수요일 밤이면 항상 숙제를 일찍 끝내고 이 드라마를 봤다. 과학에 적성이 있었던 나는 "나도 퀸시처럼 될 거야. 의대에 가서 실제로 퀸시 같은 법의관이 돼야겠어."라고 생각했다.

하지만 나는 점점 더 외로워졌고, 사람들이 내게 바라는 모습일 것이라고 여겨지는 모습을 만드는 방법으로 학교에 적응하려고 노력했다. 나는 사람들을 빠르게 판단한 다음 그 판단에 기초해 행동을 수정함으로써 다양한 부류의 아이들과 어울릴 수 있었다. 인기 있는 여자아이들, 똑똑한 아이들, 운동을 좋아하는 아이들, 공부밖에 모르는 아이들과 골고루 어울렸고, 하다못해 마약을 하는 아이들과도 좋은 관계를 유지했다. 나는 그저 아이들과 섞이고 싶었다. 나의 이런 행동은 일종의 생존 메커니즘이었다. 하지만 그 과정에서 내 진짜 모습을 잃어버린 채 불안하고 초조해졌고, 결국 공황 증상까지 겪게 됐다. 열다섯 살 때의 일이다. 그때 나는 공군기지 장교클럽 수영장에서 시간을 보내고 있었는데, 여자아이 두 명이 내게로 다가왔다. 갑자기 온몸에 열이 나기 시작했다. 순식간의 일이었다. 얼굴이 빨개지고 땀이 쏟아지면서, 세상이 흐릿하게 보였다. 그 여자아이들이 내 옆을 지나갈 때 나는 바닥에 쓰러졌다. 쿵쿵 심장 뛰는 소리가 내 귀에 들렸다. 영원처럼 길게 느껴지던 몇 분이 지나자 증상이 가라앉기 시작했지만, 이미 온몸에서 진이 다 빠진 상태였다. 두려움이 밀려왔다. 도대체 무슨 일이 내게 일어났는지 알 수 없었다.

처음에는 아무에게도 그 일을 말하지 않았다. 엄마를 걱정시키거나 아빠를 실망시키고 싶지 않았다. 이후 내가 그 일에 대해 털어놓자 부모님은 나를 정신과에 데려갔고, 의사는 심호흡 훈련을 통해 스트레스를 줄이는 방법을 권고했다. 1980년대 초반에는 불안장애라는 것이 흔히 들을 수 있는 병명이 아니었다. 나중에야 나는 이런 심리적 장애가 우리 가족에게서 흔하게 발생했다는 사실을 알게 됐다. 엄마는 신경성 식욕부진증(거식증)에 평생 시달렸고, 형 데이브는 강박장애가 있었다. 나는 사회 불안장애가 심했다. 실제로 나는 다른 사람들과 함께하는 자리에서 한 번도 마음 편한 적이 없었다. 내 뇌는 다른 사람들을 위협적으로 받아들이는 것 같았다. 나는 다른 사람들 때문에 당황하게 되거나 그들에게 배척당할 수 있다는 뿌리 깊은 공포에 늘 시달렸다.

이런 증상은 평생 계속됐고, 이제는 공황 발작이 나타날 수 있는 상황이 어떤 것인지 예측할 수 있다. 예를 들어, 낯선 사람과 간단한 대화를 나누는 상황이 그렇다. 그럴 때면 발작이 일어나기 전에 스스로 마음을 다스린다. 정신을 차리기 위해서는 약간의 시간이 필요하다. 이 방법은 스스로 터득한 것이지만, 그러기까지는 매우 많은 시간과 노력이 필요했다. 내가 지금 알고 있는 것을 그전에도 알았다면 마음의 상처를 훨씬 적게 받았을지도 모른다. 나는 아무 걱정 없는 아이가 될 수 없었다. 언제 끔찍한 공황 발작이 올지 늘 예측해야 했기 때문이다.

*   *   *

나는 스스로 두려움을 극복하려고 애썼다. 하지만 시간이 흐르면서 두려움을 통제하는 게 점점 불가능해졌다. 고등학교 다니던 1983년에 나는 킴이라는 치어리더 여학생과 사귀기 시작했다. 나보다 두 살 많았던 킴은 처음으로 내가 관계에 대해 진지하게 생각한 여자였다. 나는 그녀에게 완전히 빠져 있었다. 남자친구가 미식축구를 하면 좋겠다는 킴의 말을 듣고 나는 미식축구팀에 들어갔다. 나는 수영은 좋아했지만 축구에 대해선 아무것도 모르는 아이였다. 하지만 킴과 계속 사귀기 위해 그녀가 원하는 대로 행동하기로 했다. 킴이 원하는 대로 미식축구 선수가 되기 위해, 나는 오랫동안 내가 의지해온 적응 메커니즘을 작동시켰다.

킴과 나는 모든 면에서 달랐다. 나는 엄격한 가톨릭 집안에서 자랐고 숫기가 없었다. 여자를 사귀어본 적도 없었다. 반면 킴은 자유로운 영혼으로 외향적이었다. 킴의 부모님은 개방적이고 규칙을 많이 강조하지 않았으며 자식에 대한 신뢰가 깊었다. 킴은 나와 차 안에서 키스를 하면서 논다고 엄마한테 말하곤 했지만, 킴의 엄마는 눈도 깜짝하지 않았다. 그때 우리는 10대였고, 나는 완전히 킴에게 매료됐다. 하지만 나는 여자 친구를 위해 내가 아닌 다른 사람인 척하는 내성적인 아이였다. 나는 킴에게 차이지 않기 위해 내 진짜 모습을 숨기고 있었다. 그런 행동을 계속하는 것은 매우 어렵고 힘든 일이어서, 공황 발작은 더 잦아졌다. 공황 발작이 일어나면 숨쉬기가 힘들어진다. 이런 내 약점을 숨기기 위해 안간힘을 쓰다 보니 나는 점점 더 마음이 불편해졌다. 그 결과 공황 발작은 더 자주 일어났다. 악순환이었다.

첫사랑이 대부분 그렇듯이 결국 킴과의 관계도 끝이 났다. 킴과 헤어진 후 나는 미식축구팀에서 나왔고, 킴은 다른 미식축구 선수와 사귀기 시작했다. 얼마 뒤 친구 한 명이 슈퍼볼 파티에 나를 초대했다. 우리가 '고상한 동네'라고 부르던 부촌의 한 집에서 열린 파티였다. 로리라는 여학생이 파티를 주최했다. 학교에서 가끔 본 적이 있어 이름 정도는 아는 여학생이었다. 로리는 동그란 얼굴에 반짝이는 갈색 머리를 길게 기른 아름다운 여자였다. 제19회 슈퍼볼은 엄청난 인기였다. 마이애미 돌핀스의 댄 마리노와 샌프란시스코 포티나이너스의 조 몬태너가 격돌한 '쿼터백들의 전쟁'이었다. 1985년 이 슈퍼볼 경기가 열리던 날 캘리포니아 주지사 출신인 로널드 레이건이 두 번째 대통령 임기를 시작했다. 그날 레이건이 백악관에서 동전을 던져 슈퍼볼 경기의 시작을 알리는 장면이 위성으로 생중계됐다. 그날의 경기는 정말 흥미진진했다. 미식축구를 포기한 내가 볼 때도 대단한 명승부였다.

경기 중계가 끝난 뒤에도 나와 몇몇 친구들은 로리네 집에 남았다. 로리는 자기 이야기를 시작했다. 세월이 많이 흘러 그때 무슨 이야기를 했는지는 기억나지 않지만, 로리가 이야기를 하던 모습은 지금도 생생하다. 로리는 매우 활기차고 재미있는 여자였다. 세계사 수업을 함께 들으며 수줍은 여학생일 거라고 내가 짐작하던 그 여성이 아니었다. 로리는 이야기를 하다 점프를 하기도 했다. 잘하지는 못했다. 바닥에서 몇 센티미터 뛰어올랐다가 웃음을 터뜨리며 그대로 내려왔다. 로리는 자신에 대해 심각하게 생각하는 것 같지 않았다. 그 순간이었다. 나는 로리의 눈에서 반짝이는 무엇인가를 보았고, 바로 사랑에 빠졌다.

로리는 사람을 편하게 해주는 여자였다. 나는 그녀의 느긋한 태도에 끌렸다. 로리는 내가 살면서 만난 그 누구와도 달랐다. 나와도 무척 달랐다. 로리와 나는 데이트를 하며 차 안에서 몇 시간 동안 대화를 나누곤 했다. 로리는 자신의 종교적 신념에 관해서도 이야기했는데, 그중 하나가 결혼 전에는 섹스하지 않는다는 것이었다. 내겐 전혀 문제가 되지 않았다. 나는 로리에게 내 불안 증상과 공황 발작에 대해 말했다.

로리가 이런 증상을 처음으로 직접 목격한 것은 놀이공원에 갔을 때였다. 대관람차의 좁은 캐빈에 타고 문이 닫히는 순간 배에서 통증이 느껴졌다. 공황 발작이 시작된다는 신호였다. 곧 온몸에 전기가 흐르는 느낌이 들었다. 대관람차가 돌아가면서 로리와 내가 앉은 캐빈 좌석이 요동쳤다. 캐빈 벽이 나를 향해 조여든다는 느낌이 들고, 심장이 펄떡펄떡 뛰기 시작했다. 폐가 터질 것 같은 느낌이 들자 나는 쪼그려 앉아 헐떡였다. 얼마나 오래 그 증상이 계속됐는지는 기억이 안 난다. 몇 초 정도였을 것이다. 그 짧은 순간 나는 로리와의 관계가 끝났다고 확신했다. 그런데 로리가 내 등을 어루만지고 있었다. 로리는 괜찮다며 나를 안심시켰다.

로리는 다른 사람들에게 별 신경을 쓰지 않았다. 남자들에게 잘 보이려고 하지도 않았다. 성숙했고, 나이 든 사람들과 자연스럽게 어울리는 성격이었다. 나는 그런 로리를 '오래된 영혼'이라고 불렀다. 로리는 친구들과 파티를 하는 것보다 우리 집 주방 식탁에 앉아 우리 엄마와 대화하는 것을 더 좋아했다. 특히 로리는 우리 부모님이나 조부모님 나이의 사람들과 잘 어울렸고, 그들도 로리의 다정함과 공감하는 태도에 금세 끌리곤 했다.

우리는 고등학교 2학년부터 3학년 때까지 데이트를 했다. 3학년 때 열린 고등학교 마지막 댄스파티가 끝난 뒤 로리와 나는 헤어졌지만, 엄청난 충격을 받지는 않았다. 로리는 매우 현실적이었고, 우리는 둘 다 대학에 진학해야 했다. 로리는 대학에 가서 다양한 경험을 자유롭게 하고 싶다고 말했다. 물론 나는 마음이 아팠다. 우리는 둘 다 그해 가을에 캘리포니아대학교 데이비스 캠퍼스에 진학했다. 같은 대학에 다니면서 로리와 사귀지 못한다는 것을 상상하기 힘들었다. 하지만 우리는 친구로 남았고, 나는 가끔 만나 로리의 화학 숙제를 도와주기도 했다. 로리가 언젠가 마음을 바꿔 나 없이는 살 수 없다고 생각하기를 바랐다. 로리가 다른 남자에게 끌린다는 말을 할 때는 정말 가슴이 쓰렸다. 어쨌든 나는 로리

주변에 계속 머물렀다. 친구로라도 남는 쪽이 완전히 헤어지는 것보다 낫다고 생각했다. 그러다 로리가 끌렸던 다른 남자와 관계가 시들해지면서 우리는 자연스럽게 다시 가까워졌다. 대학교 2학년이 되면서 우리는 고등학교 때의 연인 관계로 돌아갔다.

돌이켜보면, 로리와 나 사이에는 불꽃 튀는 순간이 없었던 것 같다. 하지만 우리는 같이 있으면 너무 편했다. 로리는 내가 살면서 가져보지 못한 안정감을 줬다. 로리가 없는 삶은 상상할 수 없었다. 3학년이 끝나갈 무렵 로리에게 청혼했다. 맥도날드에서 아르바이트해 번 돈으로 작은 다이아몬드 반지를 샀다. "나와 결혼해줄래?" 살면서 그렇게 긴장이 된 순간은 없었다.

잠깐 망설이던 로리가 미소를 지으며 대답했다. "그래."

* * *

4학년 내내 나는 행복했다. 새로운 인생을 시작하기 위한 계획도 세웠다. 빨리 대학을 졸업하고 인생의 새로운 장을 열고 싶었다. 로리와 결혼해 독립적이고 자유롭게 일하면서 우리 힘으로 인생을 살고 싶었다.

졸업과 결혼이 코앞에 닥친 상황에서 나는 서둘러 일자리를 구해야 했다. 내 전공은 생화학이었고, 1990년에는 생명공학이 매우 유망한 분야였다. 나는 캘리포니아대학교 데이비스 캠퍼스에서 그해 5월 열린 채용박람회에 참가해 생명공학 회사들의 부스를 기웃거렸다. 상담하기 위해 줄을 서서 기다리면서 다른 부스들을 여기저기 보고 있을 때였다. 무언가가 눈에 확 들어왔다. 옆 부스에서 틀어놓은 TV 화면에 피가 흥건한 주방 바닥에 누워있는 남자의 모습이 보였다. 다른 학생들은 그 끔찍한 장면에서 눈을 돌렸지만, 나는 눈을 뗄 수가 없었다. 그 장면에 완전히 홀렸던 것 같다. "도대체 저게 뭐지?"라고 생각하면서, 나는 서 있던 줄에서 벗어나 그 장면이 TV 화면에서 나오는 부스로 다가갔다.

부스 테이블 뒤에 앉아있던 한 남자가 자기 이름은 빅터 리브라고 소개했다. 리브는 법무부 산하 교육·연구기관인 캘리포니아 범죄학연구소 소장이었다. 머리가 약간 벗겨진 이 중년 남자는 비행사들이 쓰는 선글라스를 쓰고 구겨진 갈색 재킷에 어울리지 않는 넥타이를 매고 있었다. 리브는 20년 넘게 과학수사 분야에서 최고의 능력을 보여온 사람이었다. 그 무렵 나는 과학수사에 대해 아는 것이 거의 없었고, 과학수사관이 어떤 일을 하는지도 전혀 몰랐다. 과학수사관이란, 과학적 전문성을 이용해 범죄 해결을 돕는 범죄과학자라고 리브가 설명했다.

"저 그 일 하고 싶습니다." 리브에게 말했다.

어떤 직업에 대해 그렇게 흥분을 느낀 것은 그때가 처음이었다. 드라마 〈퀸시〉에 대해서는 오랫동안 잊어버리고 살았지만, 그 드라마를 보았을 때 느꼈던 열정이 물밀 듯이 내 안에서 올라오고 있었다. 리브와 대화를 마치고 밖으로 나올 때, 현장에서 범죄 해결을 하고 싶다는 생각이 더욱 간절해졌다. 다음 날 아침 대학 취업지원센터로 가서 관련된 채용 정보가 있는지 찾아봤다. 콘트라 코스타 카운티 보안관청에서 법의학 독성분석요원을 채용하고 있었다. 독성분석요원은 과학수사관이 아니라 범죄 연구실에서만 일하는 직업이지만, 일단 그렇게 시작해도 될 것 같았다.

한번 지원해보기로 했다. 합격한다면 적어도 범죄 연구실에 발은 디딜 수 있을 거라고 생각했다. 지원서를 제출한 다음에는 마르티네스의 정부 건물에 가서 구술시험을 봤다. 붙을 것 같았다. 일주일 후, 내 시험 성적이 50여 명 지원자 중 4등이라는 내용의 편지가 왔다. 결국 내가 진짜로 잘할 수 있는 일을 찾았다는 생각이 들었다. 진짜 기회가 내게 주어진 것이다.

하지만 몇 주가 지나도록 보안관청에서는 연락이 없었다. 처음에는 일이 다 잘되고 있다고 확신했지만, 날이 갈수록 희망이 줄어들었다. 관심을 결혼식으로 돌렸다. 결혼식은 8월 말의 어느 무더운 날 예정대로 치러졌다. 그때 나는 로리의 권유에 따라 개신교로 전향한 상태였다. 로리와 다시 사귀기로 한 다음부터 우리는 교회 예배에 같이 참석했고, 결혼식도 공군기지의 교회에서 했다. 하얀 웨딩드레스를 입은 로리는 너무나 아름다웠다. 나는 턱시도를 입었다. 로리가 아빠의 손을 잡고 내게 걸어오는 모습을 보니 그녀가 내 아내가 된다는 것이 실감났다. 너무나 자랑스러웠다.

내 인생에서 그때처럼 행복한 적은 없었다. 우리는 전통적인 결혼 서약을 했다. "나 폴은 로리를 아내로 맞아…,"로 시작하는 서약이었다. 로리에게 반지를 끼워줄 때 손이 떨렸다. 입맞춤은 정숙하면서 달콤했다. 뒤돌아보니 엄마가 행복의 눈물을 훔치고 있었다.

나는 그 순간의 중요성을 깊이 느꼈다. 결혼하고 싶었고, 실제로 그렇게 했다. 결혼은 내 인생의 중요한 사건이었다. 피로연은 커다란 흰색 텐트가 쳐진 로리의 부모님 집 뒤뜰에서 했다. 우아하지만 소박한 피로연이었다. 샴페인으로 건배를 했지만 누구도 지나치게 격렬한 춤을 추거나 케이크를 다른 사람의 얼굴에 뒤집어 씌우지 않았다.

우리는 서로 사랑했고 행복했다. 첫날밤에 대한 약간의 설렘도 있었다. 우리는 시내의 홀리데이인 호텔에서 첫날밤을 보낸 뒤 북쪽 해안 휴양지 멘도시노로 신혼여행을 갔다. 신혼여행을 갈 때 나는 새로 카메라를 샀다. 우리는 해변을 돌아다니며 석양과 야자수의 모습, 서로 손을 잡은 우리의 모습, 햇볕에 탔지만 빛나던 서로의 모습을 찍었다. 하지만 여행에서 돌아와 보니 카메라에 필름이 들어있지 않았다.

우리는 바커빌에 집을 구했다. 로리의 부모님이 집을 구하는 데 도움을 줬다. 나는 여전히 맥도날드에서 일하고 있었기 때문에 가정을 유지할 만큼 돈을 벌지 못했다. 돌이켜보면 그때야말로 로리와 나에게 매우 즐거웠던 젊은 시절이었다. 어쨌든 우리는 우리만의 집에서 우리 힘으로 살았기 때문이다. 인생의 많은 날들이 우리 앞에 남아있었다. 로리는 인테리어디자인 사무실에서 일했고, 나는 창고에서 일하면서 좀 더 많은 돈을 벌 수 있었다. 넷트리라는 이름의 큰 식당에서 핼러윈데이에 쓸 호박과 허수아비 장식을 관리하는 일이었다.

이 일을 한 지 6주 정도 지났을 때다. 창고에서 일을 하는데 나를 찾는 전화가 왔다. 전화를 받으러 가면서 나는 "누구래요?"라고 물었다. "모르겠는데, 콘트라코스타 카운티라고 하는 것 같아." 관리자가 대답했다. 관리자의 손에서 전화기를 넘겨받았다. "네, 폴입니다." 범죄과학연구소 책임자가 건 전화였다. 그녀는 "아직도 이 일자리에 관심이 있나요?"라고 물었다. 그녀의 질문이 끝나기도 전에 내가 대답했다. "물론이지요." 우리는 면접 날짜를 정했고, 나는 기회를 줘서 고맙다고 인사했다. 수화기를 내려놓은 후 앞치마를 벗어던지면서 크게 소리쳤다. "저, 그만둘게요."

나는 춤을 추다시피 하면서 밖으로 나갔다.

UNMASKED

4장 : 실험실 쥐

1990년

"연구소 한번 둘러볼래요?" 캐시 홈즈가 내게 물었다. 약간 소심해 보이는 표정이었다. 캐시는 카운티의 약물·알코올 전담부서를 책임지는 수석 과학수사관이었다. 1970년대 중반부터 과학수사관 일을 했으며, 나보다 스무 살쯤 많았다. 그날은 면접을 보는 날이었고, 캐시는 내게 자신이 일하는 곳을 보여주려고 했던 것이다. 어린 시절 내가 〈퀸시〉를 보면서 상상하던 연구소가 바로 여기였다.

나는 캐시를 따라 에스코바 스트리트에 있는 사무실을 나왔다. 길모퉁이를 돌아 따라 들어가니 언제 페인트칠을 했는지도 모를 허름한 건물들이 늘어선 거리가 나왔다. 마르티네스는 한때 가게

들이 많고 사람들로 붐비는 곳이었지만 그 무렵에는 공장들만 남은 삭막한 곳으로 변해 있었다. 우리는 '마르텔라치 골든 스테이트 유제품 판매장'이란 낡은 간판이 붙어있는 건물에 도착했다. 가게는 오래전에 없어진 상태였다. 캐시는 그 건물 차양 밑에서 걸음을 멈췄다. 건물에는 낡은 간판 하나와 726이라는 번지수 외에는 아무 표시판도 붙어있지 않았다.

"여기예요." 캐시가 말했다. 미안해하는 표정이었다.

"여기에 연구소가 있어요?"

캐시는 문을 열면서 건물 안에도 별로 볼 것은 없다고 말했다. 실제로 건물 안도 초라했다. 철제책상들 사이에 겨자 소스 색깔의 파티션이 쳐진 길고 좁은 사무실이 보였다. 책상과 파티션은 창고에서 오래 보관하던 것들을 꺼내 놓은 것처럼 보였다. 범죄과학연구소는 건물 맨 안쪽에 있었다. 화장실 바로 옆에 있는 연구소는 창문 하나 없는 좁고 답답한 공간이었다.

1990년 가을이었다. 라디오에서는 얼마 전에 시작된 걸프전에 대한 이야기가 흘러나오고 있었다. 나중에 알게 됐지만, 그 라디오 소리는 연구소 선임연구원 중 한 명이 계속 라디오를 틀어놓아야 한다고 고집해 쉬지 않고 나오던 것이었다. 카스트로 스트리트에 위치한 이 연구소는 〈퀸시〉에서 샘 후지야마라는 실험실 연구원이 범죄현장 채취 증거물을 분석하던 곳과 전혀 비슷하지 않았다. 하지만 상관없었다. 난 이미 그 연구소에 매료돼 있었기 때문

1991년 초반 카스트로 스트리트에 위치한 과학수사 연구소에서 내
가 약물 분석을 하는 모습을 누군가가 찍은 사진. 당시 나는 대학 시절
의 방황을 막 끝내고 연구소에 들어가 상당히 고무된 상태였다. 얼마
지나지 않아 약물 분석 작업에는 싫증이 났지만 처음 일을 시작했을
때는 독성물질 분석을 시작으로 마침내 과학수사관의 길을 걸을 수
있게 됐다는 생각에 너무 기뻤다. _폴 홀스

이다. 나는 매일 이 연구소에 출근해 음주운전자들의 혈액과 소변
샘플을 분석하는 일을 하는 내 모습을 상상했다. 생각만 해도 소
름이 돋을 만큼 신났다. 그곳은 현미경, 분광측정기, 시험관의 내
용물이 누군가의 운명을 결정할 수 있는 공간이었다.

  나는 아무렇지도 않은 척했지만, 실제로 과학수사연구소에 발을 디딘 순간은 그때까지 내 삶에서 가장 흥분된 경험이었다.

"연락드리지요." 캐시가 악수하며 말했다.

카운티 과학수사 책임자 존 머독으로부터 전화를 받은 것은 그 후 24시간이 지나서였다. 그 24시간은 정말 피가 마르는 시간이었다. "같이 일하고 싶습니다." 머독이 말했다. 드디어 내가 카운티의 신임 약물 분석요원이 된 것이다. 그날 밤 나는 밖에 나가 카키색 바지와 감색 재킷을 샀다.

인생이 내 계획대로 풀리고 있었다. 결혼도 했고 좋은 직장도 얻었다. 첫날부터 출근이 좋았다. 이 직업은 내게 목적의식과 자부심을 주었다. 주변 사람들은 모두 밝았고 배울 것도 많았다. 나는 열심히 일을 배웠다. 연구소 사람들도 그런 나를 좋아했다. 나는 캐시가 뭔가를 내게 지시하기 전에 미리 예측해 일하려고 했다. 동료들이 캐시가 나를 편애한다고 놀리면 발끈하는 척했지만, 사실 속으로는 전혀 신경 쓰지 않았다. 만약 실제로 캐시가 나를 편애한다면 그 편애가 지속되기를 바랐다.

연구소에서 하는 일 자체는 판에 박힌 내용이었다. 하지만 나는 그 일을 하면서 약물 분석과 중독에 대해 공부했다. 고등학교나 대학 시절에 약물을 사용한 적이 없었기 때문에 자극제, 억제제, 환각물질의 효과에 대해 공부하는 것이 정말이지 신났다.

마약 사건 재판에서 증언하는 것도 일의 일부였다. 일을 시작한 지 6개월이 되던 때 나는 청소년범죄 재판에서 전문가 증언을 하게 됐다. 법정에서 증언하는 것은 처음이지만 나는 충분히 준비되어 있다고 생각했다. 마리화나 소지 혐의에 대한 간단한 재판이라 복잡할 게 없었다. 게다가 연구소에서 이미 법정 증언에 관한 교육을 받은 상태였다. 법정에 들어갈 때 나는 별다른 문제가 없을 것이라고 자신했다. 내가 정작 걱정한 것은 다른 문제였다.

법정 밖 의자에 앉아 대기하는데, 복부에 익숙한 통증이 느껴졌다. 심장이 쿵쾅거리고 손이 떨리기 시작했다. "지금은 안 돼."라고 혼잣말을 했다. 법정 증언이 내 일에서 큰 부분을 차지한다는 것은 이미 알고 있었다. 법정이 아닌 다른 곳에서 증상이 나타나는 건 큰 문제가 되지 않았지만, 만약 법정에서 증언하는 동안 공황 발작 증상이 온다면 일을 제대로 시작해보기도 전에 경력을 망치게 될 수도 있었다. 마음을 안정시키기 위해 필사적인 노력을 하면서 고등학교 시절 정신과 의사가 가르쳐 준 호흡법을 떠올렸다. 그 의사는 "과거에 일어난 일이나 미래에 일어날 수 있는 일이 아니라 현재에 집중해야 해. 현재만 생각하면서 호흡을 해봐."라고 말했었다.

법정 경위가 내게 들어오라고 손짓을 했다. "현재에 집중하면 돼. 심호흡하자." 나는 이렇게 말하면서 깊게 숨을 들이마신 다음 천천히 내뱉었다. 법정으로 들어가 증언대에 서면서 호흡에 집중했다. "증거 확보 과정에 대해 진술해주시겠습니까?" 검사가 내게 다가오면서 물었다. 증거가 최초로 수집된 상태에서 그때까지 어떠한 변경도 되지 않았음을 보증한다는 내용의 문서에 사인한 상태였다. 사인하기 전에는 증거물이 변경되지 않았는지 확인하기 위해 녹색 잎들이 든 작은 비닐봉지가 테이프로 잘 밀봉돼 있는지 점검했다. 나는 증거물의 무게를 측정하고, 대마 성분 표준 특정 법인 듀케노아−레빈 테스트Duquenois-Levine test를 시행했다. 증거물은 오레가노가 아니라 대마초임이 확실했다. 나는 검사에게 "증거물은 마리화나가 맞습니다."라고 진술했다. 다음으로 변호사가 내게 질문했다. "법정에서 전문가 증언을 몇 번이나 해봤습니까?"

당시 나는 스물두 살이었지만 열두 살처럼 보였고, 변호사는 내가 초보라는 사실을 놓치지 않았다. 나는 "한 번도 안 해봤습니다."라고 솔직하게 대답했다. 나이는 얼마 안 됐지만, 내가 하는 일에 대해서는 잘 알았기 때문에 자신감도 있었다. 다행히 판사는 나를 전문가로 인정했고, 나는 첫 번째 시험을 통과했다.

* * *

연구소에서 일 년 동안 일하고 나자 위로 올라가고 싶은 욕망이 생겼다. 사실 무슨 일을 하든 나는 이런 욕망을 품고 살았다. 항상 마음이 초조했고 다음 단계로 올라가고 싶었다. 로리는 내게 말하곤 했다. "당신은 항상 다른 일, 더 많은 일을 하고 싶어해."

맞는 말이었다. 이런 욕망이 느껴지지 않으면 오히려 불안했다. 지금도 그때처럼 나는 도전할 준비를 하고 있다. 살아오는 동안 나는 늘 마지막 도전 결과에 만족하지 못했기 때문에 곧장 다음 단계에 도전해야만 했다. 그게 나다. 그렇게 해야만 마음이 편해질 거라고 여겼는지도 모르겠다. 하지만 그렇게 해도 마음이 편해지지는 않는다. 무슨 일을 하든, 항상 그 일보다 더 어려운 일을 하고 싶다는 강렬한 욕망을 가졌다. 연구소에서 약물 분석요원으로 틀에 박힌 일을 하던 내가 다음 단계로 올라가고 싶은 욕망을 품게 된 것은 당연한 수순이었다.

다음 단계의 일을 찾아내는 데는 시간이 오래 걸리지 않았다. 나는 카스트로 스트리트의 연구소에서 빠져나와 다섯 블록을 걸어서 에스코바 스트리트의 연구소까지 가곤 했다. 그 연구소는 과학수사관들이 일하는 곳이었다. 그들은 범죄현장에 나가 증거를 수집한 뒤 연구소에서 분석하는 사람들이다. 나는 그 과학수사관들이 하는 일이 알고 싶었다. 그들이 범죄가 어떻게 일어났는지 알아내는 방법이 궁금했다. 과학수사관들은 스릴러 영화나 추리 드라마에서 볼 수 있는 일들을 실제로 하는 사람들이었다. 나는 기회가 날 때마다 과학수사관들에게 다가가서, 살인 현장에 대한 메모를 서로 비교하며 현장에서 알아낸 것들에 관해 그들이 이야기하는 것을 뻔뻔스럽게 듣곤 했다.

그러던 어느 날 오후였다. 나는 평범한 모습으로 숨겨져 있는 보물창고 하나를 우연히 발견했다. 범죄 도서실이었다. 에스코바 연구소 건물의 한가운데 있는, 대형 트럭 컨테이너 정도 크기의 방이었다. 낡은 벽들로 둘러싸인 그 방 안에는 천장 높이까지 들어선 금속 책장들이 있었고, 그 책장에 수십 년은 돼 보이는 과학수사 관련 책과 논문이 가득 차 있었다. 범죄현장 수사, 최신 유전계보학 기법, 연쇄살인범을 다룬 것들이었다. 그 책들 대부분은 오랫동안 아무도 책장에서 뺀 흔적이 없었다. 하지만 내게 그 범죄도서실은 금광처럼 느껴졌다.

깜빡이는 형광등 불빛 아래서 책들을 빼내 읽기 시작했다. 나중에 다시 와서 읽고 싶은 부분은 접어서 표시해놓기도 했다. 얼마 뒤 나는 그 도서실에서 《럭스턴 사건의 의학적·법률적 측면에 대한 고찰》이라고 적힌 푸른색 표지의 책을 우연히 발견했다. 사진들이 함께 실린 이 책은 벅 럭스턴이라는 이름의 영국 의사가 아내와 간호사를 살해한 다음 그들의 신원을 감추기 위해 시신을 토막 내 집에서 수백 킬로미터 떨어진 강에 버린 유명한 사건을 다루고 있었다.

내 관심을 끈 것은 사건의 잔혹함이 아니라, 이 사건을 해결하기 위해 경찰, 병리학자, 과학수사관으로 구성된 팀이 사용한 새로운 기법들이었다. 퍼즐의 (그리고 시신의) 조각들을 맞춰 피해자의 신원을 확인하는 데 엄청난 노력이 든 이 사건에는 '직소Jigsaw 살인'이라는 이름이 붙여졌다. 럭스턴은 유죄판결을 받고 교수형을 당했다. 이런 책들을 읽으면서 나는 완전히 새로운 세상을 보게 됐다. 이처럼 새로운 세상을 접한 내가 약물을 분석하고 혈중알코올 농도를 측정하는 판에 박힌 업무에 관심을 잃게 된 것은 당연했다.

수습 기간이 끝나면서 나는 거의 매일 범죄 도서실에 갔다. 그 곳에 있는 모든 책을 최대한 흡수하고 싶었다. 과학 논문이든, 범 죄현장 수사에 관한 책이든 닥치는 대로 읽었다. 이후 저녁을 먹을 때도, 잠자리에 들 때도 계속 책 내용을 생각했다. 내가 읽은 내용 이 완전히 머리에 흡수될 때까지 생각이 멈추지 않았다. 범죄 도서 실에 있을 때가 가장 행복했다. 마약에 취해 기분이 좋아지는 느 낌이 이럴 것 같다는 생각도 했다. 내게 도전의식을 불러일으키는 어떤 것에 집중할 때 느끼는 행복감은 엄청났다.

그 후 3년 동안 나는 수사기법, 범죄심리학, 연쇄살인범의 심리 그리고 미제사건들에 관한 지식을 최대한 흡수하기 위해 노력했 다. 스물다섯 살이 되던 날 부모님은 내게 《범죄, 인간의 본성, 성 적 살인: 패턴과 동기》라는 책을 선물했다. 로버트 레슬러, 앤 버 제스, 존 더글러스가 쓴 책이었다. 그 책을 다 읽고 나니 내가 어 떤 일을 하고 싶은지 확실히 알 수 있었다.

나는 범죄 프로파일러가 되고 싶었다.

그리고 로리는 아이를 갖고 싶어했다.

5장 : 위로 올라가기

1993년 가을, 로리와 나는 꿈을 차근차근 이뤄가고 있었다. 그해 9월, 딸 르네가 태어났다. 르네는 엄마를 닮아 얼굴이 둥글고 뺨이 사과처럼 예뻤다. 자동차 판매 대리점에 다니던 로리는 딸을 낳으면서 일을 그만두고 집에서 육아를 했다.

그 몇 달 후 과학수사관 자리가 하나 났다. 10년 만에 처음 비게 된 자리였다. 당시 나는 스물여섯 살이었고, 과학수사관이 되기에는 경력이 모자랐다. 하지만 내가 가진 열정이라면 빠르게 과학수사관 일을 배울 수 있으리라고 확신했다. 게다가 다른 과학수사관 중 한 명이 은퇴하려면 10년을 기다려야만 했다. 나는 그 자리에 지원했다. 경쟁자는 50명이었다. 먼저 구술시험을 통과해야 했다. 구술시험은 전문가 심사위원들의 질문에 대답하는 형식이었다. 다음과 같은 질문에 빨리 답하지 못하면 탈락이었다.

당신은 사흘 안에 결과를 도출해야 하는 긴급 사건으로 살인사건을 할당받는다. 조사에는 6~8시간이 걸린다. 하루에 2시간씩 조사를 한 후 법정에서 증언해야 한다. 살인사건 현장조사는 밤 9시에 시작된다. 그날 밤은 거의 밤새도록 현장에서 조사해야 한다. 다음 날 아침 형사는 바로 사건 조사를 시작해 달라고 요청한다. 사흘 안에 조사를 마치려면 어떻게 해야 하는가?

나는 냉철하게 상황을 분석해 구술시험을 통과했다. 범죄 도서실과 내 방에서 밤늦게까지 관련 서적을 읽어온 것이 효과를 발휘했다. 경험이 부족했는데도 내가 합격한 것이다. 나는 보안관청 소속 과학수사관 보로 채용됐다. 진짜 CSI가 된 것이다. 너무나 행복했다. 로리도 집에서 딸과 지내는 것에 행복감을 느꼈다. 모든 것이 잘 되고 있었다.

그 후 5개월 동안 경찰학교paneling에서 훈련을 받았다. 민간인 생활을 하다 군대처럼 엄격한 경찰학교에서 지내려니 너무 힘들었다. 신병훈련소에서 훈련을 받으면서 수업도 들어야 했기에 더 힘들었다. 다림질한 정복과 광을 낸 군화, 경찰 배지를 착용한 채 매일 새벽에 야외 점호를 받았다. 집에 6개월 된 딸이 있는 상황에서 그런 상황을 감수해야 했다. 새벽 점호를 받기 위해 아내와 딸이

1994년 6월 경찰학교 사격훈련장에서 동기 훈련생 한 명과 휴식시간에 찍은 사진. 경찰학교에 가서 훈련받지 않을 때도 나는 집에서 총기나 경찰 부츠를 손질해 광을 내거나, 제복을 다리거나, 끊임없이 이어지는 테스트를 준비했고, 그러느라 남편과 아버지로서 역할을 제대로 하지 못했다. 힘든 시간이었다. _폴 홀스

자고 있을 때 집을 나왔다. 극도로 높은 수준의 훈련과 수업이 날마다 이어졌다. 벽을 뛰어넘는 훈련과 사격훈련을 받고, 교관들의 감독하에 법을 공부했다.

담당 교관은 눈이 튀어나오고 콧수염을 기른 배그웰이라는 사람이었다. 배그웰은 우리를 거칠게 다루면서 쾌감을 느끼는 사람처럼 보였다. 훈련 초기에 다른 교관 한 명이 알코올 중독에 대해 강의한 적이 있었다. 그 교관은 인종에 따라 알코올에 대한 반응이 달라진다고 설명했다. 그 말을 들은 훈련생 중 한 명이 특정 인

종이 알코올에 더 빠르고 강하게 반응한다는 견해는 과학적 근거가 없는 부정적 고정관념이라고 지적했다. 긴장되는 순간이었다. 나는 연구소에서 일하는 동안 알코올 중독 사례를 수없이 경험했다. 이 상황에 도움이 될 수 있을지 모른다는 생각이 들었다. 나는 칠판 앞으로 나가 알코올 대사과정을 그림으로 그렸다. 그러고는 알코올 분해효소가 특정한 사람들에게서 알코올을 더 빨리 분해하는 원리를 설명했다. 알코올 분해과정의 대사물인 아세트알데히드가 독성을 나타내는 수준 이상으로 체내에 축적되면 문제를 야기하는데, 이로 인해 얼굴이 빨개지거나 술주정을 부리게 만드는 부작용이 나타난다고 설명했다. 문제를 제기했던 훈련생과 교관 모두 내 설명에 고마움을 표시했다. 자리로 돌아오는데 훈련생 중 누군가가 "스팍이네!"라고 큰 소리로 말했다. 스팍은 〈스타트렉〉에 나오는 외계인 과학담당 장교다. 경찰학교를 다니는 내내 나는 이 별명으로 불렸다.

길고 힘든 훈련 때문에 뼛속까지 지친 상태로 집에 도착한 후에도 다음날 수업을 받기 위해 저녁 내내 준비를 해야만 했다. 당연히 딸과 함께 시간을 보내지 못했고, 집안일은 모두 로리가 짊어져야 했다. 르네는 다루기 힘든 아이였다. 소리를 지르지 않으면 조용해지지 않았고, 밤에 자다 깨지 않는 날이 거의 없었다. 르네는 차에 태우고 돌아다닐 때만 조용해졌기 때문에 나는 카시트에 르네를 앉히고 아이가 잠들 때까지 집 주변을 드라이브하곤 했다.

하지만 데리고 들어가면 르네는 여지없이 잠에서 깼다. 그럴 때마다 로리가 르네를 돌봐야 했다. 나는 다음 날 새벽 점호를 위해 저녁 내내 군화를 닦고 제복을 다림질했다. 로리는 너무 힘들어했다. 최선을 다해 로리를 도우려고 노력했지만, 그런 내 노력으로는 어림도 없었다.

그 다섯 달 동안 내 삶의 전부는 경찰학교였다. 경찰학교 생활은 정신적으로도 육체적으로도 매우 힘들었다. 내가 경찰학교에서 훈련받느라 집을 비우면서 신경을 쓰지 못한 긴 시간 동안, 그러지 않아도 균열의 조짐이 보이던 결혼생활은 더 위태로워졌다.

로리와 내가 베란다에서 말다툼하던 날이 기억난다. 로리는 내가 집을 너무 오래 비워 스트레스를 받았던 것 같다. 우리는 말다툼을 하느라 르네가 밖으로 기어 나와 1층 베란다에 붙은 계단으로 떨어지는 것도 알아채지 못했다. 르네가 울기 시작했고, 화가 난 로리는 아이가 소리치고 있는데도 "당신 때문이야."라고 내게 쏘아붙였다. 어떻게 해야 할지 몰랐던 나는 집 안으로 그냥 들어가 버렸다.

평생 나는 스트레스를 이런 식으로 처리했다. 대화가 힘들어질 때마다 나는 그 자리를 피했다. 사람들은 내가 무관심해서 그렇다고 말하지만, 아니었다. 두려워서 그랬다. 온종일 끔찍한 살인자들에 관해 연구하면서 보낼 수는 있었지만, 감정적인 충돌은 감당하기가 너무 무서웠다. 나는 갈등에 정면으로 대응하면 사랑하는 사람을 잃을 수 있다는 공포에 시달렸다. 누군가에 의해 거부당하는 게 두려웠다. 그래서 나는 감정을 내 안으로 감췄다. 내가 그 감정을 무시하면 갈등이 사라질 거라고 여겼다.

그때는 미처 몰랐다. 나의 그런 행동이 사랑하는 사람들을 더 멀리 밀어내고, 내가 쌓은 마음의 장벽 안에 나를 점점 더 견고하게 가두고 있었다는 사실을.

6장 : 동부 지역 강간범

1994년 10월, 내 인생은 또 다른 변화를 맞았다. 경찰학교를 졸업하고 범죄현장에서 증거를 분석하는 정식 CSI 요원이 됐다. 로리와 갈등이 계속되고 있는 상황에서 나는 다른 사람들이 다 퇴근한뒤 혼자 범죄 도서실에 남아 연쇄살인범과 살인사건에 관한 책을 밤늦게까지 읽었다.

계속 그런 식으로 책을 읽다 보니 더는 읽을 책이 없어졌다. 그러던 어느 날 나는 새로운 읽을거리를 찾아 도서실 선반을 샅샅이 뒤지고 있었다. 내가 그냥 지나친 책이나 논문이 혹시 있을지도 모른다는 생각에서였다. 그때 뭔가가 내 눈에 들어왔다. 도서실 구석에 놓인 파일캐비닛이었다. 서랍이 너덧 개 달린 흔한 사무용 파일캐비닛이었다. 왜 그전에는 이 캐비닛이 눈에 들어오지 않았을까? 캐비닛 위에 두껍게 먼지가 쌓인 걸 보니 한동안 아무도 이 캐비닛을 열어보지 않은 것이 분명했다.

서랍을 위에서부터 열어보니 내가 기대했던 것들이 보이기 시작했다. 오래된 행정서류, 강의 노트, 오래 전 범죄수사 회의 내용을 녹음한 테이프였다. 맨 아래 서랍은 좀 묵직했다. 서랍을 당기는데 무게감이 느껴졌다. 오래된 누런 폴더들을 뒤적거릴 때 나는 소리가 카드를 섞을 때 나는 소리와 비슷했다. 모든 폴더에는 빨간색으로 "EAR"이라는 글자가 적혀있었다.

첫 번째 폴더를 꺼냈다. 폴더 안 왼쪽 상단에 "261/459"라는 숫자가 적힌 경찰 보고서가 맨 위에 있었다. 이 숫자는 캘리포니아 형법에서 '강간/절도'를 나타내는 숫자다. 해당 사건은 샌프란시스코 교외의 주거지역인 콩코드, 버클리, 오클랜드에서 16년 전에 일어난 범죄였다. 1978년 10월 7일에 작성된 이 보고서는 다음과 같은 내용으로 시작하고 있었다.

공포에 질린 한 여성의 전화 신고를 받고 위의 지역으로 출동함. 이 여성은 자신이 강간당했으며, 자신과 남편이 줄에 묶여있었다고 말함. 현장에 도착하니 여성은 아무것도 걸치지 않은 상태로 현관문에 서 있었음. 여성은 등 뒤로 손이 묶여있었음. 이 여성은 남편이 침실에 묶여있는 상태라고 말함.

공격이 일어난 시점은 자정이 조금 지났을 때였다. 젊은 부부는 한 살 된 아이를 재운 뒤 침실에서 자는 중이었다. 발밑에서 뭔가를 느낀 남편이 먼저 잠에서 깼다. 눈을 뜨니 스키마스크를 쓴 남자가 왼손에는 플래시, 오른손에는 총을 든 채 침대 아래쪽에서 남편을 보고 있었다. "돈과 먹을 것만 주면 돼." 범인이 으르렁거리듯이 말했다. 그때 아내가 잠에서 깨어났다. 범인이 다시 말했다. "시키는 대로 하지 않으면 죽여 버리겠어. 둘 다 엎드려."

보고서를 계속 읽다 보니 범인의 목적이 돈이 아니었다는 것을 쉽게 알 수 있었다. 범인의 목적은 피해자들을 공포에 질리게 해 통제하는 것이었다. 범인은 부부의 손을 등 뒤로 오게 한 다음 아플 정도로 팽팽하게 손목과 발목을 신발 끈으로 묶었다. 그 후 범인은 여성의 목에 칼을 겨누면서 말했다. "내가 시키는 대로 하지 않으면 죽이겠다." 남편은 범인의 목소리가 "이를 악물고 속삭이는 목소리"였다고 진술했다. 그 후 30분 동안 범인이 집 안 여기저기를 돌아다니는 사이, 부부는 꼼짝 못 한 채 누워있을 수밖에 없었다. 그 시간 동안 부부가 느꼈을 공포가 짐작되었다. 부부는 "아기는 어떡하지? 범인이 아기를 찾아내 해치면 안 되는데. 우리를 죽일까?" 같은 말을 했을 것이다. 보고서에는 부부가 느낀 공포에 대해서는 언급되지 않았다. 나는 보고서에서 눈을 뗄 수가 없었다.

범인은 주방에서 접시를 가지고 침실로 돌아왔다. 그는 접시를 부부의 등에 올려놓고는 "접시 움직이는 소리가 들리면 머리를 날

려버리겠다."라고 말했다. 범인이 심리적인 테러를 즐기는 사디스트일 거라는 생각이 들었다. 이미 나는 머릿속으로 범인의 심리를 분석하기 시작한 것이다.

부부는 범인이 집 안을 돌아다니며 주방 찬장 문을 쿵쿵 열었다가 닫는 소리를 들으면서 몇 분을 더 견뎌야 했다. 범인은 갑자기 다시 침실로 들어왔다. 조용한 걸음이었다. 범인이 침대 옆으로 왔다는 것을 느낄 수 있게 하는 유일한 단서는 숨소리였다. 범인의 호흡은 무거우면서도 매우 빠르고 가빴다. 여성의 다리에 묶인 신발 끈을 자르면서 범인이 말했다. "일어나. 나를 보지 말고. 안 그러면 머리를 잘라낼 테니." 범인은 시키는 대로 하지 않으면 남편과 아이를 모두 죽이겠다고 위협했다. 나도 딸을 가진 아빠였으므로 여성이 얼마나 큰 공포를 느꼈을지 상상할 수 있었다. 자식을 보호해야 한다는 마음은 자신의 목숨을 지켜야 한다는 생각보다 훨씬 더 본능적이다. 여성은 시키는 대로 했고, 범인은 그 여성의 등을 거실 쪽으로 떠밀었다. 범인은 거실에서 여성의 눈을 천으로 가린 다음 벽난로 앞 카펫에 엎드리게 했고, TV를 켠 후 볼륨을 끝까지 줄이더니 화면을 담요로 가렸다. 그때 여성의 입이 얼마나 바짝 말랐을지, 심장이 얼마나 뛰었을지 상상이 됐다. 여성은 후에 범인에게서 "계피 냄새 같은 것이 났다"고 진술했다.

범인이 칼을 커피테이블에 놓는 소리, 범인이 다시 주방으로 살금살금 움직일 때 나던 발소리를 여성은 모두 들었다. 접시를 꺼내는 소리도 들렸다. 여성은 긴장한 채 모든 소리를 듣고 있었다. 범인은 남편의 등에 접시를 몇 개 더 얹기 위해 침실로 다시 들어간 것 같았다. 곧 범인이 여성 옆으로 다가와 말했다. "재미없게 하면 이 집에 있는 사람을 다 죽이겠어. 아기의 잘린 귀를 보게 해주지." 위협적이고 악마 같은 목소리였다. 이런 목소리를 들으면서 여성은 꼼짝도 못 하고 누워있을 수밖에 없었다. 여성은 입고 있던 잠옷과 속옷이 하나하나 찢기면서 벗겨지는 소리를 들었다. 범인이 자위행위를 했다. 범인은 강간하기 직전에 여성의 이름을 부르면서 "오랫동안 너를 지켜봤어."라고 말했다. 깜짝 놀란 여성은 순간적으로 여러 생각을 했다. "어디서 날 봤을까? 혹시 내가 아는 사람인가?" 그 후 한 시간 동안 범인은 여성을 강간했다. 일을 마친 범인은 거실 구석으로 가서 울기 시작했다.

보고서에 붙어있던 사건 요약문서에는 당시 수사관 중 한 명이 써넣은 "동부 지역 강간범East Area Rapist"이라는 글자가 있었다.

충격이었다. 그 폴더를 닫은 후 바로 옆의 폴더를 펼쳤다.

10월 7일 공격이 있은 지 6일 후, 차로 5분 걸리는 거리의 집에서 다른 가족이 한밤중에 공격을 당했다. 29세 여성과 그녀의 30세 남자친구가 침실 문이 열리는 소리에 잠에서 깼다. 한 남자가 플래시 불빛을 이 커플의 눈에 비추면서 문 앞에 서 있었다. 자다가 눈에 번쩍이는 불빛이 들어와 깨어난다고 상상해보자. 경찰학교에서 배운 기술 중 하나가 플래시 불빛을 범인에게 비춰 정신을 혼란케 하는 것이었다. 강렬한 불빛을 눈에 비춰 3~4초 동안 아무것도 보지 못하게 만든 다음 그 순간을 이용해 범인을 제압하는 기술이다. 머릿속에 어떤 생각이 스쳤다. 범인은 경찰이 사용하는 기술을 이용해 피해자들을 제압하고 있다는 생각이었다.

범인은 뻔뻔하고 자신감이 가득 찬 공격자였다. 이 커플이 공포에 질리게 만든 다음 곧장 명령을 내렸다. "움직이면 머리를 날려 버릴 테다." 범인이 이를 악물고 말했다. 범인은 남자친구에게 엎드려 누워 두 손을 등 뒤로 하라고 말한 뒤 여자에게 신발 끈을 던지면서 남자의 손을 묶으라고 지시했다. 여자에게 남자를 묶게 만든 것은 겁이 나서였을까? 아니면 여자를 공포에 질리게 만드는 또 다른 방법이었을까?

남자친구의 두 손이 묶이자 범인은 여자에게도 엎드려 누우라고 한 뒤 손목과 발목을 묶었다. 범인은 남자친구의 머리에 총을 겨누고 있었는데, 그 순간 여자의 일곱 살 된 딸이 침실로 들어왔다. 스키마스크를 쓴 남자를 보자 아이는 소리를 질렀고, 범인은 아이를 욕실로 집어넣은 다음 "조용히 거기 있어."라고 말했다. 범인은 아이가 도망치는 것을 막기 위해 욕실 문 앞에 가구를 쌓은 다음 침실로 돌아와 방 안을 뒤지기 시작했다.

한참 동안 소리가 들리지 않자 커플은 침입자가 떠났다고 생각했다. 하지만 아니었다. 범인은 침실로 조용히 돌아와 남자친구의 머리에 담요를 덮어씌운 다음 접시들을 등 위에 올려놨다. "움직이면 칼로 등을 찌를 거야." 범인이 협박했다. 6일 전의 범죄에서처럼 범인은 여자를 침대에서 끌어내 거실로 가게 했다. 남자친구가 소리를 들을 수 있는 거리에서 범인은 여자의 눈을 수건으로 가린 다음 여러 차례 강간하기 직전에 "즐겨."라고 말했다. 그러고는 사라졌다.

나는 낮에는 연구소에서, 밤에는 로리와 아기가 잠든 후 스탠드 불을 켜고 연쇄 범죄자에 관해 연구했다. 그 결과 이 범인은 다른 범죄자들과 다른 부류의 악인이라는 것을 알 수 있었다. 이 놈의 최종 목표는 강간이나 물리적 상해를 가하는 것이 아니었다. 심리적인 테러와 통제를 통해 자신의 감정적·심리적 욕구를 충족하는 것이 목적이었다.

두 사건은 놀라울 정도로 비슷했다. 범인은 한밤중에 플래시를 비춰 피해자들을 깨웠고, 끈으로 묶었고, 생명을 위협했고, 아이들이 가깝게 있을 때 여성을 강간했다. 범인은 피해자들을 공격하면서 음란한 말을 속삭였고, 남자들의 등에 접시를 올려놓았다. 접시가 경보 시스템 역할을 한 것이다. 범인은 두 번째 사건에서도 "접시가 덜거덕거리는 소리가 들리면 여자의 귀를 잘라 보여주겠어."라고 말했다. 범인은 소름 끼칠 정도로 대담했다. 두 사람을 공격하는 것은 매우 위험한 일이다. 특히 두 사람 중 하나가 남자일 경우는 더 그렇다. 여자를 강간하는 겁쟁이들은 이런 종류의 모험을 거의 하지 않는다. 하지만 이 범인은 적극적으로 이런 모험을 시도했다.

서랍에서 세 번째 폴더를 꺼냈다. 계속 더 읽고 싶었다.

EAR은 1978년 가을부터 1979년 여름까지 콘트라코스타 카운티에서 8차례 공격을 자행했다. EAR 관련 보고서는 그게 다였다.

나는 보고서들을 캐비닛에 다시 넣고 불을 껐다. 집으로 가는데 범인에 대한 생각이 계속 났다. 머릿속에서 이 사건이 지워지지 않았다. 한번 손에 잡으면 놓기 힘든 추리 소설을 읽게 된 느낌이었다. 다음 장이 어떤 내용일지 너무 궁금했다. 연쇄살인범과 미제사건에 대해 수없이 많이 읽었지만, 이 사건은 내 사건이라고 느껴졌다.

"오늘 내가 뭘 찾아냈는지 알면 놀랄 거야. 1970년대에 연쇄 강간범이 있었는데…." 그날 밤 저녁 준비를 하던 로리에게 말했다. 로리가 소리쳤다. "그만! 듣기 싫어."

나는 로리에게 내가 찾아낸 것에 대해 말하고 싶었지만, 로리는 말을 하지 말라고 했다. 나는 실망하고 낙담했다.

*　　*　　*

몇 주 후 나는 오클랜드에서 LA로 가는 비행기를 탔다. 캘리포니아 과학수사관협회가 주최한 훈련·자원위원회 회의에 가기 위해서였다. 기내에서 회의 자료를 읽고 있는데 누군가가 내 옆자리에 앉았다. 존 머독이었다. 콘트라코스타 카운티의 과학수사 책임자였던 그 머독 말이다. 머독은 과학수사 분야에서 존경받는 베테랑이자 거물이었다. 그는 내가 과학수사관으로 처음 채용될 때 최종 책임자였고, 내게 전화로 면접 제안을 한 사람이었다. 하지만나는 머독을 잘 알지는 못했다. 그 전 해에 플레즌트힐의 디아블로밸리 칼리지에서 열린 CSI 강의에서 그를 한 번 본 적 있을 뿐이었다. 비행기에서 그를 만났을 때 처음에는 겁이 나고 무슨 말을해야 할지도 몰랐지만, 곧 자연스럽게 대화를 이어나갔다. 30분정도 대화를 하다 내가 찾아낸 파일 이야기를 꺼냈다.

"EAR이 누군지 아십니까?" 내가 물었다.

머독이 내 쪽으로 얼굴을 돌렸다.

"동부 지역 강간범이지. 그 사건을 처음 수사한 게 나였어."

"사건은 해결됐습니까?"

"정말 열심히 수사했지만, 범인이 그냥 사라져버렸어." 그가 대답했다.

머독은 그 사건 수사 과정에서 자신이 어떻게 증거를 수집하고분석했는지 말했다. 그러고는 내게 충격적인 사실을 하나 들려줬다. EAR의 연쇄범죄가 우리 카운티에서만 일어난 게 아니라는 사실이었다. "EAR 사건은 새크라멘토에서 처음 시작됐지."

범죄 도서실 파일캐비닛을 뒤지며 파악한 것보다 훨씬 많은 사실을 알게 된 순간이었다.

"사건이 해결 안 됐다고요?" 내가 물었다.

비행기가 LA 공항으로 하강할 때 머독이 고개를 흔들며 대답했다. "미제사건이야. 범인을 못 잡았어. 앞으로 해결해야 할 사건이기도 하지."

EAR은 1979년에 종적을 감췄다. 16명으로 구성된 전담 수사팀이 열심히 노력했지만 결국 범인의 신원을 밝혀내지 못했다. 이 사건을 아무도 해결하지 못했다는 사실이 내 도전의식을 자극했다. 나의 이런 생각이 자만심에서 기인한다고 말하는 사람도 있을 것이다. 그럴지도 모른다. 하지만 초보 과학수사관 시절의 나는 최고의 과학수사관들이 수십 년 동안 해결하지 못한 사건을 내가 해결할 수 있을 것이라고 확신했다.

7장 : CSI

일에 집중해야 했기 때문에 EAR 파일들을 캐비닛 안에 다시 넣어 둬야만 했다. 그때는 1990년대 중반이었고, 과학수사관보로 승진한 나는 온종일 연구소에서 시간을 보내지 않고 범죄현장으로 나가기 시작했다. 당시 내가 했던 일은 증거를 수집하고, 사진을 찍고, 현장조사를 담당하는 수사관에게 보고하는, 전형적인 CSI 업무가 아니었다. 당시 내 업무는 과학적인 요소로 인해 여러 가지 업무가 섞여 있었다. 나는 범죄과학자의 눈으로 증거를 조사했고, 연구소로 돌아와 혈청 검사를 하기에 가장 적합한 방식으로 증거를 수집하고 평가했다.

당시는 DNA 검사가 범죄 수사에 막 이용되기 시작할 때였고, 나도 관련 교육을 받은 상태였다. 그 얼마 뒤 코카인이 우리 카운티를 비롯한 미국 전역으로 유행병처럼 확산하면서 조직폭력배 관련 살인사건이 급증하던 때였다. 약물 실험실이 곳곳에 생겨났다. 범죄현장에 계속 나가야 했다. 업무량이 너무 많아 길에서 보내는 시간도 엄청나게 늘었다. 매일 범죄가 끊이지 않았고, 범행 대부분은 사람들이 자는 시간에 일어났다. 야간 호출은 주로 내가 받았다. 하급자였기 때문이다.

솔직히 그때는 아내와 아이에게 신경 쓸 여력이 거의 없었다. 힘든 시간이었다. 불법 마약이 미국 전역에 번지고 있었다. 불법 마약은 우리 카운티의 가난한 도시 중심부에서 부유한 교외에 이르기까지 곳곳으로 확산했다.

불법 마약은 아이들에게서 밝은 미래를 빼앗고, 부모들에게서 사랑하는 자식을 앗아가고, 행복한 가정을 파괴했다. 이런 일이 매일 일어났다. 하지만 정작 나는 밖에 나와 일하는 동안 우리 가정이 망가지는 것을 알아채지 못했다.

CSI 현장조사 요원으로서 내가 제일 처음 한 일은 마르티네스와 인접한 플레즌트힐의 범죄현장 조사였다. 몇 년 전 세상을 떠난 선배가 입었던 작업복을 입고 권총을 찬 다음, 금속 클립보드를 손에 들고 파트너와 함께 연구소를 출발했다. 1995년 8월의 무더운 아침이었다. 플레즌트힐 카운티 도서관 뒤편에서 한 남성이 사망한 사건이었다. 도서관 뒤편으로 차를 몰고 가보니 시체 하나가 자전거 밑에 깔려있었다. 도서관 수위는 그 지역 노숙자 중 한 명일 거라고 말했다. 검시관을 기다리는 동안 시신을 살펴봤다. 헐렁한 남자 옷을 입고 있었지만 양말이 핑크색이었다. 나는 옆에 있던 형사에게 "양말이 핑크색인데요?"라고 말했다. 검시관이 도착하자 나는 시신을 뒤집었다. 여자 얼굴이었다. 모자 속에 긴 머리가 감춰져 있었다. "남자가 아닙니다." 내가 말했다.

피해자는 남자 옷을 입은 젊은 여자였다. 남자들이 접근하는 것을 막기 위해 그랬던 것 같다. 이 여성은 한때 유망한 운동선수이자 뮤지션이었지만, 어쩌다 고등학교 시절에 잘못된 길로 빠져 잘못된 남자를 만났고, 결국 메스암페타민methamphetamine(중추신경을 강력하게 흥분시키는 마약)에 중독돼 20대 중반에 노숙자로 전락했다. 가족들은 이 여성이 마약을 끊고 집으로 돌아오길 바랐지만, 결국 자기 자전거로 잔인하게 맞아 사망한 채 발견됐다. 이 여성을 죽인 남자는 자책감을 이기지 못하고 결국 일년 뒤 경찰에 자수했다. 도서관 뒤편에서 우연히 보게 된 여성에게 섹스를 원했지만 거절당하자 살해한 것이다.

여성의 이름은 줄리였다. 도서관에서 돌아오는 내내 여성의 짓이겨진 얼굴, 솔잎이 여기저기 달라붙어 있던 얼굴이 지워지지 않았다. 사건을 너무 감정적으로 받아들였던 것이다.

우리가 연구소에 도착해서 작업복을 벗기도 전에 다시 호출을 받았다. "오린다에서 두 명이 살해됐어." 연구소 책임자가 말했다. 식당 주인과 그의 딸이 집에서 총에 맞아 사망한 사건이었다. "즉시 출동해."

이 사건은 수련 과정에 있던 내가 맡기에는 너무 큰 사건이었다. 당시 나는 보조 역할을 하고 있었다. 오린다는 플레즌트힐에서 차로 약 10분 거리에 있지만 플레즌트힐과는 완전히 다른 곳이다. 고급 주택과 최상위 수준의 학교들이 들어서 있는 오린다는 캘리포니아에서 가장 살기 좋은 곳 중 하나인 교외 지역이다. 고급 주택들은 마당이 넓고, 외부에 잘 드러나지 않는다. 파트너와 내가 도착한 것은 오후 한낮이었다. 진입로의 큰 나무들이 집의 모습을 가리는, 목장처럼 보이는 고급 주택이었다. 눈에 띄지 않고 범죄를 저지르기에 최적인 장소라는 생각을 하면서 현관 밖에 주차된 녹색 폭스바겐 컨버터블을 지나 걸어갔다. 피해자들이 차에서 내리는 순간 범인이 덮치기에 딱 좋은 위치였다.

집 안은 엉망진창이었다. 오래된 신문과 잡지가 현관 앞 복도에 쌓여있고, 그 바로 옆에 한 여성이 엎드린 채 사망한 상태였다. 50대 초반으로 보였고, 옷을 입은 채 등 뒤로 두 손이 묶여있었다. 현관 옆방의 스탠드 전깃줄을 잘라 묶은 것이었다. 이 여성에게서 몇 미터 떨어진 곳에 다른 시신이 보였다. 역시 엎드린 채 피로 물든 뺨을 쇼핑백에 대고 있었다. 이 여성도 손목이 묶이고, 줄로 묶인 부분을 손가락들이 감싸고 있었다. 줄을 풀려고 시도한 것으로 보였다. 이상한 장면이었다. 그렇게 느낀 이유 중 하나는 이 동네를 범죄와 연결시키기 힘들다는 데 있었다. 오린다 같은 지역은 살인사건이 일어나서는 안 되는 곳이었다. 오린다처럼 아메리칸 드림이 이뤄지는 곳에서 살인사건이 일어나면 이상하게 느껴지는 게 당연했다. 이 지역 사람들은 10년 전, 인기 많던 고등학생 치어리더가 경쟁 학생에게 칼에 찔려 중태에 빠진 사건의 후유증을 아직도 겪고 있었다. 이 부유한 지역의 고급 주택에 사는 엄마와 딸이 살해된 사건은 지역 전체를 들끓게 할 게 틀림없었다.

그때까지 내가 다룬 살인사건들은 대부분 카운티의 서쪽 끝에서 일어난 조폭 간 영역 싸움의 일부였다. 그런 살인사건은 언론의 주목을 받지 못했다. 하지만 이번에는 유명한 식당 주인과 그 딸이 "이런 일이 일어날 수 없는" 동네에서 살해된 사건이었다. 기자들이 몰려들었다. 좋은 기삿거리였기 때문이다. 이 사건은 지역과 피해자들의 사회적 위치 때문에 유명해졌고, 내가 처음으로 맡게 된 유명 사건이기도 했다.

그때까지 내가 맡았던 사건들은 저소득층이 사는 동네에서 일어난 싸움들이었다. 현장에서 취재 차량을 본 적이 한 번도 없었다. 가난한 흑인 아이가 거리 한가운데에서 총에 맞아 피를 흘리고, 그 아이의 엄마가 오열했지만 단 한 명의 기자도 그 이야기를 다루지 않았다. 하지만 이번 사건 현장에는 카메라 기자들이 우글거리고, 취재기자들이 질문을 던지는 소리가 끊이지 않았다. 이 사건을 다루면서 나는 언론이 어떤 것을, 왜 다루는지 처음 알게 됐다. 가혹한 현실이었다.

＊　＊　＊

오린다에서 살해된 엄마와 딸은 열심히 살아가던 사람들이었다. 이들은 살해당하기 전날 밤 식당에서 나온 뒤 얼마 되지 않아 공격을 당했다. 다음 날 이들이 식당에 출근하지 않았다는 연락을 받은 가족들이 집으로 찾아가 시신을 발견했다.

나는 복도 바닥에 누워있는 모녀의 시신을 보면서 누가 이들을 살해했을지 생각했다. 둘은 체구도 작고 위협적이지도 않았다. 엄마는 평범한 70대 여성이 입는 치마와 블라우스, 스타킹, 단화를 착용하고 있었다. 딸은 청바지에 줄무늬 스웨터, 흰색 운동화 차림이었다. 살해당하기 몇 시간 전에 두 사람은 단골손님들을 위한 멕시코 음식을 준비하고 있었다. 자정쯤 식당에서 나왔고, 그 얼마 뒤 누군가가 집에서 두 사람을 묶고 뒤통수에 여러 발의 총탄을 쏴 살해했다. 이들은 우리 가족일 수도, 당신의 가족일 수도 있었다.

시신을 살펴보면서 나는 범죄현장에서 늘 그랬듯이 살해 당시 이들이 어떤 위치에 있었을지를 상상했다. 범인이 이 방 저 방을 뒤지면서 서랍을 잡아당기고 캐비닛을 열며 귀중품을 찾는 동안 둘은 복도에 쭈그려 앉아있었을 것이다. 묶여있는 탓에 서로에게 도움을 줄 수 없었을 것이다.

그렇게 묶인 채로 공포에 사로잡혀서 얼마나 오래 앉아있었을

지 상상했다. 이들을 바닥에 엎드리게 하면서 범인은 어떤 일이 일어날지 말했을까? 모녀가 느꼈을 공포를 생각하니 몸서리가 쳐졌다. 둘 중 누가 먼저 살해당했는지 알 수 없었다. 엄마의 마지막 애원 소리가 들리는 것 같았다. "죽이지 마세요. 뭐든 다 가지고 가도 좋으니, 딸만이라도 해치지 마세요." 엄마가 살해당하기 직전 딸이 눈물을 흘리는 모습도 상상이 됐다. 딸을 먼저 죽였을지도 모른다는 생각이 들었다. 엄마가 줄을 풀기 위해 안간힘을 쓰는 장면이 눈에 보이는 듯했다. 엄마가 마지막으로 한 생각은 "내 딸이 죽었어."였을지도 모른다. 이 두 여성 모두 여러 번 총에 맞았다. 총알은 뒤통수로 들어가 얼굴로 나왔다. 이 사건은 조폭 총격 사건의 특징들을 모두 가지고 있었다. 나는 조심스럽게 시신들의 머리를 들어 올린 뒤 바닥에서 총알을 파냈다. 시신들 근처에 떨어진 탄피들도 수거했다. 검시관이 도착하자 우리는 시신을 보관용 가방에 넣어 집 밖으로 내보냈다. 검시관의 차로 시신을 옮기는 동안 카메라 플래시가 하도 많이 터져 눈앞이 보이지 않을 정도였다.

시신이 수거되자 더 많은 증거를 찾기 위한 수색이 재개됐다. 집에는 물건들이 여기저기 쌓여있어 수색이 힘들었다. 범인이 집 안을 다 뒤집고 다녔기 때문일 수도 있고, 피해자들이 평소에 물건들을 쌓아두었기 때문일 수도 있었다. 나는 밤늦게까지 현장을 꼼꼼하게 조사했지만, 그럼에도 조사할 것들이 여전히 남아있었다.

우리는 일단 현장에서 철수하고 다음 날 아침에 다시 오기로 했다. 그때 나는 72시간 동안 한숨도 못 잔 상태였다. 운전하면서 잘 수도 없었고, 가서 한두 시간 자고 오기에는 집이 너무 멀었다. 나는 연구소에서 눈을 좀 붙여야겠다고 생각했다.

연구소 건물 뒤에 차를 댔을 때는 이미 한밤중이었다. 도시의 불빛이 바다에서 피어오르는 안개에 반사돼 마치 유령처럼 보였다. 차에서 내려 건물까지 걸어가는 동안 미친 듯이 낄낄대는 웃음소리가 들렸다. 위를 올려다보니 멀리 정유공장들에서 나온 불빛을 배경으로 올빼미 한 마리가 보였다. 일부 아메리카 원주민들은 올빼미가 죽음을 상징한다고 믿는다. 끔찍한 살인사건 현장에서 막 벗어난 나는 건물로 걸어가면서 지금 이 광경이 너무 비현실적이라고 생각했다.

마르티네스는 바다와 붙어있기 때문에 8월에도 꽤 추울 때가 있다. 건물 안은 더 추웠다. 범죄 도서실로 가서 잘 만한 공간을 찾던 나는 회의 테이블과 벽 사이의 좁고 긴 공간에서 눈을 붙이기로 했다. 카펫은 얇고, 낡고, 얼룩이 져 있었다. 바닥은 얼음처럼 찼다. 나는 누운 채 보안관청에서 지급한 푹신푹신한 점퍼를 덮었다. 칠흑같이 어두운 밤, 어디선가 삐걱거리는 소리가 났다.

그렇게 누워있는데 어떤 정비 기술자가 들려준 이야기가 생각났다. 어느 날 어떤 사람이 뭔가를 고치려고 이 건물 지하로 내려갔다가 돌아오지 않았다는 괴담이었다. 건물 지하에 해골이 있다는 말이 돌기도 했다.

눈을 감고 잠을 청했지만, 마음은 플레즌트힐과 오린다 사이를 오갔다. 자꾸 이런저런 생각들이 맴돌았다. "지금까지 뭘 알아냈지? 내일은 뭘 알아내야 할까?" 그러다 까무룩 잠이 들었고, 동이 틀 무렵 딱딱한 바닥에서 깼다. 바닥에서 잤더니 두 팔이 잘 움직이지 않았다. 로리에게 집에 못 들어간다고 전화를 하지도 않은 상태였다. 사건을 조사할 때 내게는 사건밖에 안 보인다. 사건에 집중하느라 가족을 생각하지도 않았다. 그런 밤은 그 후에도 수없이 계속됐다.

8장 : 애버내시 사건

집에 들어가는 날에는 아내와 아이들과 저녁을 먹은 뒤 작업실에 틀어박혔다. 내 작업실은 창고였다. 거기서 사건들을 연구하면서, 살인사건에 대해 과학수사를 하는 나 같은 사람도 피해자들의 이야기 때문에 사건에 집중하게 된다는 것을 깨달았다.

1997년 2월, 어느 쌀쌀한 저녁의 일이다. 8시쯤부터 나는 컴퓨터 앞에 앉아 사건파일을 뒤적이고 있었다. 그때 연구소에서 호출이 왔다. 범죄 코드 187번. 살인사건이었다. 아빠와 12세 아들이 우리 카운티 내 소도시 허큘리스의 집에서 총기로 살해당했다. 허큘리스는 샌파블로 만에 인접한 전원 도시다. 당시 나는 근무 대기 상태였기 때문에 호출이 있으면 시간을 불문하고 곧장 연구소로 복귀해야 했다. 이런 일상적 호출이 내 첫 번째 살인사건 수사로 이어질 것이라는 생각은 전혀 하지 못했다.

로리는 거실 바닥에 앉아서 즐겨 시청하는 TV 드라마를 보고 있었다. 〈멜로즈 플레이스〉였던 것 같다. 거실 벽에 로리가 붙여놓은 아이들 사진이 여러 장 보였다. 그때 우리에게는 아이가 둘이었다. 네 살 된 딸 르네와 한 살 된 아들 네이선이었다. 결혼하고 7년이 흘렀을 때다. 우리는 불행하지는 않았지만, 뭔가 부족했다. 나는 우리 부부 둘 다 아이가 하나 더 있으면 관계가 좋아질 것이라고 여기는 줄 알았다. 말다툼을 많이 하지는 않았지만, 우리는 조금씩 멀어지고 있었다.

로리의 세상은 아이들과 교회였다. 나는 일에 집중하느라 다른 것을 할 시간이 없었다. 로리는 친구들의 모임에 나와 같이 나가려고 했지만, 그 친구들과 나는 공통점이 없었다. 몇 번 나가기는 했다. 우리는 교회 행사에도 같이 갔지만, 아이들 이야기나 동네에서 일어나는 소소한 이야기들을 들으면 금세 지루해졌다. 다른 사람들과 잘 어울리지 못한 이유는 또 있다. 썩은 시체에서 나는 악취나 사망자가 흘린 피, 사망자 머리에서 튀어나온 뇌 조각들이 살인사건 해결에 어떻게 도움을 주는지에 대한 이야기를 듣고 싶은 사람은 아무도 없었을 것이다. 그 사람들 잘못이 아니다.

로리는 내가 일 이야기를 하는 걸 싫어했다. 그래서 오랫동안 나는 일에 대해 아예 말하지 않았다. 내가 일 이야기를 하면 로리는 두 손으로 귀를 막으면서 "당신은 사람이 죽으면 과학의 대상이 된다고 생각하지만, 내게는 죽은 사람도 사람이에요. 난 한 사람이 다른 사람에게 무슨 짓을 하는지 관심 없어요. 생각만 해도 끔찍해요."라고 대꾸하곤 했다. 이런 말을 들으면 나는 작업실로 숨어들었다. 로리는 내 작업실을 "동굴"이라고 불렀다.

로리는 내가 다른 사람들의 비극에 감정적으로 영향을 받는다는 것을 이해하지 못했고, 그로 인해 나는 좌절감을 느꼈다. 일할 때 내가 감정을 숨기는 이유는 그래야 일을 할 수 있기 때문이다. 과학수사관은 감정을 억누르고 일을 처리할 수 있어야 한다. 내가 감정을 억누르는 방법은 과학에 집중하면서 머릿속 어딘가에 따로 상자를 만들어서 내 감정을 담아 두는 것이다. 로봇이 아니고서야 살해당한 아이를 보면서 감정을 느끼지 않을 수는 없다. 나도 피해자를 볼 때마다 마음이 아프다. 다만 감정에 충실하게 눈물을 흘리는 대신 피해자들을 위해서라도 정의를 실현해야겠다는 결의를 다지려고 노력한다.

부모님은 로리와 내가 서로 어울리는 짝이 아니라는 생각을 하기 전부터 뭔가 눈치를 채신 것 같았다. 아버지는 우리 부부에게 MBTI 성격검사를 해보라고 권했다. 아버지는 본인이 이 성격검사로 도움을 많이 받았다며 우리 부부가 서로의 내면을 들여다봄으로써 둘 사이의 차이를 이해하면 도움이 될 거라고 말했다. 우리는 아버지의 권유를 받아들였다. 검사결과는 로리와 내가 정반대의 성격을 지녔다고 나왔다. 로리는 다른 사람의 마음을 잘 이

1996년 네이선이 태어난 직후 보안관사무실 사람들이 열어준 파티에서. 아내 로리(왼쪽 끝)가 네이선에게 분유를 먹이고 있고 맏딸 르네가 내 무릎 위에 앉아있다. 당시 로리와 나의 결혼생활은 흔들리고 있었다. 내가 집에 있다가도 살인사건, 경찰관 피격 사건, 연구소 일을 처리하기 위해 시도 때도 없이 불려 나가야 했기 때문이다. 결국 이 사진을 찍은 지 얼마 되지 않아서 우리의 결혼생활은 사실상 끝났다. _폴 홀스

해하고 공감 능력이 뛰어난 사람이라고 했다. 반면 나는 감정은 충분하지만 따뜻한 마음을 잘 나타내지 못해 무관심하다는 인상을 줄 수 있는 "내향적인 성격", "사실만을 중시하는 성격"을 가졌다는 결과가 나왔다. 나는 이런 성격검사를 잘 믿지 않는다. 다만 MBTI 성격검사에 따르면 로리와 나는 본성적으로 정반대였고, 세상에 대해 생각하는 방식도 그랬다. 로리는 사람들이 천성적으로 착하다고 믿었다. 나는 그런 로리가 순진하다고 생각했다. 나는 대다수 사람이 선하지만, 철저히 악한 사람도 있다고 주장했다. 내가 경험한 것들을 생각하면 그렇게 생각할 수밖에 없었다. 우리는 삶에 대한 견해가 근본적으로 달랐다.

이런 차이는 크리스마스 때 로리와 함께 교회에서 〈베들레헴의 밤〉이라는 연극을 볼 때 결정적으로 드러났다. 교회 강당은 내가 모르는 사람들로 가득 차 있었다. 막이 올라가기 직전 조명이 어두워졌을 때 르네가 자리에서 일어나 네이선을 데리고 강당 어딘가로 놀러 나갔다. 로리는 별 신경을 쓰지 않는 것 같았다. 하지만 나는 공황 상태에 빠졌다.

"왜 그래요?" 로리가 속삭이며 물었다. 아이들이 어디에 있는지 찾기 위해 관객들을 이리저리 둘러보는 내 모습에 짜증이 난 게 분명했다.

"애들이 안 보이잖아. 아무 데나 가서 놀게 놔둬도 되는 거야?"

"여기 있는 사람들 다 기독교 신자예요."

나는 화가 났다. "기독교 신자들도 나쁜 일을 할 수 있다고."

그때 이미 나는 인간의 어두운 면을 너무 많이 경험한 터였다. 범죄현장에서, 부검실에서, 나는 사람이 다른 사람에게 어떤 짓을 할 수 있는지 물리도록 봤다. 연쇄 범죄자들을 연구하면서 나는 종교가 있는 사람도 그렇지 않은 사람과 똑같이 잔인한 일을 저지를 수 있다는 것을 알게 됐다. 가령 캔자스에서 사람들을 공포에 몰아넣었던 BTK라는 연쇄살인범은 겉으로 보기에는 모범적인 시민이었다. BTK는 범죄를 저지르지 않을 때는 지역사회에서 보이스카우트 단장으로, 신도협의회 회장으로 중추적인 역할을 하던 사람이었다. BTK가 다니던 교회의 신자들은 그를 독실한 기독교

인으로 생각했다. 체포되기 며칠 전에도 BTK는 교회에서 먹을 스파게티 소스와 샐러드를 배달했다. 나는 사이코패스들이 평범한 모습으로 숨어있다는 것을 안다. 사이코패스들은 가족과 평화롭게 지내면서 평범하게 직장생활을 하기도 한다. 종교 활동을 하는 사이코패스들도 많다.

아이들이 눈에 보이지 않았을 때 나는 이런 사이코패스들을 떠올렸다. 경계를 늦추기에 나는 너무 많은 것을 알고 있었다.

* * *

내가 나갔다 오겠다고 말하자 가족사진을 들여다보고 있던 로리는 건성으로 대답했다. 연구소에 도착한 나는 현장조사용 차량으로 갈아타고 4번 도로를 따라 서쪽의 허큘리스 방향으로 몰았다. 지역신문의 묘사에 따르면, 사건이 발생한 집은 범죄 조사보다 길거리 파티 때문에 더 자주 길이 막히는 구역에 있었다. 허큘리스에서는 그전 2년 동안 살인사건이 발생한 적이 없으며, 두 명이 한꺼번에 살해되는 사건은 지금껏 단 한 번도 일어나지 않았다. 도착하니 밤 10시였지만, 집 안에서는 범죄현장 조사 때문에 밝은 빛이 새어 나왔다. 경광등을 켠 순찰차 두 대가 밖에 서 있었다. 나는 범죄현장을 표시하는 노란색 테이프를 통과해 안으로 들어갔다. 허큘리스 경찰 빌 고스윅이 상황을 간단하게 설명해줬다.

피해자는 닐 애버내시와 그의 아들 브렌든이었다. 두 사람의 시신은 일을 마치고 오후 6시쯤 집으로 돌아온 닐의 아내 수전이 처음 발견했다. 수전은 두 시신과 함께 집 안에 머물고 있었다.

범죄현장 처리는 증거가 될 가능성이 있는 모든 것을 철저하게 수색해야 하는 힘든 일이다. 머리카락 한 올, 피 한 방울이 사건 해결의 열쇠가 되기도 한다. 이 일을 하다 보면 암울해지지만 나는 항상 정신을 똑바로 차리고 업무를 처리했다. 현장의 끔찍함은 별로 신경이 쓰이지 않았다. 피해자가 사망한 뒤 훼손된 시신, 머리 밖으로 비어져나온 뇌, 구더기처럼 징그러운 것들을 수없이 보았기 때문이다. 하지만 아이가 살해당한 모습을 보는 것은 그때가 처음이었다. 그건 전혀 다른 경험이었다.

살인사건 현장이 대부분 그렇듯이 이곳도 행복하고 정상적인 삶이 갑자기 툭 끊긴 모습을 보여주고 있었다. 커피테이블에 놓인 물잔, 식탁 의자에 걸린 까만색 재킷, 식탁에 아무렇게나 던져놓은 열쇠꾸러미, 반쯤 먹다 남긴 샐러드, 맥도날드에서 가져온 일회용 케첩 두 개가 보였다. 집 안에서 수 토드 형사를 만났다. 토드는 맑고 푸른 눈을 가진 여성으로, 담배를 계속 물고 있었다. 토드는 살인사건 수사가 처음이라고 했다. 사실, 이번이 토드의 첫 사건이었다. 토드는 화가 난 표정이었다. "도대체 누가 이런 짓을 한 거지?"라고 말하는 듯했다. 토드는 담배를 깊게 한 모금 빨더니 거실 쪽으로 고갯짓을 했다. 거실 바닥에 있는 시신들이 보였다.

나는 중립적이고 분석적인 범죄현장 조사 모드로 전환했다. 약한 모습을 보여서는 안 된다. 닐의 시신은 엉겨 붙은 피 위에 엎드린 상태였고, 뒤통수에는 구멍이 나 있었다. 손목이 등 뒤로 돌려진 채 발목과 함께 노란색 오디오 연결선으로 묶여있었다. 피부에 깊은 찰과상이 있는 것으로 보아 죽기 전에 전선을 풀려고 애쓴 듯했다. 아들은 두 팔을 머리 위로 올린 채 아버지의 다리 끝부분에 엎어져 있었다. 마치 잠들어 있는 것 같았다. 아들의 손목도 오디오 연결선으로 묶였지만 느슨한 상태였다. 왜 범인이 아들의 손목을 느슨하게 묶었을지 생각했다. 정서적인 연결 관계가 있었을까? 아는 사이였을까? 아니면, 아이들 죽이는 것에 대해 양심의 가책을 느껴 일종의 자비를 베풀었을까?

지문과 족문, 카펫에 엉겨 붙은 피와 흘러나온 뇌의 일부를 채취하고, 테이프로 미세한 증거들을 수집하고, 병에 튄 것들의 일부를 잘라내고, 집 안 곳곳을 카메라로 찍었다. 어두워지자 우울감이 몰려왔다. 이상하게도, 이 집에서 몇 시간째 일을 하고 나니 닐과 브렌든에 대해 알고 싶어졌다. 운동경기장에서 아들이 아빠의 어깨에 기대어 찍은 사진이 눈에 들어왔다. 이들은 컴퓨터 게임도 함께 즐긴 듯했다. 브렌든의 방은 그 나이 때 남자아이들의 방이 그렇듯이 지저분했다. 닐의 면도기도 보였다. 막 세탁해 정갈하게 개어 놓은 깨끗한 옷들도 눈에 들어왔다. 반쯤 먹다 남긴 맥도날드 음료수 컵이 브렌든의 컴퓨터 옆에 놓여있었다. 조사를 시작할 때는 냉정했지만, 새로운 것을 하나하나 발견할 때마다 감정적으로 변해 이들과 거리를 유지하기가 힘들어졌다. 보통 나는 시신을 과학조사의 대상으로 봤지만, 이번은 아빠와 아들이 같이 살해당한 사건이었다. 내 아들 네이선이 현장에 시신으로 누워있는 모습이 계속 상상됐다.

동이 틀 무렵 검시관이 도착하자 우리는 시신을 넘겼다. 그때에야 나는 아들과 아빠가 같이 묶여있는 것을 발견했다. 범인은 아들을 아빠에게 묶어 아들이 도망치지 못하게 만든 것이다. 숨이 턱 막혔다. 이런 수법은 공포영화에서나 볼 수 있었다. 아들이 뒤통수에 맞은 총알은 두개골을 뚫고 나와 오른팔에 박혀 있었다. 특이한 점은 아들 얼굴의 눈, 코, 입이 훼손되지 않았다는 사실이었다. 약간 벌어진 아들의 입에는 보철기가 씌워져 있었다. 보철기와 이런 사악한 행동은 너무나 어울리지 않았다. 아이들은 이런 식으로 죽어서는 안 된다. 나는 고개를 흔들면서 슬픔을 떨쳐버리려고 노력했다.

아빠의 두 발에 붙어있던 브렌든의 뇌 조각과 피가 카펫에 묻은 모양을 살펴본 결과, 아들이 먼저 살해당했다는 것을 알 수 있었다. 닐은 총에 맞고 나서 바로 죽지 않았다는 사실도 알 수 있었다. 코와 입으로 숨을 내쉬면서 피를 뿜었기 때문이다. 닐은 아들이 살해되는 모습을 지켜봤을 뿐 아니라, 머리에 총알이 박힌 다음에도 숨이 붙어있었다. 얼마나 그 상태가 지속됐는지는 알 수 없었다. 어떤 신이 이런 잔혹한 행동을 허용한단 말인가? 범죄 행동의 순서로 봤을 때 범인은 닐을 죽이기 전에 극도의 괴로움을 주겠다는 의도를 가졌던 것으로 추정됐다. 만약 그렇다면 범인은 확실히 자신이 원하는 바를 이룬 셈이다.

일반적으로 조폭들은 무작위로 총격을 가한다. 총알이 떨어질 때까지 피해자의 머리를 쏜다. 의도적이고 극단적인 살해방법이다. 피해자를 확실히 죽이기 위한 것이다. 오린다의 식당 주인과 그녀의 딸 역시 강도로 침입한 조폭에게 머리를 총에 맞아 사망했다. 하지만 나는 애버내시 사건이 조폭의 소행이 아니라고 봤다. 범인 또는 범인들은 아빠와 아들을 죽이겠다는 단 하나의 목적을 가지고 침입했기 때문이다. 이 살인은 처형처럼 보였다. 두 피해자 모두 총알 한 발씩이 머리를 관통해 사망했다. 왜 그랬을까?

＊　　＊　　＊

언뜻 보기에 애버내시 가족은 평범해 보였다. 캘리포니아의 전형적인 주거지역에 살았고, 적당히 좋은 차를 타고 다녔다. 수전은 석유회사인 셰브론에서 화학자로 일했고, 닐은 카센터를 가지고 있었다. 닐은 주로 집에서 일하면서 아이를 돌봤다. 브렌든은 똑똑한 아이였다. 하루에 몇 시간씩 컴퓨터 게임을 했고, 자기 친구들보다 부모님의 친구들과 더 친하게 지낸 열두 살짜리 아이였다. 수전 애버내시는 남편과 함께 정원을 가꾸고 라벤더 꽃잎을 띄운 욕조에서 "피부가 쪼글쪼글해질 때까지" 몸을 함께 담그기도 하면서 낭만적으로 살았다고 진술했다. 하지만 이 부부에게도 문제가 없지는 않았다. 아내는 남편이 약간 게으르다고 불평했고, 남편에게는 우울증이 있었다. 친구들은 아내가 가정의 주도권을 쥐고 있으며 남편은 지나칠 정도로 수동적이라고 생각했다.

수전 애버내시의 설명에 따르면 사건이 일어나던 날 아침은 다른 날과 다르지 않았다. 오전 6시에 알람이 울렸고, 남편과 아들이 자고 있을 때 수전은 출근 준비를 했다. 남편에게 키스한 뒤 오전 7시 10분에 인근에 사는 동료를 차에 태우고 출근했다.

닐은 오후 2시 30분에 브렌든을 데리고 치과에 갔고, 오후 3시에 치과에서 집으로 출발했다. 두 시간 후 일을 마친 수전은 동료를 태우고 집으로 향했다. 수전은 오후 5시 30분에 동료를 집 근처에 내려준 뒤 주유소에서 기름을 넣었다. 던햄코트에 있는 집 앞에 도착한 시각은 오후 5시 47분이었다. 애나라는 이름의 반려견이 수전을 반겼다. 집 안으로 들어서 몇 걸음을 걸었을 때 수전은 남편과 아들이 거실 바닥에 엎드려 있는 것을 보았다.

처음에 수전은 남편의 얼굴 밑에 있는 빨간색 액체가 주스라고 생각했다. 쓰러진 남편을 일으키려고 아들이 무릎을 꿇고 고개를 숙인 것 같다고 여겼다. 몇 걸음 더 가깝게 다가가 보니 그 액체는 주스가 아니라 피였다. 남편과 아들은 죽어있었다. 수전은 주방에 있는 전화기를 집어 들고 911을 눌렀지만 전화선은 끊겨 있었다. 옆집으로 달려가 도움을 청했다. 옆집 사는 앨 플래너건은 수전이 집에 들어왔을 때 파스타를 만들고 있었다. 수전은 "남편하고 아들이 거실 바닥에서 죽었어요. 911에 전화해주세요!"라고 말했다.

앨의 아내 티나가 형사들에게 진술한 내용에 따르면, 수전이 집에 뛰어 들어왔을 때 티나는 2층에 있었다. 막 퇴근해 외출복을 벗고 편한 옷으로 갈아입는 중이었다. 1층으로 내려와서야 옆집에 문제가 생겼다는 것을 알았다. 수전은 주방 식탁의자에 조용히 앉아 있었고, 앨은 제정신이 아닌 듯 "두 명이 죽었어."라고 말했다. 그 직후 앨은 수전과 함께 사건 현장으로 달려갔다.

뒤이어 현장으로 간 티나는 그제야 남편 앨이 무슨 말을 했는지 알고는 수전에게 다가갔다. 수전은 아무 반응도 드러내지 않았다. 냉정해 보이기까지 했다. 수전은 친구가 저녁 먹으러 오기로 했는데, 오지 말라고 전화해야 한다고 말했다. 티나는 수전이 친구의 자동응답기에 메시지 남기는 소리를 들었다. "크레이그, 나 수전이야. 오늘 저녁 약속은 취소할게. 남편과 아이가 죽었어. 미안해. 다음에 보자."

나중에 이 메시지 녹음을 들은 수 토드 형사는 수전의 목소리가 "쾌활하게 들렸다"고 말했다.

사이렌 소리와 빨간색 경광등 불빛이 사건 현장을 채웠다. 주변 사람들도 뭔가 끔찍한 일이 일어났다는 것을 알아챘다. 시신들이 안치실로 옮겨진 뒤 우리 팀은 이튿날 아침까지 증거를 찾아 현장을 샅샅이 수색했다. 지문과 족문을 채취하고, 테이프로 머리카락과 근육섬유를 수거하고, 카펫에 묻은 피와 뇌 조각들을 떼어내고, 벽에 묻은 것들을 긁어냈다. 이렇게 채취하고 수거한 것들은 하나씩 종이봉투에 넣어 레이블을 붙이고 밀봉한 다음, 한데 모아 연구소로 가져가 분석할 예정이었다. 닐과 브렌든을 누가 죽였든 범인은 흔적을 남기지 않기 위해 세심하게 신경을 쓴 듯했다. 쓸 만한 유일한 증거는 장갑을 낀 채 남긴 자국뿐이었는데, 그 정도 증거는 사실 없는 거나 마찬가지였다.

사건 현장은 엉망이었다. 여기저기 서랍이 열려 있고, 신문지가 어지럽게 흩어져 있었다. 하지만 나는 이런 흔적들을 강도가 남겼다고 생각하지 않았다. 오린다 사건의 경우 범인들의 목적은 물건을 훔치는 것이었다. 귀중품을 찾느라 집 안 전체를 뒤졌기 때문이다. 하지만 애버내시 사건의 경우, 범죄현장은 오린다 사건에서처럼 엉망으로 어질러져 있었지만, 범인은 귀중품을 하나도 가져가지 않았다. 비싼 보석이나 전자제품이 그대로 있었다. 이 범죄현장은 연출된 것으로 보였다. 나는 범인의 목적이 브렌든과 빌의 살해라고 생각했다.

수전 애버내시는 정오가 막 지나 집 안으로 다시 들어왔다. 허큘리스 경찰 두 명과 함께였다. 수전이 집에 돌아오기 전에 나는 피 묻은 시신들이 있던 곳을 골판지로 덮었다. 그녀가 더 충격을 받지 않도록 배려한 것이다.

범죄현장에서 일하는 동안 나는 자식 잃은 엄마들을 많이 봐왔다. 그럴 때마다 가슴이 찢어지는 것 같았다. 몇 달 전에는 조폭들의 총격전 때문에 목숨을 잃은 아이가 누워있는 현장 도로에서 아이 엄마가 경찰 통제선으로 다가가는 것을 보았다. 이 여성은 너무 슬프게 오열하느라 제대로 서 있지도 못했다.

수전 애버내시의 행동은 자식을 잃은 엄마의 모습이라고 보기 어려웠다. 수전이 경찰 두 명의 부축을 받으면서 집으로 들어오는 모습은 세상이 무너지는 고통을 겪는 이가 아니라 부동산 중개인과 함께 집을 보러온 사람의 모습 같았다. 충격이 너무 커서 그럴 수도 있다는 생각이 들긴 했지만, 수전은 약간 들떠 보이기까지 했다. 수전은 이 방 저 방을 돌아다니며 사건이 일어나기 전과 달라진 부분들을 지적했다. 닐의 책상에 놓인 신문지들이 흐트러져 있고, 자동응답기가 없어졌고, 브렌든의 배낭도 없어졌다고 말했다. 사라진 것 중 귀중품은 없다고도 했다.

수전은 시신들이 있던 곳의 핏자국을 가리기 위해 내가 놓아둔 골판지를 보더니 손으로 입을 가리면서 짧게 "에구머니!"라고 말했다. 이런 모습은 집에 들어왔을 때 아이가 여자친구와 키스하는 모습을 보거나 공중화장실에서 빈칸인 줄 알고 문을 열었는데 안에 사람이 있을 때 보이는 반응이다. 수전은 남편과 하나밖에 없는 아들이 고통을 당하면서 죽어간 곳, 바로 몇 시간 전까지 남편과 아들의 참혹한 시신이 있던 곳을 바라다보며 그런 반응을 보였다. "에구머니!"라니.

가족이 살해당했는데도 감정적인 반응을 크게 보이지 않는 사람은 수사관의 의심을 살 수 있다. 하지만 나는 사랑하는 가족을 끔찍한 범죄로 잃은 사람이 정신적 고통 때문에 하는 행동에 대해 섣불리 판단하고 싶지 않았다. 그런 고통을 겪는 사람이 예측 불가능한 행동을 할 수 있다는 것을 경험으로 알고 있었기 때문이다. 이상한 행동을 한다고 해서 살인자라고 단정할 수는 없다. 그럼에도 불구하고 수전은 점점 이상한 행동을 보였다.

경찰서 조사실에서 수전은 남편과 아이의 시신을 처음 보기 전의 상황을 몸으로 보여주겠다며 의자에서 일어나더니, 그날 차에서 내려 어떻게 현관문으로 걸어갔는지 시범을 보였다. 그때 수 토드 형사가 조사실로 들어왔다. 수전은 토드를 보며 "지금 제일 중요한 설명을 하고 있는데 잘 오셨어요. 조금 늦게 들어왔으면 못 들으실 뻔했잖아요."라고 말하면서 설명을 이어나갔다. 나중에 토드는 담배를 깊게 한 모금 빨고는 내게 "그런 설명을 꾸며낼 수는 없을 겁니다."라고 말했다.

"비극적인 일을 그런 식으로 다루는 게 수전의 방식인지도 모르지요." 내가 대꾸했다.

"그럴 수도 있죠. 하지만 그 여자가 특이한 건 사실이에요."

"그럼요. 확실히 특이한 여자지요." 내가 말했다.

*　*　*

애버내시 사건에서 내 역할은 범죄현장 조사 마무리와 함께 끝났어야 한다. 하지만 형사 업무의 맛을 본 나는 조금씩 사건 수사에 발을 디밀었다. 허큘리스 경찰의 규모는 매우 작았고, 나는 수토드에게 뭐든 도움을 주겠다고 제안했다. 토드가 낮에 수사하는 동안 나는 애버내시 가족과 관련된 사람들의 이야기를 들으면서 그 가족의 과거 삶을 추적했다. 벼룩시장에서 산 부품들로 조립한 컴퓨터를 이용해 나는 그 가족과 친하게 지낸 사람들, 같이 일한 사람들에 대한 정보를 수집했다.

밤에는 집 작업실에서 불을 끈 채 토드가 낮에 알려준 사람들에 대해 검색했다. 나는 애버내시 가족과 매우 친하게 지냈던 사람들이 들려준 말에 집중했다. 이상한 점이 한두 개가 아니었다. 그들은 모두 무당이나 주술, 혼령 같은 것들을 믿는 특이한 사람들이었다. 이들 대부분은 수전과 닐이 대학에 다닐 때부터 친했던 사람들이지만, '창조적 시대착오를 위한 그룹Society for Creative Anachronism, SCA'에서 만난 사람들도 있었다. 이 그룹은 중세시대의 옷을 입고 막대기와 칼로 싸움하는 장면을 재현하는 활동을 한다(애버내시 가족의 집에도 중세시대 칼이 두 자루 있었다. 그중 하나는 부부의 침대 밑에서 찾아냈다). 나는 이들 중 두 명에게 집중했다. 한 명은 한때 애버내시 가족과 같이 살았던 컴퓨터광으로 전과가 있었다. 그의 직업은 닐과 브렌든을 묶었던 오디오 연결선과 같은 선을 사용해 오디오를 설치하는 기사였다. 수전에게 성적인 매력을 느꼈다고 토드에게 말한 사람이기도 했다. 살인사건이 일어나기 9년 전인 1988년 1월에는 벤추라 카운티의 외딴 도로 한가운데에 차를 세우고 잠을 자다 캘리포니아 고속도로 순찰대에 적발되기도 했다. 순찰대가 차를 수색한 결과 총 여러 자루, 폭탄 부품, 훔친 스팅어미사일 시스템 부품이 발견됐다. 당시 그는 경찰에게 자신이 항공방위 회사에서 일한다고 말했다. 차에서는 방탄조끼와 《경찰 살인자》라는 책도 나왔다. 결국 이 남자는 체포되어 무기소지 혐의로 기소됐다. 그는 두 달 뒤에도 비슷한 상황에서 경찰에 체포돼 기소됐다. 이번에는 샌버나디노 보안관실 경관들이 그를 잡아들였다. 의심이 가는 사람이었다.

내가 의심한 다른 한 명은 닐의 대학시절 룸메이트였다. 얼마 전 애버내시 가족의 삶으로 다시 들어온 사람으로, 닐과 브렌든이 살아 있는 모습을 마지막으로 본 장본인이기도 했다. 사건이 일어난 후 어느 날 그는 닐과 브렌든의 죽음을 애도하는 내용의 글을 쓰면서 "이 사건은 계획된 처형"이라고 표현했다. 나는 이 남자가 어떻게 그걸 알았는지 궁금했다. 넘겨짚은 것일까? 이 남자는 사건 당일 알리바이가 없었다. 용의자 중 한 명이었다.

정보가 늘면서 용의자들의 수도 늘어났다. 새로운 추측들이 난무했다. 이게 무슨 사건일까? 닐이 중범죄 전과자들과 비즈니스 관계를 맺었고 평범하지 않은 삶을 살았다는 사실을 고려하게 되면서 다양한 가능성이 대두됐다. 우리는 수사 초기부터 의심의 대상이었던 두 명에 집중하기로 했다.

그 중 한 명은 앞으로 내가 개럿 바라는 가명으로 부르게 될 사람이다. 이 사람은 닐의 카센터 '프리시전 튠'의 손님이었다. 익명의 제보에 따르면, 개럿 바는 살인사건이 일어난 직후 무스라는 이름의 술집에서 닐이 "천벌을 받았다"고 말했다. 닐과 개럿은 차 수리 대금 600달러를 두고 싸움을 한 적이 있었다. 개럿 바는 차 수리가 마음에 들지 않는다며 닐을 죽이겠다고 위협했었다. 그의 과거를 조사해보니, 다른 살인사건의 용의자로 지목된 적이 있었다. 기소는 되지 않았다. 친구들은 개럿 바가 허풍이 심하고 말이 많은 거짓말쟁이라고 진술했다.

다른 한 사람은 마이클 리코노스치우토였다. 워싱턴 주에서 메스암페타민 제조 시설을 운영하다 체포돼 교도소에서 복역 중인 컴퓨터 천재였다. 허큘리스에 친척이 있던 리코노스치우토는 변호사를 통해 자신이 애버내시 사건의 열쇠를 쥐고 있다고 전했다. 수토드 형사가 리코노스치우토를 찾아갔다. 이 사람은 자신이 CIA 정보원이었으며, 미국 법무부가 외국 정부를 대상으로 하는 비밀 첩보작전에 사용하기 위해 주 정부 검사들이 사용하는 '인슬로 프로미스'라는 사건 관리 시스템에 침투할 수 있는 프로그램을 만들어달라고 자신에게 의뢰한 적이 있다고 말했다. 그는 자기가 닐 애버내시에게 비밀문서와 수백만 달러 가치의 귀중품들을 숨겨달라고 부탁했고, 닐은 에머리빌에 있는 한 보관시설 내 컨테이너에 이 물건들을 가명으로 보관했다고 말했다. 닐이 그 컨테이너에 대해 알고 있다는 이유로 조폭 우두머리가 닐을 죽이라고 사주했거나 직접 죽였을 것이라고 리코노스치우토는 이야기했다. 그 과정에서 브렌든은 부수적인 피해를 입었다는 내용이었다.

새로운 정보를 발견할 때마다 수 토드와 나는 새로운 가능성에 대해 고려했다. 하지만 나는 결국 우리가 처음 가졌던 생각, 즉 사건 해결의 열쇠는 현장과 가까운 곳에 있을 것이라는 생각으로 다시 돌아갔다.

살인이 일어난 날 밤 수전과 수전의 부모가 옆집인 플래너건의 집에서 저녁을 먹었다. 티나 플래너건이 나중에 경찰에 진술한 내용에 따르면, 그날 밤 수전의 엄마는 수전이 강한 모습을 보여 자랑스럽다고 말했다. 이에 수전은 엄마에게 앞으로도 열심히 인생을 살 것이며 결혼도 다시 할 생각이라고 대답했다. 그 후 주말에 수전은 플래너건의 집에서 열린 모임에 참석해 사람들에게 자신의 생각을 다시 밝혔다. 수전은 사람들에게 도와줘서 고맙다고 인사하면서 인생을 계속 열심히 살 것이라는 말을 반복했다. 수전은 결혼 전에 쓰던 성을 다시 쓰기 시작했고, 집을 리모델링해서 다시 들어가 살 것이라고 말했다. 남편과 아들이 살해당하고 며칠밖에 지나지 않은 시점이었다. 수전은 살인사건이 빨리 해결돼 집에 다시 들어가 사는 것이 소원이라고도 했다.

살인사건이 일어나고 몇 주 후인 3월 초, 익명의 편지가 안티오크 경찰서에 배달됐다. 편지에는 "2월에 일어난 애버내시 총격 사건에 대해 말하겠다. 수전은 남편과 아들이 죽었는데도 전혀 눈물을 흘리지 않았다. 어떤 남자가 나타나 거액의 보험금을 챙길 것이다. 두고 보면 알게 된다."라고 쓰여 있었다. 편지를 보낸 사람의 이름은 "뭔가를 아는 어떤 사람"으로 표기돼 있었다.

3월 말 허큘리스 경찰은 애버내시 가족의 집 열쇠를 돌려줬고, 집 리모델링이 시작됐다. 석 달 후 공사가 끝나자 수전이 집으로 돌아왔다. 7월 4일 미국 독립기념일 휴일부터 주말까지 사흘의 연휴 기간 던햄코트에서 개최된 길거리 파티에 수전은 "새 남자친구"와 함께 나타났다. 수전의 이웃들은 이미 두 달 전부터 어떤 남자가 동네에서 오가는 것을 봐왔다. 켄트 트러스콧라는 이름의 이 남자는 닐과 수전이 캘리포니아대학교 데이비스 캠퍼스를 다닐 때부터 알던 친구였다. 트러스콧은 미혼에다 아이도 없었다. 이웃들에게 수전은 트러스콧이 자신과의 관계를 진전시키고 싶어한다며, 자기는 운이 좋은 여자라고 말하기도 했다.

살인사건 수사관이 하는 생각은 그 사건을 해결하기 전까지는 틀린 생각이라는 말이 있다. 어떤 사건이든 용의자는 계속 등장할 수 있다. 대다수 수사관은 이 용의자들 한 명 한 명에 대해 증거가 없다고 명확히 확인될 때까지는 충분한 증거가 있을 거라고 믿는다. 수사관들은 아직 입증할 수 없지만 어떤 일이 일어났다고 본능적으로 믿는 경향이 있다. 하지만 당시 나는 경력이 너무 짧았고 그런 확신을 하게 된 것도 그때가 처음이었다. 나는 TV 드라마에서처럼 수사관들이 출동해 항상 범인을 검거할 수 있으면 좋겠다는 생각을 했다. 당시 우리에게는 수사를 다양한 방면으로 유도하는 그럴듯한 증거가 많았지만, 정작 사건 해결에 필요한 답은 없었다. 누가 닐과 브렌든을 죽였는지 알 수 없었다. 확실한 증거가 없었기 때문이다.

개럿 바는 컴퓨터 음성 스트레스 분석에 동의했지만, 분석결과는 확실하지 않았다. 그는 살인이 일어나던 시점에 집에서 아이들을 돌보고 있었다며 알리바이를 주장했지만, 그의 아내는 남편의 말에 긍정도 부정도 하지 않았다.

마이클 리코노스치우토는 반쯤만 사실을 말하는 사람이라는 평판을 받고 있었다. 애버내시 사건에 대한 그의 이야기는 일부 사실인 것으로 확인됐다. 인슬로 프로미스 시스템의 제작사가 정보 탈취 혐의로 미국 정부를 고소한 재판에서 시스템을 해킹한 혐의로 그가 법정에서 증언을 했기 때문이다. 하지만 리코노스치우토와 닐 애버내시와의 연관 관계는 찾아낼 수 없었다. 그가 자신의 주장처럼 닐에게 실제로 전화를 걸고 편지를 썼는지도 확인할 수 없었다. 수 토드는 사건 보고서에 이렇게 썼다. "리코노스치우토가 모든 것을 완전히 사실대로 밝히기 전까지는 그가 말한 내용만을 기초로 수사를 계속하는 것은 실익이 없어 보임." 나는 복역 중이던 리코노스치우토가 형기를 줄이기 위해 애버내시 사건을 이용했다는 생각이 든다.

수전 애버내시는 거짓말탐지기 테스트를 받았지만, 테스트에서도 살인사건과 연루되지 않았다고 말했다. 테스트를 실시한 사람은 수전이 진실을 말했다고 판단했지만, 캘리포니아 법무부에서 파견된 판독관은 수전이 거짓말을 했다는 의견을 냈다. 이로써 최종 결과는 "확실하지 않음"으로 정리됐다.

의심스러운 행동만으로 범죄가 성립한다면, 애버내시 가족 주변의 모든 사람이 범인일 가능성이 있었다. 닐의 대학시절 룸메이트의 거짓말탐지기 테스트 결과는 "확실하지 않음"으로 나왔다. 이 사람은 사건이 일어났을 때 몸이 안 좋아 집에 혼자 있었다고 말했다. 수 토드는 거짓말탐지기 테스트 중간에 잠시 휴식을 취하던 그가 문을 향해 총을 겨누는 동작을 하면서 "악몽은 이제 막 시작됐을 뿐이야."라고 말하는 것을 들었다. 하지만 나중에 그 말이 무슨 뜻인지 묻자 그는 자신의 아내가 죽었을 때 느꼈던 슬픔을 생각하면서 브렌든과 닐이 죽은 것도 그런 악몽의 시작일 뿐이라는 뜻으로 한 말이라고 진술했다.

켄트 트러스콧은 변호사를 통해 경찰 심문을 거부했다. 트러스콧이 협조하지 않았으므로 우리는 다른 정보 출처에 의존할 수밖에 없었다. 트러스콧은 수전과 결혼해 던햄코트의 애버내시 집, 살인이 일어난 곳으로 들어갔다.

결국 애버내시 사건은 미제로 남게 됐다. 수 토드가 경찰에서 은퇴한 뒤에도 나는 살인이 일어난 2월 19이면 다시 그 사건을 검토하곤 했다. 처음으로 수사했던 살인사건을 해결하지 못했다는 사실이 계속 나를 괴롭혔다. 이 사건이 일어나기 3년 전 EAR 사건파일을 처음 발견했을 때 나는 "어떻게 이런 사건이 미제사건이 될 수 있지? 왜 아무도 이런 사건을 해결하지 못했지?"라고 생각했었다. 돌이켜 보니 그때 나는 아무것도 몰랐다. 엄청나게 많은 살인사건이 해결되지 못한 채 미제로 남아있다. 미국 전체에서 일어난 살인의 3분의 1이 미제사건으로 남았다.

내가 수사한 살인사건도 결국 미제사건 중 하나가 됐다. 그 사실이 너무 괴로웠다. 닐과 브렌든에 대한 생각이 머리에서 떠나지 않았다. 한밤중에 자다가도 일어나 "내가 뭘 잘못한 거지? 뭘 놓치고 있는 걸까?" 자문했다. 그런 생각 때문에 잠이 오지 않지 않을 때면 이 사건이 절대로 간단치 않았다며 스스로 위안했다. 과학적인 증거가 없었기 때문이다. DNA, 지문, 족문이 없었고, 피해자들의 체액 외에 다른 사람의 체액도 없었다. 장갑 자국이 있었지만 아무 소용이 없었다. 해결 가능한 사건이었다면 내가 먼저 해결했을 것이다. 우리는 다양한 추측을 했지만, 그 추정들을 증명하거나 부정할 수 있는 증거가 없었다.

2004년에 캘리포니아 연방수사국은 "피해자들이 전혀 모르는 사람에 의해 살해당했을 가능성은 낮다. 살해범은 피해자들과 사회적인 관계를 맺고 있던 사람 중 한 명이거나 생존한 가족과 특정한 관계가 있는 사람일 것으로 판단된다."라는 결론을 내렸다. 나는 지금도 이 판단이 맞다고 믿는다.

　나는 이 사건 해결에 실패했다고 생각하지 않는다. 내가 다시 조사하고 있기 때문이다. 살아 있는 한 나는 끝까지 이 사건을 수사할 것이다. 단지 잠시 조사를 멈추는 것뿐이라고 스스로 말한다. 내가 아니라도 누군가가 이 사건을 해결할 것이다. 운이 좋은 범인은 있을 수 있다. 하지만 과학기술은 계속 발전한다. 누군가가 갑자기 어떤 기억을 떠올릴 수도 있고, 범인이 죄책감을 못 이기고 자수할 수도 있다.

　끊임없이 나는 생각한다. 언제나 내일이 있다고.

UNMASKED

9장 : 점 연결하기

1990년대 말

다양한 사건들을 다루면서 나는 점점 더 수사에 흥미를 느꼈지만, 여전히 마음 한편에서는 지하 범죄 도서실 캐비닛에 있는 파일들이 떠올랐다. EAR 사건에 관해 조사하려면 독자적으로 행동할 수밖에 없었다. 미제사건, 특히 몇 년 동안 캘리포니아를 공포로 몰아넣었지만 범행이 중단된 지 수년이 지난 미제사건 해결은 내 일이 아니었다. 나는 수사관으로서 경력을 쌓아가는 중이었고, 우리 카운티에서 일어나는 살인사건들을 모두 수사하기에는 인력이 부족한 상태였다. EAR 수사를 하려면 연구소에 아무도 없는 밤이나 주말에 몰래 사건파일을 들춰봐야 했다. 위험이 따르는 일이었다.

그럼에도 나는 결과가 좋으면 수단이 정당화될 거라고 믿었다. 내가 범인을 찾아낼 수만 있다면 얼마간 동료들을 속여도 될 것 같았다.

몰래 사건 조사를 하면서 EAR에 대해 많은 것을 알게 됐다. 범인은 새크라멘토부터 남쪽으로 약 130킬로미터 떨어진 콘트라코스타에 이르기까지, 캘리포니아 북부의 넓은 지역을 공포에 떨게 만든 자였다. 범인이 그런 잔혹한 연쇄범행을 저지르고도 아무렇지 않게 살아가고 있을지 모른다는 생각을 하니 치가 떨렸다.

나는 범죄 도서실에서 몇 달 동안 EAR 사건파일들을 철저하게 연구했다. 그러다 어느 순간 실제 범죄현장에 가야겠다는 생각을 했다. 범인이 특정한 장소, 특정한 피해자를 선택한 이유를 알아내려면 현장에 가는 길밖에 없다고 확신한 나는 주말을 이용해 범인이 처음 범행을 저지른 새크라멘토에 갔다. 내 수사는 새로운 국면으로 접어들었다.

* * *

새크라멘토 카운티에 속한 페어오크스의 래더러웨이에 있는 어떤 집 근처에 차를 댔다. 차 안에 앉아 1976년 크리스마스 며칠 전에 여기서 발생한 사건을 떠올렸다. 그날 이 집은 크리스마스트리 조명에서 나오는 불빛으로 반짝였다. 집 안에는 감기에 걸린 15세 소녀가 혼자 쉬고 있었다. 아이의 부모는 파티에 갔고, 언니는 퇴근 전이었다. 저녁으로 피자를 먹으려던 아이는 오븐 타이머를 10분에 맞추고 거실로 가서 피아노 연습을 했다. 잠시 후 삐걱거리는 것 같기도 하고 쿵쿵거리는 것 같기도 한 소리가 들렸다. 몸이 오싹했다. "무슨 소리지?" 하지만 혼자 있을 때마다 무슨 소리가 계속 나곤 했기 때문에 아이는 지나치게 반응하지 않았다. 그즈음 새벽 3~4시경에 아무 말도 하지 않고 끊는 전화가 오긴 했었다. 그 생각을 하니 무서워졌지만 속단하지 않기로 했다. 아이는 다시 피아노 연습을 시작했다.

그때였다. 한 남자가 "움직이면 죽여 버리겠다"고 말하면서 아이의 목에 칼을 들이댔다. 남자는 거실에 있던 아이를 뒤에서 밀어 부모의 침실을 지나 뒷마당에 있는 피크닉테이블로 가게 했다. 범인은 장갑을 끼고 있었다. 아이는 숨을 쉬기가 힘들었다.

"앉아." 범인이 작고 쉰 목소리로 위협적으로 명령했다. "괜찮아. 해치지 않을 거야. 피크닉테이블 다리에 묶을 거야. 내 얼굴을 쳐다보면 죽이겠다."

아이는 꼼짝도 할 수 없었다. 범인은 피크닉테이블로 아이를 밀친 다음 아이의 다리를 테이블 다리에 묶고, 슬리퍼를 벗겨 뒷마당에 던졌다.

범인은 밤에 아이가 떨면서 묶여있도록 놔둔 채 집 안으로 들어갔다. 범인이 주방에서 서랍과 찬장을 여닫는 소리가 아이에게 들렸다. 그는 "이런 제길! 망할!" 같은 말을 했다. 범인은 무얼 찾고 있었을까? 타이머가 울리자 범인은 오븐을 껐다. 마치 자기 집에서 피자를 데워먹을 때 하는 행동 같았다.

몇 분 후 범인이 다시 아이 옆으로 왔다. 아이를 일으켜 세워 집 안으로 밀어 넣은 뒤 부모 침대에서 아이를 강간했다.

"기분 좋지 않아?" 아이를 조롱하듯 범인이 말했다. 목에 칼이 겨눠진 상태에서 아이는 고개를 끄덕였다.

범인은 아이를 집 안에서 밖으로, 다시 밖에서 안으로 움직이게 하고 줄로 묶었다 풀었다 하면서 가학적인 게임을 이어갔다. 어처구니없을 정도로 잔악한 놈이었다. 1시간 40분 후 자동차 타이어 소리가 끼익 소리를 냈고, 범인은 사라졌다. 이 공격은 그 후 작성된 EAR 범행 리스트에 10번째 범행으로 기록됐다.

차 안에 앉아 생각했다. 왜 여기였을까? 왜 그 아이였을까? EAR의 범행 대부분은 서로 가까운 곳들을 오가며 일어났다. 하지만 이번처럼 지리적으로 멀리 떨어진 곳에서 범행을 저지르기도 했다. 범행이 발생한 시간도 한밤중이 아니라 저녁 7시 30분이었다. 어쩌다 그렇게 된 것일까? 범인은 아이 가족들의 동선을 미리 알고 그 시간을 선택한 것일까? 대체로 범인은 같은 동네에서 반복적으로 범행을 저지르는 양상을 보였다. 하지만 이 사건에서처럼 전혀 예상하지 못한 곳에서 공격을 자행하기도 했다.

＊　　＊　　＊

　지역신문들은 EAR의 연속적인 범행을 "동부 지역 강간범EAR 또다시 출현. 특별 대책 강구해야" 같은 끔찍한 제목으로 묘사했다. 지역 민간 순찰대가 결성되고, 총기 판매가 급증했다. 맹견을 집에서 기르는 사람들도 많아졌다. 사람들은 강간범이 어디에서 나타날지 몰라 공포에 떨었다. 1977년 3월 지역신문 〈새크라멘토 비〉에 관련 기사가 실렸다. 이 기사 내용 중에는 범인이 남자가 있는 집에는 침입하지 않는다는 분석이 포함돼 있었다. 그로부터 한 달도 채 안 돼 범인은 남녀커플이 잠든 집에 침입했다. 마치 "내가 누군지 보여주지."라고 말하는 듯했다.

　범인은 오렌지베일의 집 침실에서 남자친구와 자고 있던 여성을 공격했다. 여성의 아이들은 다른 방에서 자고 있었다. 침실로 들어간 범인이 눈에 플래시 불빛을 비추자 여성은 잠에서 깼다.

　"소리 내지 말고, 남자 깨워." 플래시 불빛 뒤의 범인이 말했다. 그 순간 여성은 범인이 EAR이라는 것을 알아차렸다. 캘리포니아 북부 사람들은 누구나 EAR에 대해 알고 있었다.

　여성은 범인이 시키는 대로 남자친구를 깨웠다. 아이들이 깨면 안 된다는 생각이 여성의 머리를 스쳤다. 잠에서 깬 남자친구가 침대에서 몸을 일으키려고 했다.

　"움직이지 마. 엎드려." EAR이 명령했다. 범인은 남자친구의 머리에 총구를 댄 채 로프를 여성에게 던지면서 남자친구의 손을 묶으라고 했다. "올려다보지 마. 내 얼굴을 보면 둘 다 죽어." 범인이 위협했다.

여성이 남자친구의 손목을 로프로 묶자 범인은 같은 모양의 로프로 남자친구의 발목을 묶었다. 이어서 여성의 두 손을 등 뒤로 묶었다. 범인이 여성에게 말했다. "너는 현관 쪽으로 가. 거기서 발목을 묶을 테니. 둘이 떨어져 있어야 서로 풀어주지 못한단 말이지." 범인은 여성의 등에 칼을 댄 채 거실로 가게 한 다음, 바닥에 누우라고 했다. 그러고는 수건으로 여성의 얼굴을 덮어 놓고 주방으로 갔다. 주방에서 범인은 컵과 접시를 꺼내 침실로 가서 남자의 등에 올려놓았다. 컵과 접시가 달그락거리는 소리가 들리면 집 안에 있는 사람을 다 죽이겠다고 남자를 협박했다.

EAR은 신발장에서 하이힐 한 켤레를 꺼내 거실로 돌아왔다. 바로 옆방에서 남자친구가 꼼짝하지 못하고 누워있는 사이에 범인은 여성의 발에 하이힐을 신긴 다음, 반복적으로 강간했다.

강간을 마치자 범인은 "치즈를 좀 먹어야겠어."라고 중얼거렸다. 알몸으로 묶인 채 누워있던 여성은 범인이 냉장고에서 치즈를 꺼내 씹어 먹는 소리를 무력하게 들었다. 범인은 심리적인 고문을 가하고 있었다. 집에서 나가기 전에 범인은 침실로 들어가 남자친구의 귀에 속삭였다. "다음에는 옆 동네로 가겠어."

EAR은 이때부터 남자 있는 집에 침입해 범행을 저지르는 패턴을 보였다. 남자가 있는 집에는 침입하지 않는다는 〈새크라멘토비〉의 분석을 대놓고 비웃은 것이다. 범인은 자신이 가장 덜 위험해지는 방식으로 성인 피해자 두 명을 통제할 방법에 대해 생각했을 것이다. 범행 과정을 치밀하게 계획해 그대로 실행에 옮겼다. 여러 방식으로 남자를 무력화했으며, 남자가 위협을 가할 가능성을 최소화하면서 움직였다. 이 정도로 계획을 세운 것을 보면 범인은 지능이 높고 오만한 성격이라고 추정할 수 있었다.

이 사건 이후 범인의 공격 중 3분의 2 이상은 남자가 있는 집에서 이뤄졌다. EAR은 의도적으로 남자가 있는 집에 침입해 여자를 성폭행했다. 일반적으로 연쇄 범죄자는 이런 식으로 범행을 저지르지 않는다.

*　　*　　*

EAR은 그 후 2년 동안 새크라멘토 카운티에서 30차례 범행을 저질렀다. 1978년 10월 초에는 한 주에 두 번 범행을 저질렀다. 콩코드 지역 주민들은 범인이 10월 7일에 콩코드에서 범행을 저지르기 한 달 전부터 낯선 사람이 배회하고, 개가 짖고, 잠가 놓은 문이 열리는 일이 발생했다고 진술했다. 범인은 다음 범행 대상을 고르고 있었던 것이다.

한동안 EAR은 어린 여성들을 노렸다. 가장 어린 피해자는 월넛 크릭에 사는 메리라는 이름의 열세 살 여자아이였다. 메리는 1979 년 6월 25일 새벽 4시에 마스크를 쓴 범인의 공격을 당했다. 아버 지와 언니가 옆방에서 자고 있는 동안 범인은 무지개, 유니콘, 하 트 포스터가 붙어있는 여자아이의 방에서 메리를 공격했다. 범인 은 자신을 성적으로 만족시키지 못하면 "바로 죽이겠다"고 협박했 다. 강간을 마치고 범인은 메리를 줄로 묶으며 "내가 돈을 찾는 동 안 한마디라도 하면 죽이겠다"고 말했다. 메리는 범인이 사라지고 나서야 울음을 터뜨려 도움을 청했다. 메리는 47번째 피해자였다. 그해 가을 8학년이 되는 여자아이였다.

* * *

EAR의 범행은 1970년대 후반에 일어났지만, 내가 조사를 시작 한 것은 1997년이었다. DNA 검사 방법이 등장하면서 사건 수사 방식이 근본적으로 바뀌기 시작한 때였다. 이 새로운 기술에 익숙 해지기 위해 우리는 증명력과 무관한, 즉 공소시효가 지나 파기될 예정인 성폭행 증거 키트로 연습을 했다. 나는 부서장인 캐런 셸턴 에게 EAR 미제사건 수사에서 성폭행 증거 키트가 사용됐는지 물 었다. 만약 그랬다면 그때 사용된 증거 키트에 새로운 DNA 기술 을 적용할 수 있을지 모른다는 생각에서였다. 내가 EAR 사건에 관 심을 보인다는 것을 알고 있던 셸턴은 한번 찾아보라고 했다. "좋

아. 진행해 봐." 셸던이 말했다.

자유를 얻은 기분이었다. EAR 사건 조사를 더는 숨어서 하지 않아도 됐기 때문이다. 나는 EAR 범행에 대한 경찰 보고서 하나하나를 다시 정밀하게 읽기 시작했다. 그 결과 EAR 사건으로 추정되는 세 건의 범행에서 성폭행 키트가 사용됐다는 사실을 발견했다. 이 키트들이 아직 파기되지 않았다면 연구소 근처의 보안관청 증거보관실에 있을지도 몰랐다. 1990년대 말의 콘트라코스타 카운티 보안관청 증거보관실은 캘리포니아 주 마르티네스 에스코바 스트리트의 오래된 2층 건물에 있었다. 당시 그곳에는 증거물이 넘쳐났다. 증거물 관리소홀로 수사에 지장을 받는다는 보고서가 제출돼 증거보관실이 수사를 받았을 정도다. 그 후 워런 러프 보안관이 관리자를 새로 임명하면서 증거보관실을 현대적인 시설로 탈바꿈시켰지만, 내가 EAR 사건과 관련된 증거를 처음 찾았을 때는 이런 변화가 일어나기 전이었다. 증거보관실은 특별한 이유가 없는 한 갈 일이 없는 곳이었지만, 나는 계속 그곳에 가고 싶었다. 증거보관실에서 내가 원하는 증거를 찾을 수 있을지 모른다는 생각에 가슴이 설렜다.

증거보관실에서 하는 일은 세 단계로 분류된다. 증거물의 수령, 보관 그리고 처분이다. 증거물이 수집돼 증거보관실로 제출되면 그 증거물은 레이블이 붙여져 적절한 위치에 보관된다. 매일 수백 개의 증거물이 증거보관실로 들어오기 때문에 그 모든 증거를 다

보관할 경우 저장 공간이 부족해진다. 따라서 필요가 없어진 증거물은 대부분 폐기된다. 1970년대 캘리포니아 주의 성폭행 범죄 공소시효는 6~8년이었다. 즉, EAR 사건들의 증거물은 이미 오래전에 폐기됐을 가능성이 컸다. 사용 가능한 샘플이 남아있고 그 샘플에서 DNA를 추출할 수 있는 가능성은 극도로 낮았다. 샘플이 남아있다고 해도 수사관들이 그 세 건의 범행이 동일범의 소행이라고 오래전에 잠정적으로 내린 결론을 과학적으로 재확인하는 것 외에는 할 수 있는 일이 없을지도 몰랐다. 하지만 나는 EAR이 저지른 범행으로 의심되는 그 세 건의 범행이 실제로 EAR이 저지른 범행이라고 과학적으로 증명할 수 있다면, 그것만으로 해볼 만한 가치가 있다고 생각했다.

연구소를 나와 몇 블록을 걸어서 에스코바 스티리트의 증거보관실에 도착했다. 증거보관실이 있는 2층 건물은 창문 없이 철조망 울타리로 둘러싸여 있었다. 벨을 누르자 증거보관실 직원 에인절이 문을 열어줬다.

"뭘 도와드릴까요?" 에인절이 물었다.

에인절은 증거보관실에서 매우 오랫동안 근무한 직원으로, 그곳을 속속들이 알고 있었다. 나는 에인절에게 사건 번호를 말했고, 에인절은 사건 관련 증거물 카드들을 가져왔다. 증거물 카드는 사건 번호, 범죄명, 관련 증거물들에 대한 설명이 적힌 7.5×5센티미터 크기 종이다. 에인절이 증거물 카드들을 내 앞 카운터에 올려놨다. 이 카드들은 모두 윗부분에 빨간색으로 "EAR"이라는 표시가 돼 있고, "파기 금지"라고 쓰여 있었다. 증거물이 보존돼 있다는 사실을 믿을 수가 없었다.

보안관청이 오래전에 임대를 시작했을 때 증거보관실은 직사각형 모양의 빈 공간이었다. 이 공간에 증거 보관용 금속 선반들이 설치돼 있었다. 오래된 강간 사건의 증거들은 2층에 있었다. 나는 에인절을 따라 2층으로 올라갔다. 우리가 철제 계단을 올라갈 때 구두에서 나는 또각또각 소리가 바닥에서 천장까지 울려 퍼졌다. 보관실 벽에 설치된 선반들에는 낡은 봉투들, 오래된 증거물이 담긴 종이봉투들이 가득 차 있었다. 퀴퀴한 냄새가 나는 2층 한가운데에는 내 키보다 높게 누런 상자들이 쌓여있었다. 아래쪽에 있는 상자들은 무게를 못 이겨 찌그러지고, 쥐들이 물어뜯어 너덜너덜한 상태였다.

에인절이 첫 번째 상자를 끌어 내린 다음 두 번째, 세 번째 상자를 끌어 내리는 동안 나는 상자들을 차례차례 뒤지기 시작했다. 마닐라 봉투에 담긴 튜브 안에 정액이 묻은 면봉이 밀봉돼 있으면 좋겠다는 생각이 들었다. 내 바람대로 첫 번째 상자에 이어 두 번째 상자에서도 내가 찾던 증거물을 발견했다. 피해자의 질과 목에서 채취한 정액이 묻은 면봉이었다. 흥분을 주체하기가 힘들었다. 오래돼 상태가 좋지는 않았지만 말이다. 하지만 그 증거물 발견은 내 도전의 시작에 불과했다. 이 샘플에 분석을 할 수 있을 정도의

DNA가 남아있을지 확실하지 않았기 때문이다.

　DNA 분석 훈련을 받으면서 샘플을 훼손시키는 것들에 대해 배운 적이 있었다. 샘플 훼손의 가장 큰 원인은 시간과 열이다. 그 샘플은 여름 오후 기온이 섭씨 50도까지 올라가는 지역에서 20년 동안 보관된 것들이었다. 그렇다고 포기할 수는 없었다. 에인절에게 고맙다는 인사를 한 뒤 나는 이 샘플 세 개를 들고 연구소로 달려가 곧장 분석을 시작했다. 1997년 6월 16일이었다.

　7월 초가 되자 답을 얻을 수 있었다. 천만다행으로 그 샘플들의 DNA는 완전히 훼손되지 않은 상태였고, 결과는 확정적이었다. 처음 수사했던 형사들의 예측대로 이 세 개 사건은 동일한 연쇄 강간범에 의한 것이었다. 피해자 중 한 명의 목에서 채취한 정액이 결정적인 역할을 했다. 그 정액 샘플은 세 개 중에서 가장 깨끗한 샘플이었고, 가장 많은 양의 DNA가 거기서 나왔다.

　이 세 건의 범행이 동일범에 의한 소행이라는 확실한 증거가 확보됐다는 것은 오랫동안 답보상태이던 수사를 진전시킬 수 있게 됐다는 의미였다. 내가 이런 증거를 확보했다는 것이 자랑스러웠다. 그보다 좋았던 것은 내가 이 정액 샘플 세 개로부터 DNA를 추출해 결정적인 증거를 확보함으로써 용의자의 신원을 확인하는 데 도움을 줄 수 있다는 사실이었다. 다음 단계는 기존의 용의자들 중에서 이 DNA를 가진 사람을 찾아내는 것이었다.

　　　　　＊　　＊　　＊

　래리 크롬턴 경위는 EAR 사건파일을 뒤질 때 계속 이름이 언급된 사람이었다. 크롬턴은 콘트라코스타 카운티에서 EAR 전담 수사팀이 처음 생겼을 당시 담당 수사관 중 한 명이었다. 경찰 보고서 내용을 보면서 나는 크롬턴이 EAR 사건에 대해 가장 많은 내용을 알 거라고 판단했다. 크롬턴이라면 내가 가진 용의자 리스트에서 누가 가장 유력한 용의자였는지 말해줄 수 있을 거라고 기대했다. 그렇게 해준다면 나는 용의자들의 DNA를 채취해 사건을 간단하게 해결할 것이라고 믿었다.

　1997년 7월 크롬턴에게 전화를 걸었다. 그때의 메모를 지금도 가지고 있다. 당시 나는 젊은 하급 수사관이었고, 크롬턴은 경찰 고위간부였기 때문에 처음에는 말하기가 좀 힘들었다. 하지만 내게 필요한 정보를 그에게서 얻어야만 했다. 다행히도 크롬턴은 내게 호의를 보였다. EAR은 콘트라코스타 카운티에서 연쇄 범행을 20년 전에 중단한 상태지만, 크롬턴은 당시의 상황을 정확하게 기억하고 있었다. 사건 번호와 범행 날짜까지 어제 일처럼 기억했다. 가장 유력한 용의자를 꼽아달라고 부탁하자 그는 망설였다. "이 사건은 유력한 용의자가 따로 없었던 사건이지. 용의자는 많았지만, 가장 유력해 보이는 인물들도 결국 용의선상에서 제외해야만 했어." 기대가 무너지는 순간이었다.

하지만 잠시 후 크롬턴은 놀라운 사실을 내게 말했다.

내가 알고 있던 EAR의 모든 범행은 캘리포니아 북부에서 일어난 것이었다. 그런데 크롬턴이 "우리는 범인이 남쪽으로 내려가 살인을 저지르기 시작할 거라고 예견했지."라고 말했다.

"남쪽에서요? …살인을요?"

EAR 수사를 하던 당시 크롬턴은 범인에 대해 더 잘 이해하기 위해 정신과 의사를 찾아간 적이 있다. 사건 이야기를 다 들은 의사는 크롬턴에게 말했다. "꼭 잡으셔야 할 겁니다. 범인은 살인을 저지르고 싶어할 것이고, 저지를 겁니다." 실제로 EAR은 강간 사건을 저지르면서 살인 욕구를 보인 적이 있었다. 일곱 번째 사건에서 EAR은 피해자의 알몸에 칼끝을 대고 위아래로 움직였다. 다른 정신과 의사의 분석에 따르면, 범인의 이런 행동은 피해자를 칼로 토막 내고 싶은 욕구를 반영하며, 따라서 살인자로 변화할 가능성이 매우 컸다.

크롬턴은 자기 역시 EAR이 결국 살인을 저지를 것으로 봤다고 내게 말했다. 캘리포니아 남부의 샌타바버라에서 일어난 두 사건의 범행방식이 EAR의 그것과 일치한다는 동료 형사의 이야기를 1979년 말에 들은 후부터 그는 EAR이 살인을 저질렀을 것으로 보고 추적하기 시작했다. 이 두 사건 중 한 건이 살인사건이었다. 하지만 크롬턴이 점들을 연결하기 위해 본격적으로 나서자 샌타바버라 경찰이 협조를 해주지 않았다. 당시에는 관할구역이 다른 수사기관들 간의 정보 공유가 지금보다 훨씬 제한적이었다. 일종의 텃세였다. 한 지역의 수사관들이 해결하지 못한 사건을 다른 지역 수사관들이 해결하게 놔두지 않은 것이다. 매우 이기적이고 정치적인 이런 관행 때문에 해결되지 못한 사건들이 수없이 많았을 거라고 나는 확신한다.

"왜 샌타바버라 경찰이 협조를 안 해주는지 처음에는 이해할 수 없었지." 크롬턴이 말했다. "당시는 레이건 주지사가 대통령 선거에 출마한 시점이었고, 샌타바버라 경찰은 연쇄 강간범 문제로 부정적인 관심을 받게 될까 봐 협조를 꺼렸던 것 같아."

크롬턴과 전화통화를 마치자마자 샌타바버라 경찰서에 전화했다. 내가 통화를 한 형사의 이름은 기억나지 않는다. 다만 내 머리에 또렷이 각인된 것은 크롬턴이 협조를 구했던 과거와 달라진 것이 전혀 없다고 생각하던 기억뿐이다. 전화를 받은 형사는 내가 용건을 이야기하자마자 그런 사건에는 별 관심이 없다며 전화를 끊으려고 했다.

"뭔가 관련된 사건이 더 있는 듯합니다." 나는 서둘러 말했다.

"없습니다. 우리 관할구역에서는 그 건과 비슷한 사건이 일어난 적 없습니다." 그 형사는 EAR 사건에 대해 알고 있었고, 당시에도 캘리포니아 북부의 경찰이 협조를 구했다는 사실까지 알고 있었다. 그럼에도 형사는 딱 잘라서 말했다. "우리 구역 사건들은 그쪽 사건들과 연관이 없습니다." 뭔가 도움을 받을 수 있을지 모른다는 희망은 그 말 한마디에 좌절됐다.

나는 내가 맡은 사건을 쉽게 포기하지 않는다. 하지만 그때는 나도 막다른 골목에 다다른 느낌이었다. 전화를 끊으려는데 그 형사가 말했다. 갑자기 기억이 떠올라서 그랬는지, 내가 집요하게 물고 늘어져서 그랬는지는 모르겠다. "오렌지 카운티에 물어보면 뭔가 나올지도 모릅니다. 어바인 경찰서에서 DNA 검사 기법으로 뭔가를 한다고 하던데."

그때 나는 별로 협조할 생각도 없던 그 형사가 무슨 말을 하는지 잘 몰랐다. 하지만 지푸라기라도 잡는 심정으로 어바인 경찰서에 전화를 걸었다. 이 사람 저 사람으로 몇 차례나 돌려지던 전화는 결국 래리 몽고메리라는 형사에게 연결됐다. 그 순간 신이 내 편이었던 것 같다. 몽고메리가 모든 정보를 다 가지고 있었고, 매우 협조적이었기 때문이다. 몽고메리는 어바인 경찰서 관할구역에서 동일한 DNA가 검출된 살인사건 두 건이 있었다고 말했다. 한 건은 1981년 집 안에 있던 한 여성이 슬리핑백 안에서 맞아 죽은 사건이고, 다른 한 건은 1986년에 18세 소녀가 동일한 방식으로 실해당한 사건이었다. 이 두 사건은 같은 오렌지 카운티에서 신혼부부가 침대에서 맞아 죽은 사건과도 범행방식이 같았다. 어바인 경찰은 이 살인사건들을 연결해 범인의 DNA 프로파일을 작성했지만, 그가 누구인지 특정하지는 못했다. 내가 수사하던 EAR 사건들에서 직면한 상황과 같았다.

몽고메리는 DNA 프로파일을 만들어낸 사람이 오렌지 카운티 보안관청 산하 범죄연구소의 메리 홍이라고 알려줬다.

바로 메리 홍에게 전화했다. 나는 홍에게 캘리포니아 북부에서 일어났던 연쇄 강간사건을 조사하고 있으며 내가 작성한 DNA 파일과 홍이 작성한 DNA 프로파일이 동일한지 확인하고 싶다고 말했다. 두 프로파일이 같지 않다면 캘리포니아 남부에서 발생한 사건들에 대해서는 더 이상 조사할 필요가 없을 터였다.

1997년 당시 DNA 분석기법은 수사에 도입된 지 10년이 안 된 상태였지만, 이미 중대한 영향을 미치고 있었다. 1988년 영국의 유전학자 알렉 제프리스가 DNA 분석기법을 이용해 10대 소녀 두 명이 강간당한 뒤 살해된 사건을 해결한 것이 시작이었다. 제프리스가 사용한 방법은 RFLP(제한효소 절편길이 다형성Restriction Fragment Length Polymorphism) 기법이다. 학계에서 인간 유전체의 다양한 특징들을 알아내기 위해 사용한 이 기법은 개인의 유전자 서열을 기초로 DNA 가닥을 다양한 크기로 잘라내는 일종의 '유전자 가위' 기법과 유사하다. 제프리스는 DNA 가닥을 조각들로 잘라내 크기를 측정하면 범죄현장에 남겨진 DNA의 주인을 밝혀낼 DNA 프로파일을 만들 수 있다는 사실을 알아낸 것이다. 이 기법을 이용한 DNA 프로파일 작성은 개인마다 다른 DNA '바코드'를 만드는 것과 비슷하다. 이 기법을 이용해 제프리스는 범인으로 몰려 복역 중인 사람이 진범이 아니라는 것을 밝혀내고 진범을 검거하는 데 도움을 주었다.

제프리스의 DNA 기법은 전 세계에서 수사에 도입되며 위력을 발휘했다. 하지만 본질적인 약점이 있었다. 이 기법이 효과를 내기 위해서는 범죄현장에서 많은 양의 DNA를 채취하고, 그 DNA가 거의 훼손되지 않은 상태여야 했다. DNA 가닥은 구슬들이 길게 꿰어진 줄이라고 생각할 수 있다. 이 DNA 가닥은 환경의 영향을 많이 받는다. 예를 들어 햇빛이나 세균에 노출되는 시간이 많을수록 DNA 가닥은 점점 더 잘게 부서져 결국 제프리스기 고안한 기법을 적용할 수 없게 된다. 특히 EAR 사건처럼 수십 년이 지난 DNA 샘플 대부분은 결과를 얻기에는 너무 많이 훼손된 상태다.

다행히도 생명공학 분야에서 과학수사에 사용할 수 있는 다른 도구가 개발됐다. PCR(중합효소 연쇄 반응) 기법이라는 도구다. 이것은 RFLP 기법처럼 DNA 가닥을 자르는 대신, DNA를 복제하는 기법이다. 일종의 '분자 복사'다. 이 기법을 이용하면 과학수사 샘플에 포함된 DNA를 복제해 그 양을 수백만 배로 늘릴 수 있다. 적은 양의 DNA만 있어도 가능하다는 뜻이다. 또한 이 기법은 DNA가 훼손된 경우에도 사용할 수 있다. PCR 기법의 등장으로 범죄수사는 매우 큰 진전을 이뤘다.

하지만 PCR 기법은 RFLP 기법과 달리 DNA '유형'을 구분하지는 못한다. PCR 기법은 DNA의 양을 엄청나게 늘리는 역할만 하기 때문이다. 1997년 당시 PCR 기법은 초기 단계에 있었고, 아직 표준화가 안 된 상태였다. 범죄연구소마다 서로 다른 방식으로 PCR 기법을 적용했다는 뜻이다. EAR 사건 샘플에 내가 적용한 기법은 DQ라는 DNA의 특정 영역을 살펴보는 방법이었다. DQ 프로파일은 기존의 '도트 블롯dot blot' 기법을 이용해 만들어졌다. 이 기법은 흰색 나일론 가닥의 특정 영역들이 파란색 도트(점)로 변하는 양상을 보고 샘플에 있는 DNA의 DQ 유형을 판단하는 기법이다. EAR의 DQ 유형은 유형 2와 3에 속했다. 하지만 이 유형들에 속하는 DNA를 가진 사람은 너무 많았다. 흥미로운 분석이지만, 변별력이 매우 떨어지는 기법이었다.

내가 연구소에서 DQ 테스트를 하던 당시 STRShort Tandem Repeat(단편일렬반복) 기법이라는 또 다른 DNA 분석기법이 개발됐다. 이 기법은 DNA 서열에서 스터터stutter(유전자 암호 일부에 나타나는 잘못된 반복)가 나타나는 영역을 이용하는 방법이다. 스터터는 개인에 따라 나타나는 횟수가 다르다. 또한 STR 기법을 이용하면 기존의 기법에 비해 인간 유전체 전반에 걸쳐 훨씬 더 많은 영역을 살펴볼 수 있다. 이 기법은 DQ 기법보다 변별력이 훨씬 높아서 현재 범죄 조사에서 표준적인 DNA 분석기법으로 자리잡은 상태다. 하지만 내가 오렌지 카운티 보안관청 범죄연구소에 전화를 걸었던 1997년에는 아직 그렇지 못했다.

메리 홍이 STR 기법을 적용해 사건을 조사했다고 말했으므로 나는 내가 조사하던 세 건의 범죄가 동일범에 의한 것이라고 확신했다. 우리 연구실은 당시에도 PCR 기법을 이용하고 있었다. 다행히 메리 홍은 PCR 기반 DNA 분석도 부분적으로 하고 있었다. 그 덕에 나는 메리 홍이 분석하고 있던 DNA의 DQ 유형이 EAR의 DQ 유형과 일치한다는 사실을 알 수 있었다. 문제는 PCR 마커(표지자) 자체가 변별력이 매우 높지 않았기 때문에, DQ 마커 하나만으로 메리 홍의 사건과 내 사건의 범인이 동일인이라고 단정할 수 없다는 데 있었다.

나는 콘트라코스타 카운티 범죄연구소의 DNA 분석결과가 오렌지 카운티 범죄연구소의 결과와 완벽하게 일치한다는 점이 확인되면 메리 홍에게 연락을 하겠다고 약속했다. 내가 그 약속을 지키는 데 4년이 걸릴 것이라고는 꿈에도 생각하지 못했다.

10장 : **결혼의 끝**

언젠가부터 공황 발작이 한밤중에 일어나기 시작했다. 나는 평소에도 잠을 잘 자는 사람이 아니었다. 잠이 든다고 해도 갑자기 공포감에 사로잡혀 깨어나곤 했다. 이런 증상은 로리와 결혼생활을 하면서도 내가 얼마나 외로운지 느끼기 시작하면서 더 심해졌다. 불길한 느낌에 시달리다가 잠에서 깨면 나는 거실로 나가 웅크려 누웠다. 숨을 헐떡이고 땀을 흘리면서 그렇게 웅크려 있으면 꼭 곧 죽을 것 같은 느낌이 들었다. 로리는 깊게 잠을 자는 사람이었고 내가 거실에서 그러고 있을 때도 잠에서 깨어나지 않았다. 증상이 잦아들면 일어나 밤새 거실을 서성였다. 베개를 베고 누우면 다시 공황 발작이 올지도 모른다는 공포 때문이었다.

로리와 나는 심리치료를 받기 시작했지만 별로 나아지는 것은 없었다. 상담은 늘 같은 내용으로 반복됐다. 로리는 심리치료사가 내 감정을 진정시키려고 시도할 때마다 신경질적으로 다리를 떨었다.

가령 이런 식이었다. 내가 "나는 가족을 사랑합니다. 내가 뭘 잘 못하고 있는지 모르겠어요. 어떻게 해야 아내가 원하는 사람이 될 수 있을지 모르겠습니다."라고 말하면, 심리치료사는 "어떤 사람이 되고 싶어요?"라고 물었다.

나는 "도대체 무슨 질문이 이렇지?"라고 생각하면서 대답했다. "좋은 사람, 생산적인 사람, 목적이 있는 사람이 되고 싶다는 말입니다." 그러면 곧장 다음 질문이 날아왔다. "그렇다면 당신은 누구인가요?" 나는 속으로 혼잣말을 했다. "제길, 나는 그냥 폴 홀스라고. 나한테 뭘 원하는 거지?"

* * *

어떤 대답을 해야 할지 생각해내는 것은 이해가 안 되는 책을 계속 읽어나가는 것과 비슷했다. 나는 심리치료사의 질문을 도저히 이해할 수 없었다. 그는 "사람들의 감정을 이해하도록 노력해보세요." "사람들의 감정에 대해 당신이 어떻게 느끼는지 이해해야 합니다." "더 깊게 생각해보세요." "눈을 감고 당신이 무엇을 두려워하는지 생각해보세요." 같은 말을 반복했다. 나는 사건 관련 증거를 매우 잘 해석했지만, 내 감정이 무엇인지 알아내는 것은 기물이 몇 개 빠진 채로 체스를 두는 것처럼 힘들었다.

심지어 상담으로 인해 오래전 받았던 마음의 상처가 되살아나는 것 같았다. 마음에 담아두었던 서운했던 일에 대해 말하게 됐기 때문에다. 로리는 울면서 말했다. "당신은 사무실에서 자면서 집에 못 들어온다고 전화도 한 번 하지 않았어요."

나도 불만을 말했다. "난 더 사랑받고 싶어."

로리가 대꾸했다. "당신이 변하지 않으면 난 그럴 수 없어요."

내가 맞받아치듯 쏟아냈다. "지금 이게 나야. 나는 당신을 얻기 위해 다른 사람이 됐던 거지. 하지만 계속 그렇게 다른 사람으로 살 수는 없다고."

어느 날 로리가 이렇게 말했다. "당신은 좋은 사람이에요. 당신은 다른 사람들이 사랑하는 이를 잃으면 그들을 진정으로 위로하고 싶어해요. 마음이 착한 사람이에요. 하지만 왜 그런지는 몰라도 당신의 그런 마음이 내게는 느껴지지 않아요."

로리는 내가 일 때문에 변했다고 심리치료사에게도 하소연했다. "남편이 하는 일은 아주 어두운 일이에요. 그 일 때문에 남편은 사물을 다르게 보기 시작했어요. 길을 잃은 거지요."

나는 지금 하는 일이 그저 단순한 직업이 아니라 내 삶의 목적이자 가치이며, 내가 존재하는 이유라고 말했다. 나는 삶의 목적을 잃고 방황하는 사람들을 수없이 봤다. 자신의 삶이 얼마나 중요한지 망각한 이들이었다. 반면 나는 일을 하면서 스스로 쓸모 있는 사람이 된다고 생각했다. 피해자들에게 조금이라도 마음의 평화를 줄 때면 내가 사회에 좋은 일을 하고 있다는 보람이 느껴졌다. 게다가 나는 그런 일을 매우 잘했다. 내가 이런 사람이기를 어떻게 멈출 수 있단 말인가? 나는 나다. 나는 길을 잃은 사람이 아니었다. 내가 진짜 있어야 할 곳에 있었다. 내가 길을 잃었다고 생각되는 유일한 곳은 집이었다.

"난 아내가 내 영혼의 동반자였으면 해요." 내가 말했다.

"영혼의 동반자란 무엇이지요?" 심리치료사가 물었다.

"같이 여러 가지 일을 하고, 대화를 나눌 수 있는 사람이지요."

심리치료사가 친절한 미소를 지으며 대꾸했다. "하지만 당신은 아내와 같이 이런저런 일을 할 수 있을 정도로 집에 오래 머물지 않잖아요. 게다가 사람들 대부분은 아기를 끓는 물에 넣는 범죄에 대해 듣고 싶어하지 않아요."

로리는 내가 이기적이라며 좌절하고 분노했다. 나는 내게 가장 중요한 것, 즉 내 일을 이해할 수 없는 사람과 결혼생활을 하고 있다는 생각이 들었다.

나는 상담을 더 이상 받지 않겠다고 결심했다. 그렇게 오랫동안 상담을 받는데도 달라지는 것이 없다면, 기적이 일어나지 않는 한 관계가 개선되긴 힘들 것이라고 생각했기 때문이다. 착한 두 사람이 착한 두 아이를 키우면서 사는 게 왜 그리도 힘들었을까?

논리적으로 도저히 이해가 안 갔다. 하지만 이제 더 이상 '우리'는 없는 것 같았다. 그렇다면 계속 '우리'가 있는 것처럼 생각하면서 살아갈 필요가 없었다.

하지만 로리에게 그런 내 생각을 말하지는 않았다.

"상담은 이제 좀 쉬는 게 좋겠어." 마지막 상담이 끝나던 날 내가 로리에게 말했다.

"그럼 나 혼자 상담받을게." 로리가 대꾸했다.

집으로 차를 타고 오는 내내 팽팽한 긴장감이 느껴졌다.

로리는 조수석 창문 밖을 바라다보고 있었다.

"당신처럼 복잡한 사람을 상담한 건 처음이래." 로리가 말했다.

"내려서 저녁 먹고 들어갈까?" 내가 물었다.

로리의 뺨에서 눈물이 흘러내렸다.

그 후 몇 주 동안 우리는 거의 말을 하지 않았다. 로리는 내가 냉정하고 무관심하다고 비난했다. 어느 날 저녁 집에서 위층으로 올라가는데 로리가 따라 올라오면서 말했다.

"당신이 변하지 않을 거면, 나가 줬으면 좋겠어."

우리 둘 다 생각만 하고 있던 것을 과감하게 말해버린 것이다. 하지만 막상 그 말을 들으니 마음이 아팠다.

멍한 느낌이었다. 그 밤, 나는 집에서 나와 마르티네스의 허름한 모텔로 들어갔다. 사무실에서 가까운 곳이었다. 방이 5개, 욕실이 3개였던 큰 집, 아이들이 재잘거리던 집에서 나와 하루 단위로 돈을 내야 하는 모텔에서 지내다 보니 참담한 느낌이었다. 방은 깨끗했지만, 카펫과 매트리스는 오래돼 낡아 있었다. 그 모텔에는 다양한 사람들이 들락거렸다. 처지가 어려운 사람들, 하룻밤 잠자리 상대와 투숙하는 사람들, 4번 고속도로에서 너무 늦게 빠져나와 좋은 호텔을 찾지 못한 사람들이 그곳에 묵었다. 내가 묵던 방과 같은 층에 있는 방에서 살인사건이 일어나 내가 조사를 한 적도 있었다. 마약 거래 중에 일어난 살인사건이었다.

그 모텔에서 며칠을 지내던 나는 결국 부모님 집으로 들어갔다. 아이가 둘이나 있는 나이 서른의 남자가 부모님 집에 얹혀살게 된 것이다. 괴로웠다. "도대체 내가 여기서 뭐 하고 있는 거지." 그때 나는 결혼생활을 유지할 것인지 아닌지와 상관없이, 내 삶의 방향을 바꾸려면 스스로 해결 방법을 찾아야 한다는 것을 깨달았다.

집에서 나온 지 일주일 정도 됐을 때 로리의 부모님을 찾아갔다. "로리와 제가 좀 힘들었습니다." 다행히 로리의 부모님은 이해를 해주셨다. 장모님은 "우리는 모두가 행복하기만을 바라네."라고 말했다. 시간이 지나면서 로리와 냉랭했던 관계가 조금씩 풀리기 시작했고, 나는 다시 집으로 들어가 아이들과 가까워지기 위해 노력했다. 하지만 그때 우리 부부는 가족인 척 연기했을 뿐이다. 로리는 아래층에서, 나는 위층에서 살았다. 우리 둘 다 이혼에 대해 가볍게 생각하지 않았다. 나는 가톨릭 신자였고, 로리도 신앙과 성장환경 때문에 이혼에 대해 쉽게 생각하지 않았다.

몇 달 뒤 부모님이 저녁을 먹으러 집에 왔다. 나는 아무 문제가 없는 것처럼 행동했다. 우리 부부가 갈등하고 있다는 것을 부모님께 보여드리기 싫었다. 내가 작업실로 들어가는데, 어머니가 따라 들어왔다. 어머니가 말했다. "결혼생활에 문제가 있다는 걸 안다. 네가 어떤 결정을 내리든 우리는 괜찮아." 눈물이 솟았다. 그런 말을 듣는 것 자체가 큰 위로였다. 내 부모님은 로리와의 결혼생활이 망가졌어도 여전히 나를 사랑하고 있었다.

로리와 나는 몇 달 동안 여러 노력을 했다. 하지만 둘 사이의 갈등은 더 깊어만 갔다. 며칠 동안 일 때문에 사무실에서 지낸 뒤 집으로 돌아오던 날이었다. 나는 앞마당에서 전동제초기를 돌리면서 몇 주 동안 미루었던 정원 손질을 할 생각이었다. 집 앞에 도착하니 로리가 상기된 표정으로 잡초를 베어내고 있었다. 속이 부글부글 끓는 것 같았다. 차에서 내리는데 로리가 분노를 억누르면서 내게 말했다. "왜 자기가 쓰지도 않을 거면서 제초기를 사서 사람을 힘들게 해요?" 로리는 울음을 터뜨렸다. 나는 결국 일어날 일이 일어나고 말았다는 것을 직감했다. 나는 작업실로 들어갔고, 로리는 아이들을 데리고 친정으로 가버렸다.

우리 둘 모두에게 힘든 시간이었다. 로리는 내가 결정하라고 통보했다. 로리는 이혼하자는 말을 먼저 꺼내려 하지 않았다. 종교적 신념 때문이었다. 여러 생각이 머리를 스쳤다. 한때 내가 진정으로 사랑했던 로리와 이제는 가정을 유지할지를 두고 갈등하고 있었다.

그렇게 몇 달이 지났다. 하지만 그때도 나는 그렇게 시간을 보내는 것이 어떤 결과를 가져올지 전혀 예측하지 못했다.

＊　＊　＊

1997년 5월의 어느 오후였다. 나는 엘소브란테의 노스 랜초 로드 근처 야산에 시체가 묻혀있다는 연락을 받고 출동을 했다. 샌프란시스코에서 30킬로미터 정도 떨어진 낙후된 동네였다. 한 남자가 동네 술집에서 친구에게 황당한 이야기를 듣고 경찰에 신고해 내가 출동하게 된 것이었다. 이야기는 이랬다. 친구끼리 술을 몇 잔 마시던 중 살인에 관한 이야기가 나왔다. 신고를 한 사람은 그 이야기를 한 친구의 이름이 레이 홈즈라고 말했다. 레이는 6개월 전 자기 형 데일이 겁에 질린 채 집으로 돌아와서 "문제"가 생겼다고 말했다며 이야기를 털어놨다. 데일은 31세, 레이는 29세. 그 둘은 엘소브란테의 엄마 집에서 같이 살고 있었다. 데일은 샌프란시스코에서 원정 나온 성노동자들과 '데이트'하기를 좋아했다. 하지만 불행히도 그날 데일이 고른 여자는 데일과 연애에는 관심이 없었다. 사귀자는 제안을 여자가 거절하자 데일은 칼로 여자를 찔러 죽였다.

데일이 레이에게 말한 "문제"는 시체 처리였다. 시신은 집 앞에 주차된 픽업트럭에 실려 있었다. 레이는 "어쩌겠다는 거지?"라고 말하면서 마지못해 형의 시체 처리를 도왔다. 이 둘은 트럭을 타고 야산에 도착해 시신을 묻었다. 거기까지 이야기를 들은 신고인은 안 믿긴다는 어투로 "그 후에 어떻게 됐어?"라고 레이에게 물었다. 레이는 그 후 별다른 문제가 없었는데, 6개월 후 형 데일이 다시 "똑같은 문제"를 일으켰다고 말했다. 사귀자는 제안을 거절한 다른 성노동자 여성을 데일이 또 칼로 찔러 살해한 후 시체를 트럭에 싣고 왔다는 것이다. 레이는 "이번에는 형 혼자 해결해."라며 거절했다고 신고인에게 말했다.

데일은 혼자서 몇 킬로미터 떨어진 곳으로 차를 몰고 가 길가에 시신을 버리고는 쓰레기 더미를 그 위에 쌓았다. 2주 전의 일이었다. 레이는 형의 살인을 경찰에 알리지 않았다. 대신 그는 함께 술을 마시는 친구가 경찰에 신고할 수 있다는 생각은 못 한 채 술집에 가서 입을 열었다.

홈즈 형제는 체포돼 조사를 받았고, 시체들을 유기한 위치를 털어놨다. 양복과 넥타이 차림의 샌파블로 경찰서 소속 형사가 노스랜초 로드의 야산을 파는 동안 보안관청에서 보낸 보안관보가 사체탐지견을 데리고 현장에 도착했다. 형사는 첫 번째 희생자를 찾지 못하고 있었다. 크리스마스 직전에 살해된 이 희생자는 사망 당시 스무 살 생일을 한 달 앞두고 있었다. 시신 수색이 이뤄진 것은 여름이었다. 사체탐지견들이 킁킁거리더니 흙 밖으로 튀어나온 발가락을 입으로 물어 당겼다. 우리는 삽을 들고 땅을 파기 시작했다. 사체를 발굴하는 데는 오랜 시간이 걸리지 않았다. 홈즈 형제는 야산의 나무들이 울창한 곳에 얕게 구덩이를 파고 비닐에 싼 시신을 묻었던 것이다.

검시관이 오기를 기다리는 동안 나무들이 있는 야산을 둘러보면서 나는 여자 두 명을 죽인 범인이라면 근처에 다른 피해자들을 묻었을지도 모른다는 생각을 했다. 증거를 찾기 위해 덤불을 헤치고 다녔지만 결국 찾지 못했다.

검시관이 도착하자 힘든 일이 시작됐다. 시신은 사망과 동시에 훼손되기 시작한다. 이 시신은 6개월간 땅 밑에서 분해되었고, 그 6개월 동안 비가 많이 온 상태였다. 검시관과 보안관보는 시신의 머리 부분 위에, 나는 발 부분 위에 서서 시신을 구덩이에서 들어 올린 다음 사체 보관 비닐에 집어넣었다. 보안관보가 젖은 흙 위에서 발을 삐끗했다. 사체는 무거웠다. 현장은 야산치고는 가파른 곳이었고, 사체가 분해되면서 나온 액체가 사체를 감싼 비닐 밖으로 흘러나와 작은 웅덩이가 생겼다. 그 웅덩이에 사체의 다리 하나가 빠지면서 내 얼굴과 작업 부츠에 더러운 액체가 튀었다. 악취가 상상을 초월했다. 우리가 승합차에 사체를 싣는 동안 몇 킬로미터 떨어진 곳에서 두 번째 시신이 발견됐다. 홈즈 형제는 구금돼 살인 혐의로 기소됐다. 나는 노란색 작업복으로 갈아입은 뒤 혹시 있을지 모르는 관련 증거를 찾기 위해 현장 근처를 수색했다. 홈즈 형제가 어머니와 함께 살았던 집도 수색했다. 이 형제의 어머니는 세인트버나드 종 개들을 키웠는데, 모두 17마리였다. 집에서는 개 배설물 냄새가 났고 벼룩이 들끓었다. 개들이 카펫 위를 마구 뛰어다니고 있었다. 살인사건 수사관은 이런 곳에서 일하는 사람들이다. 이런 광경은 TV에서도 본 적이 없을 것이다.

주말이 되자 몸이 가렵기 시작했다. 그때 우리 가족은 장모님 집에 있었는데, 오른쪽 손목에 붉은 반점이 보였다. 벼룩이 물었을 거라 여기고 그냥 넘겼다. 하지만 월요일 아침에 일어나보니 목, 팔, 다리에 농포가 생겨 고름이 흘러나왔다. 사체를 더 찾기 위해 덤불을 헤치고 다니다 옻이 오른 것 같았다. 나는 몸을 계속 긁었고, 고름이 계속 나왔다. 뜨거운 물로 샤워를 할 때만 조금 나아진 것 같은 느낌이 들었다. 가려움보다 살이 타는 것 같은 통증이 차라리 더 견디기 쉬웠다. 몸을 수건으로 닦은 뒤에는 고름이 옷에 묻지 않도록 거즈를 두 팔에 두른 다음 옷을 입고, 조심조심 연구소로 차를 몰았다. 비참한 꼴이었다.

그렇게 며칠을 보냈다. 가려워서 잠을 잘 수가 없었다. 로리는 깊게 잠을 잤기 때문에 내가 온몸을 계속 긁어도 깨지 않았다. 수요일 저녁에 퇴근했을 때까지도 피부를 벗겨내고 싶을 만큼 온몸이 가려웠다. 로리는 안방 욕실에서 마스카라를 바르고 있었다. 욕조에 물이 가득했다. "엄마하고 나갔다 올게요." 로리가 나를 쳐다보지도 않고 말했다. 화장을 마치자 로리는 욕실에서 휙 나가버렸다. 집에서 나가면서도 로리는 나를 바라다보지 않은 채 "아이

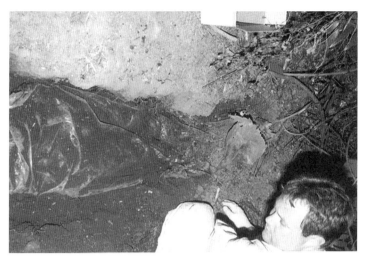

캘리포니아 엘소브란테의 야산에 묻힌 데일 홈즈의 첫 번째 피해자를 나와 파트너가 발굴해낸 직후의 모습. 피해자는 발굴되기 6개월 전에 살해당해 묻힌 상태였다. _범죄현장 사진

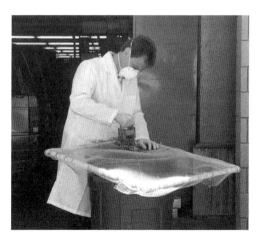

불타 버린 데일 홈즈 피해자 두 명의 옷을 살펴보는 나. 범인이 피해자들의 옷을 태운 벽난로는 보안관청 증거보관실에 지금도 보관돼 있다. 뒤편에 보이는 차량은 피해 여성 두 명이 살해된 차다. 사진에서는 보이지 않겠지만 이때 나는 옻이 올라 굉장히 고통스러웠다. _범죄현장 사진

들 목욕시켜 주세요."라고 말했다.

속상하고 화가 났다. 아이들한테 혹시 옻 독이 전염될까 걱정스러웠지만 그러겠다고 대답했다. 매일 두 아이를 돌보느라 지친 로리에게는 휴식이 필요했을 것이다. 다만 내가 그렇게 괴로운데도 본체만체 하는 것에 나는 화가 났다. 더 화가 나는 것은 내가 로리에게 사랑받지 못하고 있다는 사실이었다.

오랫동안 나는 결혼생활이 어떻게든 마법처럼 저절로 해결될 것이라고 믿으면서, 내가 얼마나 공허한 느낌을 받았는지 생각하지 않고 살아왔다. 하지만 그날 밤 나는 이제 둘 사이에 사랑의 감정이 없다는 것을 확인했다. 아이들을 목욕시키고 침대에 눕히면서 마침내 내가 더 이상 현실을 부정하고 살 수 없다는 사실을 자각했다. 더 이상 아닌 척하고 싶지 않았다.

그해 가을, 나는 완전히 집을 떠났다. 현관 앞에 앉아 있는 로리의 볼에 눈물이 흘러내렸다. 나는 망설이며 말했다. "나, 갈게." 그녀는 고개를 저으며 중얼거렸다. "나는 당신이 내게 뭘 원하는지 모르겠어." 그 말이 내가 떠나기를 원하지 않는다는 뜻인지, 이제는 포기했다는 뜻인지 나는 알 수 없었다. "너무 늦었어." 내가 말했다. 차를 몰고 가는데 죄책감과 안도감이 함께 느껴졌다.

11장 : 안티오크

1998년

현장에 도착한 것은 자정이 조금 지나서였다. 한 아버지가 어린 두 딸을 죽이고 자살한 사건이었다.

그 무렵 집에서 나온 나는 로리의 집과 약 50킬로미터 떨어진 베니시아의 그림 같은 마을에 작은 아파트를 얻었다. 그곳에서 몇 주 동안 혼자 지내고 있었지만, 로리와 나는 별거가 아이들에게 미치는 혼란을 줄이기 위해 최선을 다하자고 의견을 모았다. 그래서 퇴근하면 로리의 집으로 가 아이들과 함께 놀아주다가 내 아파트로 돌아오곤 했다. 아이러니하게도 별거를 시작한 후 오히려 가족과 관계가 더 좋아진 듯했다.

일찌감치 아이들과 함께 저녁 식사를 한 나는 우리가 평소 즐겨 하던 바닥 체조 게임을 하며 아이들과 놀아주고 있었다. 아이들이 내 주위를 빙빙 도는 동안 나는 킥킥거리며 다리를 공중으로 올린 채 바닥에 누워있었다. 아이들은 교대로 나에게 다이빙을 했고 나는 아이들의 작은 손을 잡고 내 발로 아이들을 공중으로 들어 올린 다음 소파 위로 밀었다. 어릴 적 아버지도 형과 나에게 똑같이 놀아주곤 했다. 그렇게 아이들과 내가 이리저리 거실을 뛰어다니고 있을 때쯤 피해자 소녀들의 아버지는 집에 두 딸을 가둔 채 경찰과 대치하고 있었다. 그는 인질 협상 요원들에게 아이들을 해치지 않겠다고 약속했다. 아이들에게 책을 읽어주고, TV 만화를 보게 했다고 말했다.

몇 시간 후 나는 어린 소녀의 시신을 내려다보며 생각했다. 아버지가 자신들을 죽이고 자살하기 직전에, 어린 소녀는 TV에서 뭘 보고 있었을까? 〈벅스 버니〉? 〈스쿠비 두〉? 만화 캐릭터가 그려진 아이의 작은 운동화가 눈에 들어왔다.

어쩌면 내가 그 운동화에 너무 오래 집중했는지도 모른다. 연구소 신참 셰리가 "뭘 보고 있어요?"라고 물었다. 셰리가 날 보고 있다는 걸 미처 몰랐다. "우리 아이 운동화랑 똑같은 거야." 나는 웅얼거렸다. 머리에 총을 맞고 누워있는 아이를 보면서 내 아이가 그곳에 누워있는 상상을 했다. 더는 그 모습을 상상하지 않기 위해 속으로 "그만!"이라고 외쳤다.

*　　*　　*

이 살인은 일종의 복수 행위였다. 가족들로부터 사라지라는 말을 아내에게 듣고 분노에 사로잡힌 남편이 끝장을 보기 위해 살인을 저지른 것이었다. 두 여자아이는 베이 지역 외곽 낙후한 동네 안티오크의 낡은 집에서 엄마와 함께 살고 있었다. 안티오크는 범죄가 자주 발생하고 조폭들이 설치는 지저분한 동네였다.

두 아이의 아버지는 조폭 관련 살인사건의 용의자였다.

아이들의 엄마가 911에 전화를 한 것은 11월 7일 금요일 오전 6시 10분쯤이었다.

"퍼트넘 1300번지예요. 아이들이 위험해요!"

하지만 그때 이미 아이들의 운명은 결정돼 있었다. 총격이 시작되자 엄마는 현관으로 기어가 탈출했지만, 어린 딸들은 총을 든 아버지의 손아귀 안에 놓였다. 일을 할 때 나는 쉽게 사람들에 대해 판단하지 않으려고 최선을 다한다. 하지만 그때 나는 도대체 어떤 엄마가 아이들을 그런 위험에 놔두고 도망칠 수 있는지 생각하지 않을 수 없었다.

로리와 나는 우리의 문제 때문에 아이들에 대한 사랑이 줄어들지 않도록 노력했다. 로리는 헌신적인 엄마였고, 나는 더 나은 아빠가 되기 위해 노력했다. 왜 이 어린 소녀들이 부모들의 문제로 인해 이런 일을 당했는지 알 수 없었다. 이 아이들은 부모 간 치명적인 갈등이 폭발하는 바람에 희생된 피해자에 불과했다. 아무도 이 아이들을 지켜주지 못했다. 그렇게 죽는 것이 이 아이들의 운명이었을까? 아이들이 어떤 부모에게 태어나 어떻게 키워지는지는 모두 운명에 의해 결정되는 것일까?

엄마가 구조를 요청한 지 몇 분 만에 경찰 특수기동대가 도착했다. 아이들의 아버지는 경찰에게 자기가 진지하다는 것을 알리기 위해 총 몇 발을 쐈다. 그는 작정한 듯 총 세 자루를 들고 있었다. 협상 요원들은 금요일 새벽부터 일요일 밤까지 계속 아이 아버지와 협상을 했다. 아버지는 딸들이 안전하다면서, 딸들에게 핫도그와 음료수를 먹였다고 말했다. 막내는 기저귀 발진이 있어 연고를 발라줬다고도 했다. 하지만 협상이 진전되고 있다고 경찰이 판단한 순간 남자는 비교적 침착하던 상태에서 히스테릭한 감정으로 돌변했고, 교착상태는 이제 끝났다고 말했다.

"열, 아홉, 여덟, 일곱, 여섯…."

"카를로스 씨, 어머니와 얘기해보겠습니까?" 협상 요원이 다급하게 물었다.

"다섯, 넷, 셋, 둘…."

"카를로스 씨!"

"어머니에게 사랑한다고 전해주시오." 그가 말했다.

"카를로스 씨, 어머니와 대화하겠습니까?"

그는 울고 있었다. "미안해, 얘들아. 사랑해. 사랑한다."

세 사람 모두 침실에 있었다. TV 소리가 계속 흘러나왔지만, 안에서 무슨 일이 일어나는지 알 수 있었다. 두 소녀는 울고 있었다. 아이들은 자신들을 보호해야 마땅한 아버지, 자신들의 목숨을 지켜줘야 했던 아버지의 눈을 쳐다보고 있었을 것이다. 사랑한다고 말하면서 아버지는 자기 딸들에게 방아쇠를 당겼다.

소음기가 부착된 총이 발사되는 소리가 경찰에게 들렸다. 경찰은 다급하게 그의 이름을 불렀다.

그는 비명을 지르고 있었다. 총격이 이어졌다. "뭐가 잘못된 거지? 도대체 뭐가 잘못된 거야?"

"잘 해결될 겁니다." 그를 진정시키려 협상 요원이 말했다.

"아니, 아니야. 도대체 내가 무슨 짓을 하고 있는 거지?"

"카를로스 씨, 내 말 들립니까? 카를로스 씨?"

마지막 총소리가 울리고 침묵이 이어졌다.

경찰 특수기동대가 충격 수류탄을 집 안으로 던지고 진입했다. 자정 무렵이었다. 아이들의 목숨을 놓고 흥정을 시작한 지 42시간이 지난 시점이었다. 아버지와 막내 아이는 침실에서 사망한 상태였다. 네 살짜리 아이는 겨우 숨이 붙어있었다. 응급요원들이 아이의 심장을 계속 뛰게 하려고 사력을 다했지만, 아이는 병원으로 가는 도중 사망했다. 어린아이들이 살해되는 상황이 비참하다는 것은 알고 있었다. 그러나 생명을 구해내려 애썼음에도 그 아이가 죽으면 어떤 느낌이 들지는 상상이 되지 않았다.

새벽이 되자 특수기동대는 철수했다. 거리는 궁금해하는 이웃들, 녹음기와 마이크를 든 기자들로 가득 찼다. 우리 팀은 밤새 범죄현장에서 작업을 진행했다. 사건이 발생한 집은 엉망진창이었다. 원래 가족이 지저분하게 살아서 그럴 수도, 이틀 동안 사건이 벌어졌기 때문에 엉망이 됐을 수도 있었다. 부엌 싱크대는 접시로 가득했고, 일년치 우편물이 여기저기 쌓여있었다. 벽에는 전화 내용을 메모한 종이가 덕지덕지 붙어있었다. 우리는 그 난장판을 샅샅이 뒤져서 범행에 사용된 탄창과 수십 발의 총알을 수거했다. 증거를 수거하는 동안 상황이 얼마나 끔찍했을지를 몇 번이나 상상했다.

이틀 후 마지막 증거 가방을 차에 싣고 있는데, 경찰 통제선 반대편 보도에 한 여성이 서 있는 게 보였다. 울어서 퉁퉁 부은 얼굴이지만, 집에 흩어진 사진들에서 본 아이들 엄마라는 걸 한눈에 알아봤다. 끔찍한 진실을 숨긴 채 행복을 가장했던 사진들….

아이들 엄마가 내게 오라고 손짓을 했다.

그녀가 눈물을 흘리면서 말했다. "아이들을 묻어야 하는데, 막내가 좋아하던 인형을 못 찾겠어요. 베이비 돌이라고 부르던 인형이에요. 막내는 항상 그 인형을 안고 있었어요. 집 안 어딘가에 있을 거예요. 그 인형을 아이와 함께 묻을 수 있게 도와주세요."

젊은 여성이지만, 그날 그의 얼굴에는 주름이 가득했다. 하룻밤 사이에 완전히 늙은 것 같았다. 그런 일을 당하고 그렇게 되지 않을 사람은 없을 것이다. 아이들을 집 안에 두고 혼자 탈출한 엄마라는 생각이 그 순간 사라졌다. 마음이 아팠다. 나도 아이를 잃는다면 이 여자처럼 절망에 빠질 것이라고 생각했다.

사건 현장 침대에서 사망한 채 누워 있던 아이의 얼굴이 떠올랐다. 아이의 이름은 커비였다.

"인형은 찾아드리겠습니다." 내가 약속했다.

다시 들어가 집 안을 뒤지기 시작했다. 인형과 함께 커비를 묻으려면 내가 반드시 인형을 찾아야만 했다. 모든 방을 샅샅이 뒤졌는데도 인형이 나오지 않자 나는 밖으로 나가 쓰레기통도 샅샅이 살펴봤다. 너무 피곤하고 낙담한 상태에서 찾기를 포기하려는데, 다른 수사관 한 명이 식탁 의자에 던져놓은 점퍼 밑에 인형이 있는 게 보였다. 안도의 한숨이 나왔다.

* * *

뼛속까지 지친 상태로 집에 돌아와 침대에 누웠다. 하지만 나는 어느새 상상 속으로 빠져들었다. 총소리가 침묵을 깬다. 나는 내 그림자를 찾아서 빙빙 돌고 있다. 마침내 그림자를 찾아냈지만, 그 그림자에 머리가 없는 것을 발견하고 공포에 질린다. 내 머리를 총으로 쏴 날려버린 것이다.

눈이 떠졌다. 달리기하고 났을 때처럼 호흡이 가쁘고 가슴이 쿵쾅거렸다. 땀에 흠뻑 젖어 침대에서 일어났다. 부엌으로 걸어가 찬물로 얼굴을 씻고, 적포도주 한 잔을 따랐다. 아침까지 잠이 오지 않을 것 같았다. 나는 대다수 사람들이 상상할 수 없는 것들을 보아왔고, 그것들을 잠재의식 깊숙한 곳에 묻었다. 내가 하는 일을 지속하려면 그 방법밖에는 없었다. 하지만 꿈에 공포가 침투하는 것까지 막을 수는 없었다.

내일 밤에도 똑같은 악몽에 시달릴지 모른다. 내 아이들이 사라지는 악몽, 내가 가장 두려워하는 악몽에 시달릴지도 모른다. 가장 최근의 악몽은 아들 네이선이 사라지는 꿈이었다. 네이선이 절벽 끝에 서 있는 모습을 보고 내가 미친 듯이 달려가는 꿈이었다. 꿈에서 위험한 상황에 빠진 아들을 본 나는 두 팔을 앞으로 쭉 뻗은 채 아들을 부르면서 뛰었다. 네이선! 네이선! 아들을 잡을 수 있을 정도로 가까이 갔지만 아들은 이내 어디론가 사라졌다.

그렇게 아들이 사라지는 꿈이었다.

12장 : 코너티와 자코멜리

1998년 11월

처음 눈에 띈 것은 그의 구두였다. 반짝반짝 얼음처럼 빛나는, 끝이 뾰족한 구두. 그를 처음 봤을 때 나는 차고 바닥에 두 손을 짚고 무릎을 꿇은 채 증거를 찾아 제트스키 보트를 살펴보고 있었다. 10대 소녀가 살해당한 사건이었다. 나는 천천히 고개를 위로 돌렸다. 고급 양복에 깔끔하게 다림질한 흰 와이셔츠를 받쳐 입고 실크 넥타이를 맨 남자의 모습이 보였다. 운동선수 스타일의 짧은 은색 머리칼과 새까만 선글라스가 눈에 들어왔다.

"피츠버그 경찰서 존 코너티 경감이오."

아는 이름이었다. 사실 누구나 아는 이름이었다. 존 코너티와 그의 파트너 레이 자코멜리는 피츠버그 경찰서의 살인사건 전담 수사관으로, 둘 다 최고 수준의 수사관으로서 명성이 높았다. 잘난 체를 할 만한 자격이 충분한 수사관들이었다. 이 두 형사는 가장 까다로운 사건을 해결하고, 가장 잔인한 살인자들의 자백을 받아낸 팀이었다. 이들은 관할구역에서 계급이 가장 높은 현장 수사관이자 둘도 없는 친구였다. 하지만 나는 지금까지 살인사건 현장에서 이들을 마주친 적이 없었다.

코너티는 "무슨 일입니까?"라고 묻듯이 턱을 올렸다. "지금까지 알아낸 걸 좀 알려주시죠."

위압적이지만, 약간의 즐거움이 느껴지는 목소리기도 했다. 나는 코너티가 암울한 순간에도 항상 농담을 던진다는 사실을 곧 알게 됐다. 특히 코너티는 가장 암울한 순간에 재미있는 말을 하곤 했다. 살인사건 조사는 강한 사람만이 할 수 있는 일이다. 일을 할 때 제정신을 유지하려면 농담을 해야 한다. 그날 초저녁, 실종됐던 15세 소녀의 시신이 피츠버그–안티오크 고속도로 옆 공업지대에서 발견됐다. 그 전 주 내내 헬리콥터와 탐지견을 동원해 해당 지역을 샅샅이 수색했다. 사체는 실종 8일 만에 발견됐다. 한 자원봉사자가 직원과 고객이 매일 드나드는 조경회사의 문밖에서 우연히 시신을 발견했다. 시신은 문 앞 주차장 외벽 바로 앞에 골판지와 비닐에 덮여 엎드린 자세로 있었다. 얼굴과 상체에는 진흙과 쓰레기가 덮이고 벌레들이 기어 다니고 있었다.

이 사건은 부모들에게 공포를 불러일으켰다. 어두울 때 혼자 집으로 걸어가겠다는 결정을 내린 아이가 목숨을 잃은 사건이었기 때문이다. 피해자 리자 노렐은 가장 친한 친구의 15세 생일파티 공연을 위해 연습하고 집으로 돌아가는 길이었다. 리자는 밤 11시 30분에 연습장에서 나왔다. 친구들은 리자가 댄스 파트너였던 남자아이에게 화가 난 상태였다고 말했다. 리자의 엄마 미니는 리자가 댄스 스텝을 완전히 익히지 못해 창피해서 먼저 자리를 떴을 것이라고 했다. 리자는 부모가 데리러 올 때까지 기다리지 않았다. 리자의 부모는 서로 상대방이 딸을 데리러 갈 거라고 생각했다. 아무도 리자가 집까지 6킬로미터나 되는 거리를 걸어갈 거라고 생각하지 못했다. TV를 보다 잠이 든 리자의 엄마는 새벽 3시에 깨어 딸의 방에 가봤지만, 아이는 없었다.

피츠버그–안티오크 왕복 2차 고속도로는 댄스 연습장에서 리자의 집까지 갈 수 있는 가장 빠른 길이었다. 이 고속도로는 밤에는 거의 통행량이 없었다. 목격자들은 리자와 인상착의가 비슷한 여자아이가 고속도로를 따라 걸어가는 것을 봤다고 증언했다. 리자는 몰랐겠지만, 이 도로 주변에서는 해가 지면 성노동자들과 그들의 고객이 자주 보이곤 했다. 리자는 연습장에서 나와 멀리 가지 못했다. 1.5킬로미터 정도도 걷지 않았다. 시신이 발견된 지점과 가까운 곳에서 납치됐을 가능성이 높았다.

나는 지원팀의 일원으로 차출돼 조경회사 건물 뒤편의 차고를 조사했다. 차고에는 증거가 될 만한 단서가 없을 거라고 생각했지만, 그래도 철저하게 살폈다.

내 경험에 따르면 수사관, 특히 선임 수사관은 범죄현장에서 무슨 일이 일어났는지 거의 확인하지 않는다. 증거가 발견되면 그 증거로부터 수사를 시작하기 때문이다. 하지만 코너티는 자신의 높은 지위를 이용하는 대신 한밤중에 범죄현장에 나타났다. 그 정도 위치에 있는 사람은 잘 하지 않는 행동이었다. 수사 지원팀의 일원으로서 나는 늘 범죄현장의 주변부에서 일했지만, 코너티는 시간을 내서 내가 무엇을 하고 있는지 확인했다. 코너티는 책상에 앉아 말로 지휘하는 스타일이 아니었다.

나는 차고에서 몇 시간을 보내면서 맡은 일의 절반 정도를 끝낸 상태였다. 그곳에 보관된 보트, 현장 주변을 카메라로 수백 장 찍으며 기본적인 마쳤지만, 지문과 족문을 채취하고 혹시 있을지 모르는 생물학적 흔적을 찾기 위해 물건들의 표면을 조사해야 했다. 코너티에게 아직은 별다른 결과를 얻지 못했다고 말할 때 죄책감 같은 게 느껴졌다. 코너티는 내게 많은 질문을 했고, 그런 그의 행동은 자신의 일에 철저한 사람이라는 인상을 줬다.

"수고하셨습니다. 많은 도움이 됐습니다." 현장을 떠나면서 인사하던 그가 잠깐 멈칫하더니 내 쪽으로 돌아섰다. 콜롬보 형사 같은 모습이었다. 그는 주머니에 손을 넣고 고개를 흔들었다. "이런 일이 일어나선 안 됩니다. 반드시 이 사건을 해결할 겁니다."

* * *

몇 시간 후 시신안치소에서 코너티를 다시 만났다. 나는 부검 담당 과학수사관 자격으로 현장에서 바로 시신안치소로 갔는데, 내가 도착하고 몇 분 후 코너티가 파트너인 자코멜리와 같이 들어왔다. 코너티와 자코멜리는 할리우드 영화에 나오는 형사처럼 보였다. 자코멜리는 코너티보다 키가 조금 작았다. 검은색 머리에 콧수염을 풍성하게 기르고 있었지만, 코너티의 파트너답게 다부진 몸에 고급 양복을 입고 있었다. 코너티가 자코멜리를 소개했다. "만나서 반갑습니다." 자코멜리가 두툼한 손을 내밀며 말했다. 미소가 콧수염 뒤에 숨어 있는 것 같았다.

병리학자가 오기 전, 내가 사체에서 채취할 증거를 문서화할 준비를 하는 동안 우리 셋은 잡담을 나눴다. 범죄 관련 사법 부검은 수사기관, 병리학자, 검시관실이 협력해 이뤄진다. 사법 부검은 검토해야 할 요소들이 많아 임상 부검보다 훨씬 복잡하다. 그날 아침 일찍 리자의 시신은 검시관의 밴에 실려 범죄현장에서 시신안치소 냉장고로 옮겨졌고, 그곳에서 다른 시신들 사이에 놓였다. 시신안치소 냉장실은 죽음이 가득한 곳이다. 암에 걸린 노인, 익사한 어린 소녀, 머리에 총을 쏴 자살한 사람 곁에 어린 리자가 누워 있었다.

냉장실과 부검실을 연결하는 자동문의 익숙한 소리가 시신 도

피츠버그 경찰서 강력계 존 코너티(왼쪽)와 레이 자코멜리(1998년). 이 두 사람은 내 멘토이자 친구였다. 내가 아는 한 두 사람이 같이 찍은 사진은 이것밖에 없다. 리자 노렐 살인사건을 수사하는 과정에서 내가 이 두 사람을 처음 만났을 때쯤 찍은 것이다. 항상 비싼 양복을 입고 다니던 코너티는 나중에 내게 그 습관 때문에 가정형편이 어려워졌다고 털어놨다. 범죄현장에서 거칠게 싸움을 하느라 양복과 구두를 계속 버려 끊임없이 새로 사야 했기 때문이다. _폴 홈스

착을 알렸다. 시신을 실은 들것이 부검실로 들어오는 순간 조용해지면서 모든 시선이 희생자에게 쏠렸다. 리자의 회색 후드티는 가슴 위까지 말려 올라간 상태였고, 바지도 발견됐을 때처럼 허벅지 부근까지 내려져 있었다. 갈색머리는 헤어 밴드로 묶여 있었다. 코너티와 자코멜리는 구석으로 걸어가 살인사건의 숫자를 기록하는 화이트보드 아래에 앉았다. 리자가 살해됨으로써 피츠버그의 살인사건이 한 건 추가됐다. 곧 병리학자가 오고 우리는 각자의 일을 하기 시작했다. 내 일은 증거를 수집하는 것이고, 병리학자의 일은

리자가 어떻게 죽었는지 확인하는 것이었다.

나는 살인자 신상을 밝힐 수 있는 머리카락, 섬유질 같은 일시적 증거를 찾기 위해 옷을 살펴보고, 살인 수사에 중요할 수 있다고 생각되는 모든 것을 사진으로 담았다. 피해자를 만지거나 움직이지 않고 최대한 많은 것을 기록했다. 부검은 최대 4시간이 소요되는 길고 지루한 과정이다. 병리학자들은 그 과정에서 지루함을 견디지 못하는 경우가 많다. 내 작업이 끝나자 병리학자는 옷을 조심스럽게 시신에서 떼어낸 후 육안 관찰을 시작했다.

사람들은 시신 절개가 시작되기 직전인 이 순간에 법의학 부검이라는 것을 실감하게 된다. 먼저 병리학자는 눈에 보이는 모든 타박상과 찰과상을 찾아내 기록했다. 그는 시신의 목 주위 복합 타박상과 찰과상 자국, 색흔(끈에 의해 목이 압박을 받을 때 생기는 피부의 압박 자국)이 분리돼 있는 것을 관찰한 뒤, 피해자가 손으로도 목이 졸렸을 가능성이 있다고 큰 소리로 말했다. 피해자가 범인에 저항했을 가능성도 높았다. 성폭행을 당했을 가능성 역시 높았다. 나는 시신의 목에 걸린 끈의 매듭을 손상시키지 않기 위해 주의하면서 목의 색흔을 잘라내 증거 봉투에 담았다. DNA가 있을 것이 확실한 부분뿐만 아니라 성폭행이나 몸싸움 과정에서 범인이 분비한 타액이 묻었을지 모르는 부분에도 면봉을 대어 샘플을 채취했다. 이른바 '블라인드 면봉 채취 방법'이다. 면봉 채취 작업을 끝낸 뒤에는 피해자의 시신에 머리카락과 섬유질이 묻어 있는

지 피부를 자세히 조사했다. 이렇게 채취한 머리카락과 섬유질은 연구소로 가져가 피해자의 머리카락과 비교할 것이었다. 그런 다음 나는 시신의 머리 전체를 면도하듯 밀고 그 머리카락을 수거했다. 시신의 머리카락에 범인의 몸에서 나온 생물학적 물질이 묻었을 가능성이 있기 때문이었다.

이 방법은 1993년 폴리 클라스 유괴사건을 조사했던 FBI 요원들에게서 배운 것이다. 당시 12세였던 폴리는 캘리포니아의 집에서 한밤중에 친구들과 파자마 파티를 하던 중 칼을 든 침입자에 의해 유괴됐다. 그로부터 두 달 후 폴리의 시신이 발견됐다. 시신은 유골만 남은 상태였지만 머리카락은 그대로였다. FBI 요원들은 머리카락을 수거한 뒤 자외선을 이용해 시신의 머리카락들에 붙어 있던 범인의 섬유질을 찾아냈다. 범인은 리처드 앨런 데이비스라는 사람이었다. 그 증거가 없었다면 사건은 해결되지 못했을 것이다. 그 사건 이후 나는 '블라인드 면봉 채취 방법'을 사용하기 시작했다.

시신을 살펴보는 과정에서 리자의 인조손톱 중 한두 개가 없어졌다는 것을 발견했다. 손과 손톱에는 중요한 단서가 남아있을 수 있다. 리자가 범인과 몸싸움을 벌였다면 손과 손톱에서 범인의 DNA가 검출될 수 있었다. 나는 남은 인조손톱들을 가위로 잘라내려고 했지만 너무 두꺼워 와이어 커터를 사용해야만 했다. 커터로 시신의 엄지에 붙어있는 인조손톱을 잘라내는데 마치 진짜 손톱이 잘리는 것 같은 끔찍한 소리가 났다. 내가 아이를 고문하는 듯한 느낌이 들어 마음이 괴로웠다. 모든 시선이 나에게 집중되었고, 나는 약한 모습을 보여서는 안 됐다.

부검이 시작됐다. 병리학자가 사용하는 트레이에는 온갖 모양의 무시무시한 절단 도구들이 놓여있었다. 그 도구 중 가장 끔찍해 보이는 것은 장기를 살펴보기 위해 갈비뼈를 잘라내는 데 사용하는 전지가위였다. 냉철한 수사관들마저 병리학자가 전지가위를 사용하는 모습을 보다 부검실 밖으로 뛰쳐나가곤 했다.

그날 부검의였던 수석 병리학자 브라이언 피터슨은 유머 감각이 뛰어난 사람이어서 부검실의 경직된 분위기를 풀기 위해 농담을 던지곤 했다(언젠가 피터슨은 주먹 크기의 비장을 사체에서 떼어내면서 "시체들한테는 비장이 아무 소용없지 않겠어?"라고 말한 적도 있다). 부검이 진행되는 동안 사람들은 이런 식의 농담과 잡담을 한다. 죽음을 비인격화하는 것은 끔찍한 상황에 대처하는 방법 중 하나다. 부검 과정과 부검 테이블에서 일어나는 일에 감정적으로 영향을 받으면 이 일을 계속할 수 없다. 처음 부검 과정을 지켜본 신임 수사관들이 너무 충격을 받아 기절했다는 이야기를 수없이 들었다. 그들 중 일부는 정신과 치료를 받기도 했다. 하지만 부검 과정을 같이 지켜보는 것만큼 유대감을 결속시키는 경험은 없다.

자코멜리는 우리가 일하는 내내 편하게 앉아 있는 듯했지만, 코너티는 가끔 테이블로 다가와 질문을 했다. 나는 코너티가 부검 과정에 대해 많은 것을 알고 있다는 사실에 놀랐다. 나중에 보니 코너티는 의학 지식에 관심이 많은 사람이었다. 코너티는 딘 에들이라는 의사가 진행하는 의료정보 프로그램의 광적인 애청자이기도 했다.

우리 넷은 서로 아주 잘 통했다. 브라이언은 농담을 던졌고, 코너티와 자코멜리는 그 농담을 잘 받아줬다. 두 수사관은 영화 〈리쎌 웨폰〉에 나오는 멜 깁슨과 대니 글로버 같았다. 코너티는 활기가 넘치고 관심받는 것을 즐기는 사람이었고, 자코멜리는 다소 과묵하고 다른 사람의 말에 맞장구를 잘 쳐주는 사람이었다. 코너티는 이탈리아계 미국인인 자코멜리를 슈퍼마리오라고 부르곤 했다. 슈퍼마리오는 비디오 게임에 등장하는 이탈리아계 미국인 캐릭터다. 그때마다 자코멜리는 웃으면서 그러지 말라고 말했다. 나는 그 둘이 투닥거리는 모습이 너무 재밌었다.

코너티와 자코멜리는 수사 경험담을 들려주면서 우리를 웃게 만들기도 했다. 그중 하나는 동성애자 남성 한 명이 자신의 남자친구를 고기 써는 큰 칼로 살해한 사건을 수사한 이야기였다. "그 친구는 남자친구가 토막이 났는데도 아무렇지도 않은 것 같았어." 코너티는 이야기를 계속했다. "계속 자기가 키우는 고양이 얘기만 하더군. '고양이가 어디 갔지?', '고양이가 밖에 나갔는지 봐 줄래요?' 그래서 내가 '우리도 걱정스러워서 고양이가 보호감호를 받을 수 있도록 조치했습니다.'라고 말했어. 그제야 남자가 안심하더군.

레지나 스탬프스라는 여성의 시신이 발견된 범죄현장 사진(2001년 3월 26일 캘리포니아 피츠버그). 레이 자코멜리(왼쪽 아랫부분에서 보이는 사람들 중 제일 오른쪽에 있는 사람)가 피해자가 발견된 위치를 가리키는 경찰관과 말을 하는 모습이 보인다. _범죄현장 사진

세상에, 고양이 보호감호라니. 남자는 곧 긴장을 풀고 어떻게 남자친구를 살해했는지 털어놓기 시작했어."

나는 그들의 이야기에 흠뻑 빠졌다. 그들에게는 사람의 마음을 읽는 비상한 능력이 있다는 생각이 들었다. 그들은 조사실에 들어가 용의자와 짧게 대화를 나누고도 용의자의 약점을 정확히 파악했다. 그들은 그렇게 찾아낸 약점을 이용해 심문 전략을 세웠다. 용의자가 입을 열 가능성을 최대화하는 전략이었다. 어떤 경우에는 이 둘이 한 사람은 좋은 경찰 역할을, 다른 한 사람은 나쁜 경찰 역할을 맡는 전략을 사용하기도 했다. 이들은 고기 칼로 자신의 남자친구를 살해한 사건을 수사할 때처럼 용의자가 원하는 대로 해주는 전략을 구사하기도 했다.

* * *

리자 노렐은 손과 끈으로 목이 졸려 사망한 것으로 공식 판명됐다. 시신안치소의 무시무시한 환경에서 벗어나자 농담이 사라졌다. 수사관들이 수사 모드로 전환하면서 분위기는 다시 무거워졌다. 죄 없는 어린 소녀가 잔인하게 살해된 사건이었다.

그날 이후, 코너티와 자코멜리는 자주 연구소에 들러 증거에 대한 나의 과학적 소견을 묻고 자신들이 추측한 내용에 대해서도 내게 들려주었다. 두 사람이 모습을 드러내기도 전에 나는 이미 그들이 연구소에 도착했다는 사실을 알 수 있었다. 연구실 입구에서부터 코너티의 우렁찬 목소리가 울려 퍼졌기 때문이다. 자코멜리는 항상 내 책상 위에 발을 올리고 앉았다. 자코멜리의 구두도 코너티의 구두처럼 반짝반짝 광이 났다. 코너티는 내게 "우리는 멍청한 형사들이라 당신이 가르쳐야 해."라고 말하곤 했다. 얼마 지나지 않아 내가 그 팀의 명예 멤버가 된 기분이 들었다.

그들은 내 과학수사 지식에 의존했고, 나는 수사에 관한 그들의 지식을 흡수했다. 나는 친구, 특히 남자 친구를 사귀는 데 능숙하지 않았지만, 그들을 더 잘 알고 싶었다. 우리의 공통점은 강력 살인 사건에 대한 관심이었다. 우리 모두 일에 대한 열정이 넘쳤다. 코너티는 "살인은 마약 같은 거야. 살인 중독은 알코올 중독과는 비교도 되지 않을 정도로 강하지."라고 말하곤 했다. 나도 그 말에 공감했다.

사건 해결에 대한 갈망도 마약 중독과 비슷한 구석이 있었다. 코너티와 자코멜리는 한밤중 범죄현장에서 집에 있는 나에게 아무렇지도 않게 전화를 해 "이런 증거물은 어떻게 처리하지?" "이 증거물이 얼마나 중요할까?"라고 묻곤 했다.

훗날 우리가 좀 더 친해졌을 때의 일이다. 한밤중에 코너티가 전화를 했다. 새벽 2시였다. 코너티는 베이 지역 교외의 한 고급 주택에 있었다. 애초 실종으로 시작된 사건이 더 심각한 사건으로 변할 것 같다고 그는 말했다. 나는 잠이 덜 깬 상태에서 일어나 침대에 걸터앉았다. 그는 사건의 세부 사항들을 들려주면서 "이상한 사건이야."라고 중얼거렸다. 엄마와 딸이 몇 달 전 집에서 없어진 실종사건이었다. "집 건물과 조금 떨어진 곳에 작은 차고가 있어. 거기 수레 안에 밧줄로 감긴 통이 하나 있는데 말이지, 그 통 안에 시체가 들어있는 것 같아." 코너티가 말했다. 정신이 번쩍 들었다. "사진 찍어서 보내주세요." 코너티가 보낸 사진을 살펴본 뒤 내가 말했다. "통 안에 시체가 있는 것으로 보입니다." 실제로 그 안에 시체가 있었다. 현장으로 달려가 통의 뚜껑을 열어보니 끈적끈적해 보이는 시체 하나가 세제 냄새가 나는 액체에 잠겨있었다. 냄새가 역겨웠다.

증거물을 훼손하지 않으면서 통에서 사체를 온전하게 꺼낼 방법을 생각해내야 했다. 나는 통 위에 덮여 있던 철망을 걷어냈고, 코너티는 흰색 작업복을 양복 위에 덧입었다. 코너티가 이런 일을 하는 걸 한 번도 본 적 없었다. 그때 처음으로 우리는 끔찍한 일을 같이 처리했다. 코너티가 작업복을 다 입자 우리는 통을 기울여 액체를 조심스레 따라낸 뒤 사체를 시신 보관 가방에 넣었다. 딸이 엄마를 총으로 쏘아 죽이고 시신을 몇 달 동안 통 안에 방치한 사건이었다. 딸은 지금도 도피 중이다.

코너티와 자코멜리는 다른 사건들도 같이 수사하고 있었다. 리자 노렐 살인 사건과 함께 리자의 시신이 발견된 곳 근처에서 여성 세 명이 잔인하게 살해당한 사건도 수사하느라 정신이 없었다. 피해 여성 세 명은 모두 성노동자였다. 경찰은 피해자가 불법 행위를 하다가 사망한 사건은 별로 중요하게 여기지 않는 경향이 있다. 하지만 나는 생각이 달랐다. 모든 사람은 누군가의 자식이다. 그 사실이 내겐 중요했다.

피해 여성 세 명이 어쩌다 성노동자가 됐는지는 알 수 없었다. 학대나 약물중독 때문에 성노동자가 됐을 수도 있었다. 그들에 대한 판단은 내 일이 아니었다. 그들은 잔인함과 폭력으로 가득 찬 위험한 세상에서 살았던 것뿐이다.

이 세 건의 살인사건 수사를 위해 인력이 보강됐다. 코너티는 보강된 수사관들이 경험이 부족하다며 그들을 B팀이라고 불렀다. 나는 계속 그들의 수사를 지원했고, 보강된 수사관들이 잘못 생각하거나 놓친 것들에 대해 이야기를 나눴다. 그들은 첫 번째로 살해된 24세 성노동자 제시카 프레더릭의 남자친구에게 집중했다. 제시카의 시신은 피츠버그의 자동차 파쇄장과 인양업체 근처에 버려진 상태였다. 제시카에게 일어난 일은 누구에게도 다시는 일어나서는 안 되는 불행이었다. 제시카는 너무 잔인하게 공격을 받아서, 처음에 검시관은 그녀가 자동차에 치였다고 생각했다. 살인자는 칼날이 톱니 모양인 칼로 제시카를 살해했다. 시신은 오른쪽 머리카락과 오른쪽 귀가 거칠게 잘려 나갔다. 살인자는 그녀의 내장이 쏟아질 정도로 사납게 칼로 배를 찔렀다. 그 후 범인은 전기선으로 그녀의 목을 묶었다.

B팀 수사관들이 남자친구의 이불과 아파트 쓰레기통의 종이 타월에서 제시카의 핏자국을 발견했고, 부엌 싱크대에서 혈흔으로 추정되는 흔적을 찾아냈다. B팀 수사관들은 이 정도 증거라면 남자친구를 범인으로 특정하기에 충분하다고 생각했다. 남자는 살인 혐의로 기소됐다. 하지만 나는 그 증거물들이 확실한 증거가 될 수 없다고 보았다. 그 종이 타월은 제시카의 몸에서 나왔을 5리터가량의 피를 다 닦을 수 있는 양이 아니었기 때문이다. 나는 다시 조사하기 시작했다.

나는 제시카가 살해되기까지 변화해 온 삶의 과정이 그녀가 범죄를 저지를 때마다 경찰서에서 찍은 머그샷(범죄자 인상착의 기록 사진)에 담겨 있을 거라고 봤다. 첫 번째 사진은 제시카가 열여덟이나 열아홉 살이던 때 찍힌 사진으로, 아이 얼굴처럼 통통한 모습이었다. 다음으로 찍힌 사진은 눈에 힘이 약간 없어 보이지만 첫 번째 사진과 거의 같았다. 그 후로 3~4년 동안 헤로인을 복용하면서 성 노동을 하던 제시카는 얼굴이 점점 더 굳어졌다. 마지막 사진에서 제시카는 눈빛이 완전히 굳어있는 상태에서 카메라를 정면으로 응시하고 있었다. 어린 소녀가 닳고 닳은 성노동자 여성으로 변해가는 과정이 보였다.

제시카의 남자친구는 제시카와 성관계를 하는 대가로 마약을 그녀에게 줬다고 했다. 나는 남자친구의 집에서 발견된 제시카의 혈액이 살인의 증거가 될 수 없다는 것을 알고 있었다. 제시카의 혈액은 피하주사 바늘로 헤로인을 몸에 주입할 때 생기는 혈액 패턴를 보이고 있었다. 제시카의 시신에는 헤로인 주사를 맞은 팔에 생기는 궤양 자국이 뚜렷하게 남아있었다. 남자친구의 이불에 묻은 제시카의 피는 이 궤양 부분에서 나온 것으로 보였다. 종이 타월을 검사하면서 혈청학자는 상당히 큰 얼룩을 발견했는데, 이 얼룩은 세포 물질이 상당히 많이 포함된 적록색이었다. 시신 부검 때 제시카의 몸에 혈액이 하나도 남지 않았던 것으로 미루어 이 얼룩은 극도의 폭력에 의해 발생한 것이 아니라 제시카의 팔에 생긴 궤양에서 나온 피와 고름일 가능성이 높았다. 또 제시카의 시신은 심하게 구타당한 상태였지만, 남자친구의 집에는 피가 튄 자국이 없었다. 피가 튄 자국이 있었다고 해도, 그 자국은 헤로인 주사기에서 뿜어져 나온 피일 가능성이 높았다. 헤로인 중독자들은 헤로인을 몸에 주사하기 직전에 피와 헤로인을 섞은 다음 주사기에서 공기를 짜내는데, 이때 헤로인과 섞인 피가 벽에 튀기도 한다. 이런 핏자국은 누군가에 의해 구타당했을 때 피가 벽에 튀어 생기는 자국과 혼동하기 쉽다.

사건 현장을 조사한 과학수사관이 LMG(류코말라카이트 leucomalachite)를 현장에 뿌렸을 때 반응이 가장 강하게 나타난 곳은 주방 싱크대 주변이었다. LMG는 피와 반응하면 녹색으로 변하는데, 싱크대 수도꼭지와 개수대에서 녹색 반응이 집중적으로 나타났다. 그곳에 피가 있었다는 뜻이다. 하지만 LMG로는 동물의 피와 사람의 피를 구분할 수가 없다. 소고기나 닭고기에서 나온 피일 수도 있다는 뜻이다. 주방 싱크대 주변에서는 항상 LMG 양성 반응이 나온다. 그 반응으로는 남자친구가 제시카를 살해할 때 나왔을 엄청난 피를 싱크대에 흘려버렸다고 단정할 수 없었다.

남자친구 집에서 수거한 칼에는 간엽조직이 묻어 생긴 작은 반점이 있었기 때문에 병리학자는 그 간엽조직이 칼에 찔린 제시카의 배 부분에서 나온 것이라고 결론지었다. 하지만 내가 DNA 검사를 한 결과 그 조직에서는 인간의 DNA가 검출되지 않았다. 나는 남자친구가 몰던 택시도 조사했지만, 아무것도 검출되지 않았다. 남자친구의 집에서 발견한 증거로는 부족했다. 남자친구의 혐의를 입증할 만한 증거가 아무것도 없었다.

나는 지방검사에게 전화를 걸어 "남자친구가 제시카를 죽였는지 죽이지 않았는지는 단정할 수 없지만, 남자친구와 관련된 증거들은 제시카가 겪은 폭행과는 전혀 관계가 없습니다."라고 말했다.

남자친구에 대한 공소는 기각되었고, 그는 무고 혐의로 경찰을 고소했다. 하지만 이 사건은 계속 나를 괴롭혔다. "남자친구가 진짜 범인이 아닐까?", "나 때문에 다시 살인을 저지를 수 있는 자유의 몸이 된 건 아닐까?" 이런 의문이 두고두고 맴돌았다.

몇 년 동안 일하며 내가 알게 된 것은 너무나 많은 사건이 해결되지 못하고 미제로 남는다는 사실이었다. 특히 DNA 검사법이 도입되기 이전에는 미해결 상태로 남은 사건이 훨씬 더 많았다. 아무리 유능하고 헌신적인 수사관이 달려들어도 종결되지 않는 사건들이 있다. 선량한 경찰을 밤새워 일하도록 만드는 사건들이다. 리자 노렐 사건과 성노동자 사건이 이런 부류였다. 나는 코너티와 자코멜리가 증거를 확보하고도 벽에 부딪혀 리자의 엄마에게 살인범이 누구인지 말해줄 수 없었을 때 얼마나 큰 좌절감을 느꼈을지 이해한다. 하지만 이처럼 쉽게 답이 나오지 않는 사건을 저지른 범인들은 자유롭게 거리를 활보한다.

피츠버그 사건을 조사하는 동안 나는 사건 발생 지역들의 위치와 피해자에 관한 정보에 기초해 연쇄살인범 한 명이 이 네 건의 범죄를 모두 저질렀을 가능성을 제기했다. 6주에 걸쳐 네 명의 여성이 살해됐지만, 모두 미제사건으로 남았다. 그 후 나는 몇 달 동안 오래된 살인사건 파일을 파헤치고, 성범죄 전과자들을 검색했다. 이런 조사를 통해 알아낸 사실은 콘트라코스타 카운티가 1970년대와 1980년대에 연쇄 범죄자들의 온상이었다는 것밖에는 없었다. 최소 여섯 명의 연쇄살인 용의자가 우리 지역사회에서 일하던 사람이었고, 여성 살인 15건이 미제사건으로 남아있었다. 20년이 지난 후에도 이런 살인마 중 일부는 잡히지 않고 있다.

그들을 찾아내야겠다고 결심했다.

13장 : 보드피시

1999년 6월의 마지막 날 정오 직전, 우리 팀은 샌프란시스코 교외 오린다의 언덕마을로 향했다. 아스팔트가 녹을 정도로 엄청나게 더운 날씨였다. 우리는 베이 지역에서 가장 고급한 주택들이 있는 곳으로 갔다. 평화로운 자연보호 구역 같은 곳이었다. 그날 내가 탔던 밴에는 과거 우리 연구소에서 인턴을 했던 셰리 포스트가 동승했다. 셰리는 경찰학교를 졸업한 뒤 우리 연구소의 정식 신입 과학수사관으로 복귀한 상태였다.

셰리와 나는 얼마 전부터 데이트를 하고 있었다. 셰리는 나보다 세 살 어리고 미혼이었다. 나는 셰리의 성격에 매료됐다. 명랑하고 잘 웃는 셰리를 보면서 나도 따라 웃곤 했다. 나처럼 셰리도 일에 열정적이었다. 셰리의 호기심과 지식에 대한 갈망이 나는 좋

1999년의 어느 날 셰리가 약물 분석 업무를 돕고 있는 모습. 당시 셰리에게 흠뻑 빠져 있던 내가 찍은 사진이다. 이 사진을 찍을 당시 로리와 나는 별거 중이었고 어떻게 결혼생활을 이어가야 할지 몰라 혼란스러웠다. _폴 홀스

았다. 우리 둘 다 살인사건 과학수사에 관심이 많았다. 나는 그녀의 멘토였고, 그녀는 밝고 열정적인 학생이었다. 우리는 함께 있을 때 대화가 끊긴 적이 없었다. 범죄현장에 가는 밴에서 우리는 이야기를 나누며 유대감을 강화했다. 셰리가 나의 짝이라는 생각이 들었을 때가 기억난다. 우리는 사건 현장인 집에서 화학물질들을 모두 꺼내 뒷마당에 놓았고, 셰리는 유해 화학물질 목록을 작성하고 있었다. 셰리는 밝은 노란색 범죄현장 부츠와 고무장갑을 착용하고 있었다. 나는 테라스 건너편에서 증거물 사진을 찍다가 그녀를 힐끗 쳐다봤다. 셰리는 손이 더러워지는 것을 두려워하지 않고 일

에 몰두해서 내가 자기 사진을 찍었다는 사실조차 깨닫지 못했다. 나는 "우리는 정말 잘 어울리는 것 같아. 내가 항상 꿈꾸던 영혼의 동반자가 셰리인 것 같아."라고 생각했다. 다행히도 우리는 서로에 대해 똑같은 감정을 느끼고 있었다.

직장 동료 관계가 로맨스로 바뀌는 것은 흥미진진한 일이었다. 그전까지 인생에서 내가 정말 편안하다고 느낀 유일한 여성은 로리였다. 하지만 셰리와 사귀면서 나는 공황 발작을 두려워하지 않고 다른 사람과 데이트할 수 있다는 것을 알게 됐다. 셰리는 나의 모든 것을 있는 그대로 받아주고, 내게 자신감을 심어줬다. 셰리는 늦은 밤과 주말에까지 피츠버그 사건들을 조사하는 내 모습을 보면서 이미 내가 새로운 관계를 포함한 다른 모든 것보다 일을 더 중요하게 생각한다는 것을 간파했다.

마이너 로드 616번지에서 살인 사건이 일어난 날이었다. 초기 정보가 매우 모호한 사건이었다. 집주인은 시카고의 저명한 은행 가문 출신으로 은둔 생활을 해온 56세 남성 에먼 보드피시였다. 보드피시는 정신과 의사와 약속한 시간에 나타나지 않았고, 이를 이상하게 여긴 의사가 보드피시의 친척에게 연락을 취했다. 그 친척은 사건 신고가 접수된 날 오전 9시에 보드피시의 집에서 시신을 발견했다.

호화로운 집들 앞에 떡갈나무가 울창한 마이너 로드 지역은 부자들이 모여 사는 동네였다. 한 작가는 마이너 로드 지역을 "많은 재산을 물려받은 사람들의 낙원"이라고 묘사하기도 했다. 운전하는 동안 나와 셰리는 가벼운 이야기를 나눴다. 사건에 집중할 때면 늘 그렇듯이 그날도 나는 셰리가 하는 이야기에 귀를 기울이지 못하고 여러 생각에 빠져있었다. 나는 아무 말도 하지 않은 채 현장에 도착해서 해야 할 일들을 떠올려보았다. 셰리는 내가 사건 현장을 처리할 때 보이는 태도를 "현장 태도"라는 말로 불렀다.

도로에서 언덕을 따라 5킬로미터 정도 올라가니 마이너 로드 616번지였다. 울창한 나무들로 가려진 보드피시의 집은 건물과 정원의 넓이를 합쳐 몇 에이커는 되는 목장 스타일의 대형 고급 주택이었다. 차고에 주차된 검정색 벤틀리를 보면서 보통 사건이 아닐 것 같다는 예감을 했다. 나는 밴을 주차한 뒤 셰리를 포함한 과학수사관 세 명에게 일을 할당했다. 팀원들이 집 밖을 살펴보고, 강제 침입의 흔적이 없는지 확인하고, 신발 자국과 지문을 채취할 준비를 하는 동안 나는 내 수사 이력에서 가장 이상한 경험을 제공하게 될 곳으로 걸어갔다. 20년이 지난 지금도 이 사건을 조사하던 일이 꿈속에서 계속 재현된다.

* * *

현장 형사의 설명을 들은 나는 열려 있는 차고로 다가갔다. 비싼 차에 대해서는 잘 몰랐지만 벤틀리가 부자들만 살 수 있는 사치품이라는 것은 알고 있었다. 차고에서 주방으로 통하는 문이 약간 열려 있었고, 안에서 이상한 윙윙 소리가 들렸다. 전기 문제일 가능성이 있다고 생각하며 문을 밀자 깔끔하고 군더더기 없는 주방이 나왔다. 선반 위에 놓인 스카파 스카치위스키 병에는 "드루이드 소유물. 손대지 말 것. 신들의 물건을 훔치면 불행을 당한다."라는, 손글씨 메모가 붙어있었다. 이상하다는 생각이 들었다.

주방에서 중세풍의 넓은 거실로 들어서자 윙윙 소리가 더 커졌다. 어두운 색상의 목재 패널, 벽난로 위 성배, 창문을 덮고 있는 무거운 빨간 벨벳 커튼이 보였다. 천장에 달린 등에서는 어둡고 섬뜩한 빛이 나왔다. 악취가 엄청났다. 시체 썩는 냄새였다. 톡 쏘는 것 같으면서 달콤하기도 한 죽음의 냄새였다. 그런 악취 속에 있다 보면 옷과 머리카락에 냄새가 배어 며칠 동안 빠지지 않는다. 심지어 차에도 냄새가 밴다. 시체가 있는 곳에서 작업을 한 뒤 공공장소에 갈 때면 신경이 쓰였다. 사람들이 시체 냄새를 맡고 역겨워할 것 같아 지레 조심하게 되는 거였다.

내 오른쪽 거대한 페르시아 양탄자에는 얼굴이 위로 향한 시신이 놓여있었다. 파리 떼가 주위를 맴돌았다. 윙윙 소리는 파리가 날아다니는 소리였다. 내 얼굴로 달려드는 파리들을 손으로 쳐냈다. 시신 옆 벽과 책장에 피가 엉겨붙어 있었다. 나는 피해자가 입고 있는 것에 주목했다. 흰색 버튼다운 셔츠를 갈색 코듀로이 바지에 집어넣고, 갈색 가죽 벨트와 낡은 가죽 하이킹 부츠를 신고 있었다. 얼굴과 손이 검푸른 걸로 보아 시신이 며칠 동안 섭씨 38도가 넘는 더위 속에 방치됐을 것이다. 내가 보드피시라고 생각한 이 남성은 너무 심하게 두들겨 맞고, 치아 몇 개가 셔츠로 튕겨 나갈 만큼 둔기로 세게 머리를 맞은 상태였다.

내가 관찰 내용을 메모하려던 순간이었다. 시신의 얼굴이 경련하고 있었다. 진짜 그랬다. 시신은 꼼짝 않고 누워 있는데, 뺨이 움직였다. 본능적으로 뒷걸음질을 쳤다. 맙소사! 시신이 살아났을 리 없었다. 무릎을 꿇고 자세히 살펴보았다.

내가 본 것은 시신의 얼굴에서 잔치를 벌이고 있는 구더기들의 움직임이었다. 커다란 똥파리들이 시신 머리의 쪼개진 틈에서 알을 낳고 있었다. 그럴 때일수록 정신을 차리고 일에 덤벼들어야 했다. 유충의 발달 정도를 보면 사망 시간을 추정할 수 있으므로 나는 곤충학자에게 보낼 유충 샘플을 채취했다. 한쪽 무릎을 꿇고 시신의 얼굴에 최대한 접근해 관찰했다. 테이프를 이용해 신체 부위에서 흔적을 수집한 다음 유충과 살아있는 파리 샘플을 채취해 별도의 작은 유리병에 넣었다.

이처럼 불쾌하고 징그러운 일들은 일반인에게 공개되지 않는다. 우리가 이런 일을 한다는 사실을 그들이 알고 나면 이 직업이 덜 멋져 보일 테니 말이다. 일할 때 나는 더러운 유충 같은 것들을 징그럽다고 여기지 않는다. 그저 실험실에서 사용하는 재료라고 생각한다. 물론 내 잠재의식은 그렇지 않았을 것이다.

지금까지도 나는 꿈에서 그때의 일을 본다. 꿈에서 보드피시 집을 조사하던 나는 거실 바닥에 깔린 깔개를 들춘다. 지하실로 통하는 작은 문이 드러난다. 그 문을 열고 지하실에 뭐가 있는지 살펴본다. 산산이 부서지고 곤충이 들끓는 보드피시의 얼굴이 지하에서 나를 향해 올라온다. 공포에 질려 숨을 헐떡이다 잠에서 깬다.

＊　　＊　　＊

보드피시 살인 사건은 처음부터 끝까지 반전에 반전을 거듭했다. 나는 검시관에게 시신을 안치소로 옮기기 전에 시신이 입고 있는 옷 일부를 잘라도 되겠냐고 물었다. 보통은 그런 요청을 하지 않는다. 일반적으로 시체는 발견된 상태 그대로 시신안치소로 옮겨진다. 하지만 이 사건의 경우 시신이 이미 분해되고 있어서 옮기는 동안 시신이 훼손되는 '시신 가방 효과'가 나타날 수 있었다. 시신에서 나온 끈적끈적한 액체가 옷에 묻은 혈액을 오염시키는 것을 막아야 했다. O. J 심슨 사건에서 니콜 심슨 시신의 드레스 뒷면에 묻은 혈액이 시신 가방에 담겨 옮겨질 때 시신에서 나온 액체로 인해 오염되는 일이 있었다. 그 혈액이 훼손되지 않았다면 살인범의 정체가 쉽게 밝혀질 수도 있었다. 나는 그런 불상사가 이 사건에서 일어나기를 원치 않았다.

내가 시신의 옷을 자르기 시작하자 우리 팀은 기록을 위해 카메라로 사진을 찍었다. 옷 절단 과정은 여러 면에서 병리학자들이 시신을 부검하는 과정과 비슷했다. 나는 바지의 두 끝부분에서 시작해 가죽 벨트까지 자른 다음, 병리학자가 시신에서 장기를 꺼내기 위해 흉부를 가르듯이 셔츠와 언더셔츠를 갈랐다. 그러고는 한 발 물러나 노출된 시신의 몸 전체를 살펴봤다. "이런 세상에!" 내가 소리쳤다. 피해자에게 질이 있고, 유방 축소 혹는 유발 절제술을 한 흔적이 보였기 때문이다.

피해자가 에먼 보드피시가 아니었다면 누구였을까?

* * *

보드피시는 이중생활을 하는 트랜스젠더였다. 피해자는 어떤 때는 에먼으로 살고, 어떤 때는 마거릿이라는 이름으로 살았다. 어디에 있고 누구와 함께 하느냐에 따라 두 가지 역할을 모두 소화해야만 했던 그가 얼마나 힘들었을지 상상이 가지 않았다. 당시는 트랜스젠더들이 편하게 커밍아웃을 하기 전인 1999년이었다. 오린다에 있는 집은 그의 도피처였다. 에먼의 주 거주지는 미국에서 가장 부유한 동네 중 하나인 밀밸리에서 서쪽으로 한 시간 거리에 있었다. 에먼은 적잖은 유산을 상속받은 데다 수영장 공사와 배관 사업으로도 엄청난 돈을 벌었다. 집만 세 채가 있었고, 1993년형 벤틀리를 현금 28만 3,000달러를 주고 샀다. 거실에는 10만

달러짜리 페르시아 양탄자를 깔고 사치스럽게 살았다. 그리고 10만 달러짜리 양탄자 위에서 피를 흘리며 사망했다. (에먼의 변호사는 증거와 범죄현장 정리를 위해 그 양탄자 일부가 잘린 것을 발견하고 경악했다. 나는 나중에 그 변호사가 양탄자를 경매에 내놓기 위해 잘린 부분을 경찰로부터 반환받아 붙였다는 얘기를 들었다).

에먼은 사망하기 전 몇 년 동안 이 집에서 자주 지냈지만, 이곳을 한 번 다녀간 친구들은 서서히 에먼과 멀어졌다. 에먼이 그 친구들 대부분을 더 이상 오지 못하게 했기 때문이다. 에먼의 유일한 자식인 맥스 윌스만 계속 그의 곁에 머물렀다. 우리가 에먼의 먼 친척과 옛 친구로부터 수집한 정보에 따르면 에먼과 맥스의 관계는 매우 나빴다. 에먼은 아들을 철이 없고 성격이 내성적인 "이상한 놈"이라고 비난했다. 아들이 돈을 마구 쓰며 한량 짓을 한다고 꾸짖고, 버릇없고 게으른 데다 의욕이 없다고 힐난하기도 했다. 또한 에먼은 맥스 윌스의 나이가 서른셋이나 됐는데도 집안 잡일을 시켰다. 맥스는 에먼이 소유한 소살리토의 대저택에서 오린다에 있는 집까지 한 시간을 운전해 와서 잡초를 뽑으면서 이를 갈았다. 에먼은 "도대체 이 아이가 어디서부터 잘못된 거지?"라고 중얼거리곤 했다. 자신이 맥스 나이였을 때는 열심히 노력해 목표를 달성하는 사람이었는데 아들은 빈둥거리면서 아무것도 하지 않는다고도 말했다.

에먼은 머리를 잔인하게 맞아 사망했다. 얼굴과 두개골이 으스러져 형체를 알아볼 수가 없었다. 폭행당할 때 에먼에게서 튄 피의 양을 고려했을 때, 그를 폭행하는 데 사용된 도구에도 분명 상당량의 피가 묻었으리라는 추측이 가능했다. 하지만 살인 도구는 어디에서도 찾을 수 없었다. 살인범이 현장에서 그 도구를 가지고 나간 듯했다. 책장에 튄 피의 높이로 봤을 때 에먼은 앉은 상태에서 머리를 맞은 것으로 추정됐다. 이상한 것은 방어흔이 전혀 발견되지 않았다는 사실이었다. 일반적인 경우 몽둥이로 공격을 당하는 사람은 본능적으로 타격을 피하려고 한다.

사체를 시트로 싸서 시신 가방에 넣은 후 안치소로 보낼 때는 늦은 오후였다. 그 시점에서 나는 벤틀리로 관심을 돌렸다. 벤틀리에도 증거가 있을지 모른다고 생각했기 때문이다. 우리가 수집한 정보에 따르면 에먼이 이 집에 도착한 것은 6월 23일 또는 24일이었다. 사건 발생일인 6월 25일 직전에 에먼은 세탁소와 식품 마트에도 들른 것 같았다. 벤틀리 뒷좌석 윗부분의 손잡이에는 비닐에 싸인 옷이 몇 벌 걸려있었고, 조수석에는 가게에서 샀을 채소가 신선한 상태로 식품 마트 로고가 새겨진 비닐 쇼핑백 안에 담겨 있었다. 내 업무 중 하나는 범죄현장의 모든 것을 문서화하는 것이었으므로 그 비닐 쇼핑백에 어떤 채소들이 들어있는지 모두 확인했다. 양상추, 배추, 순무 등 다양한 채소들을 꺼내 사진에 담았다. 쇼핑백에는《현실의 구조: 평행우주의 과학과 그 중요성》이라는 제목의 책도 들어있었다. 그즈음 읽던 책 같았다. 그 책을 뒤적거리다가 스프링 노트에서 뜯어낸 종이에 쓴 메모를 발견했다. 나는 메모를 찬찬히 읽기 시작했다. 다음과 같은 내용이었다.

운동이 급선무다. 온몸에 쳐진 거미줄을 쓸어버려야 한다. 쉽게 지치고, 팔다리가 말을 잘 듣지 않는다. 피부와 관절이 아파 죽을 것 같다. 자리에서 일어나 몸을 움직여야 한다. 빗자루를 들어야 한다. 온몸에서 통증이 계속된다. 벽, 천장, 현관을 청소해야 한다. 청소를 하면 성취감이 느껴질 것 같다. 그전에도 나는 집을 청소하고 수리해야 한다고 생각했다. 어린 시절의 꿈과 희망이 다시 느껴진다. 집과 집 주변의 환경이 너무 사랑스럽다. 행복해질 수 있다. 지금은 몸의 통증과 지치는 증상이 평소의 두 배로 심해졌다. 무릎이 약해져 자꾸 넘어진다. 무시한다. 두유를 머그잔에 따라 한 모금 마시다 엎질렀다. 바닥이 엉망이 됐다. 오른손이 말을 잘 듣지 않는다. 머그잔을 최대한 꽉 쥔다. 그 상태로 5분밖에 안 지났는데 근육에 통증이 느껴지고 지친다. 화가 나 욕을 몇 마디 뱉은 다음 양동이에 물을 받아와서 바닥을 20분 동안 청소한다. 평소보다 서너 배는 더 열심히 청소했다. 실없는 농담들을 떠올린다. 내 몸은 맞아 죽어야 마땅한 쓰레기 같은 존재라고 말한다. 이 책은 이 순간 내가 살아있다는 것을 어떻게 해야 느낄 수 있을지 묻는다. 마음에 안 든다. 밖에 나가고 싶을 뿐이다.

마트 쇼핑백에 다시 책을 집어넣으면서 나는 생각했다. "여기는 보이는 것과는 완전히 다른 곳이야."

에먼의 생각을 읽을 기회가 없었다면 우리는 그가 어떤 사람이 었는지 파악할 수 없었을 것이다. 과묵한 성격이던 그는 글을 많이 썼다. 일기도 17년 동안이나 썼다. 당시 나는 베니시아의 아파트에 살고 있었고 혼자 누리는 자유가 좋았다. 밤에는 침대나 바닥에서 몇 시간씩 보내곤 했다. 그곳에서 에먼의 일기장을 앞에 펼쳐놓고 메모를 했다. 일기장 내용을 통해 유추하자면 에먼은 사랑을 갈구하지만 한 번도 사랑을 받아본 적이 없는 외로운 남자, 내적 갈등이 심한 남자였다.

에먼은 '북미개혁드루이드Reformed Druids of North America'라는 신흥 이교도 그룹에 자신이 참여한 것에 대해 많은 글을 썼다. 드루이드교는 켈트 시대의 신과 여신에 대한 숭배 및 자연에 뿌리를 둔 종교로 신비주의, 마법의 힘, 의식을 중시한다. 드루이드 교도들은 영혼이 영원히 사라지지 않으며 한 인간의 몸에서 다른 몸으로 무한히 옮겨진다고 믿었다. 죽기 몇 년 전까지 에먼은 적극적으로 드루이드교도 활동을 했다. 그는 오린다의 집 뒤편 숲에 석조 제단을 차려놓고 드루이드교 의식을 행하기도 했다. 드루이드 복장을 한 자신의 사진을 가지고 있었고, 다누 여신에게 기도하는 것에 대해서도 썼다. 하지만 에먼은 점점 더 드루이드교에 집착하면서 동료 신자들조차 그의 삶에서 추방했다. 그는 그렇게 멀어진 친구들이 "천박하고, 지저분하고, 부정한 자들" "과격한 하류층 여성들" "거짓말쟁이들"이라고 썼다.

사망하기 전 몇 년 동안 에먼은 〈드루이드 전례〉라는 뉴스레터를 제작하고 자신의 이름으로 글을 썼다. 나는 그 글을 통해 에먼에 대해 많을 것을 알 수 있었다. 에먼은 예리한 지성과 드루이드교 역사에 대한 방대한 지식을 가지고 있었다. 예를 들어, 그는 다음과 같은 글을 쓰기도 했다.

전설 속의 드루이드는 자신을 숨길 수 있는 마법의 안개를 만드는 능력을 지니고 있었다. 자신을 보이지 않게 만드는 방법에는 여러 단계가 있다. 첫 번째 단계는 조용히 사라져 다른 것으로 주의를 돌리게 만드는 조악한 심리 기술이다. 두 번째 단계는 배우가 자신의 감정 상태, 태도 및 걸음걸이를 변화시켜 자신이 아닌 다른 사람 또는 무언가로 변하는 것처럼 다른 인격체를 만들어 그 안으로 '사라지는' 단계다.

나는 에먼이 마법의 안개 속으로 '사라지기를' 원한 것은 아니었을지 생각했다. 맥스는 아버지의 시신이 발견된 이후 사라져 사건의 유력한 용의자로 지목됐다. 하지만 며칠 후 LA 카운티 시신안치소에 맥스의 시신이 안치돼 있다는 연락을 받았다. 에먼의 시신이 발견된 날 오후 5시경, 에먼의 전 장모 즉 맥스의 외할머니가 손자에게 에먼의 죽음을 알렸다. 당시 맥스는 산타모니카에서 친구와 함께 머물고 있었다. 맥스는 자전거를 타고 모텔로 가서 욕조가 있는 방을 달라고 했다. 다음 날 아침 모텔 종업원이 물이 가득 찬 욕조에 잠긴 맥스를 발견했다. 면도칼로 목과 손목을 베어 자살한 상태였다.

LA 카운티 검시관 사무실은 주거 지역에서 떨어진 공업지대에 있었다. 에먼 보드피시 사건의 담당 수사관 마이크 허버드와 함께 그곳에 도착했다. LA 경찰서 데비 피터슨 경위가 이미 와 있었다. "오린다에서 이상한 살인 사건이 났는데, 그 피해자 아들의 시신이 여기 있습니다. 자살입니다." 내가 말했다.

"검시 담당 수사관에게 시신을 찾아놓으라고 했어요. 시간이 좀 걸릴 겁니다." 데비가 대답했다. 데비는 그 건물에 선물 가게가 있다고 덧붙였다. 기다리는 동안 선물 가게에서 시간을 보내라는 의미인가? 나는 그에게 "선물가게요?" 하고 반문했다. LA 카운티 검시관 사무실은 엄청나게 컸는데, 건물 1층에 죽음과 관련한 기념품과 선물을 파는 가게가 있었다. 가게 진열대에는 미니어처 관, 미니어처 해골, 흔한 문구들이 적힌 티셔츠 같은 것들이 줄지어 있었다. "당신의 하루가 끝나면 우리의 하루가 시작됩니다."라는 말이 쓰인 티셔츠가 내 눈에 띄었다. 글자가 꼭 분필로 쓴 것처럼 보였다. 조지 버나드 쇼는 "사람들이 웃을 때도 삶이 여전히 진지한 것이듯, 사람들이 죽을 때도 삶은 여전히 재미있는 것이다."라는 말을 남겼다. 그 말이 맞는 것 같았다.

데비가 예측한 대로 맥스의 시신을 찾는 데는 시간이 좀 걸렸다. 시신안치소에 들어가 보고서야 그 이유를 알았다. 냉동실은 영화에서 보던 것처럼 타일 바닥에 긴 통로 형태로 만들어져 있었다. 웬만한 창고 크기였다. 콘트라코스타 카운티 시신안치소는 한 번에 최대 10구의 시신을 보관할 수 있었지만, 이곳은 시체들로 넘쳐났다. 수백 구의 시신이 비닐로 싸여서 위아래 양쪽 끝이 밧줄로 묶인 채 선반 위에 놓여있었다. 마치 양탄자 창고 같았다. 어린 시절 봤던 드라마 〈퀸시〉가 떠올랐다. 〈퀸시〉는 유명한 LA 카운티 법의학자 토머스 노구치가 쓴 《스타들의 검시관The Coroner To the Stars》이라는 책을 원작으로 만들어졌다. 나는 어릴 적 트래비스 공군기지에 살면서 이 책을 기지 도서관에서 제일 처음 빌려 읽었다. 노구치는 〈퀸시〉의 등장인물인 잭 클러그먼의 실제 모델이었다. 이 책에서 노구치는 자신이 부검한 유명인사들에 대해 이야기했다. 마릴린 먼로, 나탈리 우드, 존 벨루시, 재니스 조플린, 로버트 케네디 같은 유명인들. 어린 시절 책을 읽으며 상상했던 그 장소에서 비닐에 싸인 수많은 시체들을 보는 기분이 묘했다. 죽음은 사람을 차별하지 않는다.

노구치의 책에 나왔던 장면을 떠올리고 있는데 맥스의 시신이 들것에 실려 검사실로 들어가는 것이 보였다. 담당 과학수사관으로서 나는 카메라를 꺼내 시신의 모습을 찍으면서 조사하기 시작했다. 맥스의 시신이 부검되지 않은 상태라 의아했다. 우리 카운티에서는 시신안치소에서 부검을 우선적으로 실시했기 때문이다. 맥스는 세 장 분량의 유서를 남겼고, 다른 업무들 때문에 바빴던 LA

경찰은 그 유서에 기초해 자살로 결론을 낸 상태였다. 조사 과정에서 그들이 한 유일한 일은 시신에 약물이 있는지 생체검사를 진행한 것뿐이다. 누군가를 죽이고 싶으면 LA에서 죽인 뒤 약물과다 복용처럼 꾸미면 되겠다는 생각이 들었다.

우리 카운티로 돌아오기 전에 맥스의 소지품이 든 가방과 그가 남긴 유서를 전달받았다. 그의 모텔 방에서 부분적으로 작성된 초안들이 발견된 것으로 보아 맥스는 유서를 제대로 쓰기 위해 노력했던 것 같다. "친구와 가족에게"로 시작하는 유서를 읽어보니 맥스가 자신의 아버지처럼 오랫동안 우울증과 자살 충동에 시달렸지만 아버지가 살아 있는 동안에는 자살 시도를 할 수 없었다는 것을 알 수 있었다.

나는 맥스가 그의 아버지를 살해했는지에 대해 다른 수사관들과 여러 차례 이야기를 나눴다. 그들은 맥스를 가장 유력한 용의자로 생각했지만 나는 맥스가 아버지의 살인사건과 관련이 없다고 생각했다. 물론 맥스를 의심할 만한 이유는 있었다. 맥스의 집에서 발견된 종이에는 '죽어야 할' 12명의 이름을 적은 리스트가 있었다. 그 리스트 제일 위에 적힌 사람이 자신의 아버지였다. 맥스에게는 에먼이 살해된 6월 25일 당일의 알리바이가 없었다. 맥스가 오린다의 집에 마지막으로 머물렀던 것은 살인사건 사흘 전인 6월 22일이었다. 맥스는 외할머니에게 오린다의 집에서 캘리포니아 남부로 곧장 캠핑을 갔다고 말했다. 맥스의 친구 한 명이 6월

26일부터 에먼이 시신으로 발견된 6월 30일 사이 맥스가 어디에 있었는지는 확인해줬다. 하지만 맥스는 에먼이 구타당해 사망한 6월 25일에는 오린다의 집에서 차로 6시간 정도 떨어진 캘리포니아 남부 어느 곳에서 혼자 캠핑하고 있었다고 주장했고, 그건 확실한 알리바이가 될 수 없었다. 맥스가 의심을 받은 유일한 이유였다.

내가 파악한 바에 따르면 맥스는 예민하고 연약한 사람이었고, 그와 아버지는 이따금 충돌했으나 서로를 사랑했다. 나는 맥스가 작성한 '죽어야 할' 사람들의 리스트에 에먼의 이름을 적었다고 해도 진짜로 아버지가 죽기를 바랐다고 여겨선 안 된다고 보았다. 맥스가 쓴 글을 분석한 결과, 맥스는 차라리 자기가 죽는 쪽이 살면서 고통을 당하는 것보다 낫다고 여긴 듯했다. 나아가 자신의 아버지가 누구보다도 더 큰 고통을 받는다고 여겼음을 알 수 있었다. 실제로 맥스가 작성한 목록에 오른 이름은 모두 그가 사랑하는 사람들이었다. 맥스는 그들이 '죽어야만' 평화를 얻을 거라고 믿은 듯했다. 맥스는 수년 동안 자살을 생각했지만, 자신의 자살로 아버지의 마음을 아프게 할 수는 없었다고 유서에 적었다. 그말이 진심이라고 느껴졌다. 에먼이 죽자 맥스는 비로소 자유로워졌다. 죽고 싶어하는 아버지의 소원을 이뤄주기 위해 맥스가 아버지를 죽였다고 쳐도, 왜 차로 6시간이나 걸리는 곳에 가서 자살했을까? 왜 아버지를 죽이고 바로 자살하지 않았을까?

주관적인 목록을 바탕으로 단순한 결론을 내리고 싶지 않았다.

죽은 에먼이 일어나 말을 해주면 좋겠다는 생각도 들었다. 생전에 에먼은 자기 삶의 비참함과 죽고 싶은 심경에 대해 아주 상세하게 기록했다. 에먼은 일기에 자신이 BIDCBlue Demon Conscience(푸른 악마의 양심)라고 이름 붙인 다른 자아와 전쟁을 벌이고 있다고 썼다. 에먼은 BIDC가 자신의 불안한 정신 속에 살고 있다고 했다. 이런 생각은 에먼의 초기 일기에서부터 나타났다. 그는 여섯 살 때부터 이 악마와 계속 싸워왔고, 필사적으로 악마로부터 탈출하고 싶었다고 했다.

에먼의 일기를 계속 읽으면서 나는 그가 BIDC와 물리적 상호작용을 했다는 사실도 알게 됐다. 에먼은 나무 지팡이, 곤봉, 돌처럼 다양한 물건으로 자신의 머리를 때렸다. 스스로 이마 윗부분을 때려 생긴 듯한 상처가 있는 상태에서 찍은 에먼의 사진도 우연히 발견했다. 그는 구타만이 악마의 목소리를 가라앉힐 수 있는 방법이라고 믿었지만, 악마는 사라지지 않았다.

1991년 5월 에먼은 악마를 진정시키기 위해 다른 방법을 시도했다. 이전의 방법은 아무 소용이 없다고 판단한 것 같았다. 에먼은 자신이 살아있기 때문에 악마도 살아있다고 보았다. 에먼은 당시 일기장에 "새로운 관점을 가지게 됐다. 나는 BIDC가 내게서 떠나게 하는 대신 조용히 나 자신이 내 몸을 떠나기로 했다. 나 스스로 내 몸에서 떠나면 내 육체와 악마가 모두 썩어버릴 것이다. 이런 생각을 하게 돼 다행이다."라고 썼다.

1991년 6월 에먼은 자신이 괴로움으로부터 탈출할 수 있는 유일한 방법은 폭력적이고 예상치 못한 죽음을 맞이해 악마를 자신의 시체와 함께 남겨두는 것이라는 결론을 내렸다. 결국 그로부터 4년 뒤 에먼은 그런 방식으로 죽음을 맞았다.

우연의 일치라고 보이지 않았다. 나는 에먼이 자신의 참혹한 죽음과 관련한 의문의 결정적인 답을 우리에게 준 것일지도 모른다는 의견을 제시했다. 에먼이 다른 드루이드교 신자 한 명 또는 여러 명과 함께 자신의 죽음을 계획했다고 추정했다. 현장 조사 당시 일본풍의 검은색 액자 두 개가 벽에서 떨어져 있는 모습을 보고 이상하다고 생각했었다. 그 액자 중 하나는 살인이 일어난 거실에 떨어져 있었는데, 마치 누군가가 뭔가를 찾아내려고 한 듯 액자에서 그림이 빠져있는 상태였다. 침실에 떨어져 있던 다른 액자 하나도 그림이 빠져있었다. 에먼의 책장에는 《사라져 새로운 사람으로 사는 방법》이라는 책이 꽂혀 있었다. 그 책 여백에 일본 은행 계좌를 개설한 다음 스위스 은행 계좌로 자금을 이체하는 방법이 에먼의 글씨로 적혀있었다. 에먼은 돈을 숨기기 위한 방법을 고민하고 있었다. 나는 에먼이 고용한 살인범이 돈을 찾을 수 있도록 그림 뒷면에 계좌 정보를 숨겼을지 모른다고 추정했다.

보드피시 사건은 공식적으로 종결되지 않았다. 잠정적으로 수사가 중단됐을 뿐이다. 에먼은 자신의 소원대로 죽었고, 유력한 용의자인 맥스도 자살했기 때문에 더 이상 수사할 필요가 없다는 것이 중론이었다. 나는 아무리 에먼이 죽고 싶어했다고 해도, 그리고 에먼의 일기장에서 그런 감정을 확인해주는 글이 충분히 많이 발견됐다고 해도, 누가 에먼을 죽였는지는 반드시 알아내야 한다고 생각했다.

에먼은 도움이 필요한 사람이었다. 죽어야 하는 사람이 아니었다. 에먼은 너무도 잔혹하게 죽었다. 그 누가 치명적인 타격을 가해 에먼을 죽였는지 반드시 찾아내 책임을 물어야 한다고 나는 믿었다. 내 추측과 달리 맥스가 살인을 저질렀다고 해도 마찬가지다. 현장 증거에 따르면 에먼은 타살당했다. 그러므로 그를 죽인 사람이 누군지 찾아내야 한다.

나는 지금도 보드피시 사건에 대해 생각한다. 너무 불행해서, 그 불행에서 빠져나올 수 있는 유일한 방법이 죽음뿐이라고 생각했던 에먼과 맥스를 떠올리면 슬프다.

에먼은 죽기 전에 이런 말을 노트에 쓴 적이 있다. "악마를 진정시키는 새로운 방법, 훨씬 더 효과적인 방법은 이것이다. BIDC가 입을 닫았을 때 아무 말도 하지 말고 가장 가까운 곳에 있는 단단한 물체를 가져와 내 머릿속에 있는 악마를 때리는 것이다."

UNMASKED

14장 : 연쇄살인범

2001년 1월 나는 보안관청 과학수사 부서 전체를 감독하는 관리자로 승진했다. 다양한 업무를 관장하면서 예산 처리나 절차 개선 같은 일들을 하는 것은 좋았다. 하지만 나는 복장 규정 위반이나 직장 내 연애처럼 사소한 문제들까지 처리해야 했고, 그런 일들을 하다 보니 내가 정작 하고 싶은 일, 내게 진정으로 만족감을 주는 일을 하지 못하고 있다는 생각이 들었다. 가령 나는 견인차량들이 보관되는 곳에서 차량도난 담당 과학수사관이 견인트럭 운전사와 노닥거렸다는 신고를 받아 처리해야 했고, 여성 부서원이 복장 규정을 어겼다고 알려주는 일을 해야만 했다.

다른 사람의 사생활에 간섭하는 것은 내게 낯선 임무였다. 마치 다른 세상에 온 것 같은 느낌이 들었다. 나는 일만 제대로 한다면 무릎 위 5센티미터까지 올라가는 치마를 입든 말든 관심이 없는 사람이었다. 3월이 되자 나는 다시 불안해지기 시작했다. 하기 싫은 일을 하면서 압박감을 느끼고 있었다. 견디기 힘들었다. 다른 일을 하지 않으면 죽을 것 같았다.

긍정적인 면을 생각해보았다. 승진을 통해 내가 이전에 몰래 해야 했던 일, 즉 미제사건 수사를 당당하게 마음대로 할 수 있게 됐다는 생각이 들었다. 누가 내 어깨 너머로 보고 있는지 신경 쓰지 않고 미제 살인사건들을 수사하면서도 행정 업무를 계속할 수 있다는 판단이 섰다. 보안관청 과학수사 부서는 비교적 예산 집행이 자유로웠다. 하지만 미제사건 수사에는 예산 집행이 인색했다. 우리 카운티 내에서 미제 살인사건의 수가 10년마다 기하급수적으로 늘어나고 있는데도 그랬다. 당시 통계에 따르면 살인사건 10건 중 4건이 미제로 남는 실정이었다.

살인사건들을 해결하는 데 너무 많은 시간이 걸리고, 미해결이 자꾸 쌓여가는 게 속상했다. 피츠버그 사건들이 미제로 분류되기 전에 나는 연쇄살인범이 우리 주변에 있으며, 네 명(리자 노렐과 성노동자 세 명)의 살인이 동일범의 소행일 거라는 의견을 제시했다. 연쇄범죄자들의 행동양상은 그때와는 매우 달라졌다. 그때는 DNA 분석기법이나 행동과학이 초기 단계에 머물렀고, 수사기관들 간 협조도 잘 이뤄지지 않던 시절이었다. 사람들의 행동도 많이 달라졌다. 여성들은 히치하이킹을 거의 하지 않았고, 사람들은 일상적으로 문을 잠그게 됐다. 하지만 강간과 살인에 대한 범죄자들의 강박적인 욕구는 그대로였다.

현재 미국에서 약 2,000명의 연쇄살인범이 활동하고 있다는 통계를 본 적이 있다. 그들 대부분은 외톨이도, 사회에서 버림받은 사람도 아니다. 그들은 친근한 이웃의 모습을 하고 있다. 그들은 자신들의 행동이 범죄행위라는 것을 알고 있으며, 일정 기간 동안 범행을 멈추기도 하지만, 잡히는 것에 대한 두려움보다 살인 충동이 더 강한 사람들이다. 우리 카운티에서 연쇄살인이 가장 많이 일어났을 때는 활동하던 범인의 수가 6명에 이르렀다.

* * *

이름 하나가 떠올랐다. 그가 10건 이상의 미해결 살인사건 용의자로 지목됐기 때문만은 아니었다. 세 명의 여성을 살해한 혐의로 21년을 복역하고도 가석방을 신청할 정도로 비교적 젊었기 때문이다. 필립 조지프 휴즈 주니어라는 인물이었다. 휴즈는 괴물 중에서도 괴물이었다. 파일에는 그의 광기를 문서화한 수백 쪽짜리 심리 보고서가 포함돼 있었다. 유치원에 다닐 때 그는 반 친구들의 인형을 훼손했고, 여덟 살이 되었을 때 시체에 대한 환상을 품기 시작했다. 휴즈는 시체가 "마네킹 같다"고 표현했다. 치료를 받았지만 그와 그의 부모 모두 시간 낭비라고 판단했다. 중학생이 되어서는 작은 동물들을 죽였고, 고등학교 때는 한밤중 알몸으로 집에서 빠져나와 이웃집에 침입한 뒤 브래지어를 훔쳐서 집에 가져가 입어보거나 거울 앞에서 칼로 컵을 찌르는 자신의 모습을 보기도 했다.

그의 뒤틀린 성적취향은 스무 살이 되면서 증폭됐다. 사도마조히즘적인 섹스를 하던 그는 첫 번째 아내인 수잰의 의식을 잃게 만들기도 했다. 나중에 그는 이 일에 대해 "혈관이 몇 개 터진 것뿐"이라며 대수롭지 않게 말했다. 아내가 허락해서 그랬다고 말했지만, 그는 아내의 목을 조르거나 물에 빠뜨려 죽이려고도 했다. 그는 성관계에 대해서는 잘 기억하지 못했지만, 상대방이 거의 죽기 직전 상태였던 상황은 명확하게 기억했다.

휴즈는 20대 초반부터 살인을 저질렀다. 그보다 훨씬 이전에 살인을 처음 저질렀을 가능성도 있다. 휴즈가 첫 번째 살인을 감행한 것은 1972년이었다. 그는 동네 마트 앞에서 과거 이웃에 살던 모린 필드라는 19세 여성을 차에 태운 뒤 칼로 찌르고 목을 졸라 살해했다. 시신은 아내와 함께 디아블로 산 밑에 묻었다. 실종됐던 15세 소녀 코제트 엘리슨이 2년 후 시신으로 발견된 곳 근처였다. 코제트가 스쿨버스에서 내린 직후 사라졌는데, 그때 코제트와 대화를 나눈 사람의 몽타주가 낚시 모자를 쓰고 찍은 폴라로이드 사진 속 휴즈의 얼굴과 같았다. 하지만 휴즈가 코제트의 살인범이라는 확실한 증거는 없었다.

*　*　*

1974년 휴즈와 수잰은 또 다른 15세 소녀 리자 비어리를 칼로 위협해 납치한 뒤 자신들이 돈을 받고 봐주던 집으로 데려갔다. 휴즈는 소녀를 칼로 찌른 다음 강간했고, 수잰은 남편이 희생자를 매장하는 것을 도왔다. 시신은 5년 후 휴즈의 고향 산비탈에 있는 얕은 무덤에서 발견됐다.

휴즈는 1975년에 동네 은행에서 일하던 수잰의 동료 레티시아 패것을 살해한 혐의로 기소돼 세 번째 살인 유죄판결을 받았다. 레티시아와 그녀의 남편은 샌프란시스코에서 범죄가 급증하자 교외로 이사한 상태였다. 사건 발생 전날 레티시아는 수잰에게 남편이 출장 중이라 새로 이사한 집에서 혼자 지낸다고 말했는데, 수잰이 그 정보를 휴즈에게 제공한 것이다. 다음 날 아침, 휴즈는 레티시아의 집으로 차를 몰고 가서 망치로 그녀를 공격한 다음 강간하고 목을 졸라 죽였다.

나는 수잰도 피해자라고 생각했다. 휴즈는 수잰을 완벽하게 통제했고, 수잰은 휴즈에게 공포를 느꼈으리라고 믿었다. 법의학자 파크 디츠는 수잰이 "가학적인 성폭력범에게 복종한 여성"이라고 분석했는데, 내 생각도 같았다. 휴즈는 미치광이에다 환상에 사로잡힌 최악의 살인마였다. 휴즈의 집에서 압수된 사진들은 피해자 여성들의 다양한 죽음 장면을 담고 있었다. 피해자들은 모두 알몸이거나 옷을 거의 입지 않은 상태였다. 칼에 찔린 피해자를 찍은 사진도 있었고, 줄로 목이 졸린 피해자의 사진도 있었다. 그 사진을 자세히 살펴보다가 모든 사진에 수잰이 있는 것을 발견했다. 사진 속에서 그녀는 포즈를 취하고 있었다.

결국 수잰은 휴즈에게서 도망쳐 경찰에 자수했다. 면책 대가로 수잰은 자신이 알고 있는 세 건의 살인사건에 대한 상세 정보를 제공했다. 수잰이 처리를 도운 시신은 두 구였다. 수잰은 형사들에게 휴즈가 살인충동을 억제하기 위해서는 사진을 봐야 한다고 했기 때문에 죽음 장면에서 어쩔 수 없이 포즈를 취했다고 말했다. 수잰은 전 여자친구를 죽이고 싶어하는 휴즈를 진정시키기 위해 레티시아 패깃을 바쳤다고도 했다. "남편은 점점 더 화를 내고 있었고, 전 여자친구를 죽이면 잡힐까 두려워 그러지 못하고 있었어요. 남편은 불안과 긴장을 풀기 위해 다른 사람들을 이용하려고 한 겁니다." 레티시아는 희생양이었다.

수잰의 증언에 기초해 휴즈는 1980년 세 건의 살인 혐의로 유죄 판결을 받고, 21년 종신형이 선고됐다. 법에 따라 그에게는 1986년부터 가석방을 신청할 자격이 주어졌다. 휴즈는 그 이후로 다섯 번의 가석방 심사를 받았지만, 매번 거부됐다. 하지만 53세가 되던 해에 휴즈는 또다시 가석방 심사를 신청했다. 가석방 심사 날짜는 2001년 7월 25일로 잡혔다. 전문가들은 휴즈를 "시체성애자, 반사회적 인격 장애인, 편집증적 정신분열증 환자"로 진단했지만,

그들 모두 휴즈가 법적으로는 정상인이라고 판단했다. 전문가들은 보고서에서 이렇게 밝혔다. "그는 자신의 행동이 범죄 행위라는 사실을 충분히 이해하는 것이 확실하다. 자신이 저지른 모든 사건에서 그는 살인을 저지른 후 사체를 처리하는 데 많은 노력을 기울였고, 경찰이 자신의 행동을 알지 못하도록 은폐했으며, 자신이 범죄를 저지르고 싶어한다는 것을 완전히 인식한 상태에서 피해자들을 죽이기 위한 준비를 했다. (…) 그는 충족감을 느끼기 위해 다른 사람들을 제압하거나 죽여야 하는 사람이다." 또 다른 보고서의 결론에서 그는 "사회에 가장 큰 위협이 되는 사람"으로 묘사되기도 했다.

휴즈 같은 자들은 재활이 불가능하다. 나는 휴즈가 미친 인간이고, 사회로 돌아와서는 안 되는 위험한 인간이라고 확신했다. 나는 교도소에 가석방 심사위원회 참관을 신청해 승인받았다. 휴즈가 얼마나 사악한 인간이지 눈으로 직접 확인하고 싶었다. 가석방 심사위원회가 열리기 전날 밤, 나는 센트럴 코스트 고속도로를 따라 400킬로미터를 운전해서 휴즈가 복역 중인 캘리포니아 남자 교도소가 있는 샌 루이스 오비스포에 도착한 뒤 모텔을 잡았다. 모텔 주차장에서 나는 소음 때문에 잠이 오지 않았다. 내가 너무나 많은 것을 알고 있는 미친 인간을 직접 볼 생각에 밤새 뒤척였다. 다음 날 아침 일찍 경찰 배지를 달고 교도소로 향했다. 나는 교도소가 전혀 어울리지 않는 곳에 있다는 사실에 충격을 받았다. 철조망으로 둘러싸인 거대한 콘크리트 건물이 자연 한가운데에 생뚱맞게 들어서 있었다. 사이코패스 연쇄살인범들이 새들이 날아가는 푸른 하늘과 푸른 산을 감방 창을 통해 응시하는 모습이 눈에 그려졌다. 교도소 주변 풍경을 둘러보는데 샌쿠엔틴 교도소가 떠올랐다. 그 교도소를 볼 때마다 나는 샌프란시스코 만의 경치 좋은 해안에 거대한 콘크리트 건물을 지을 생각을 도대체 어떤 사람이 했는지 궁금해지곤 했다.

교도소로 들어가서 피해자 가족들, 휴즈 사건 세 건 중 두 건에서 기소를 담당했던 콘트라코스타 카운티 지방검사와 함께 대기실로 안내됐다. 세 건의 사건 피해자 가족들이 모두 와 있었다. 모린 필드의 형제자매, 리자 비어리의 여동생과 아버지, 레티시아 패컷의 남편이 모두 참석했다. 가족들이 그곳에서 끔찍한 시간을 다시 반추하는 것이 얼마나 괴로울지를 떠올렸다. 정말이지 겪지 말아야 할 일이었다.

가족들은 나를 반겼다. 조 필드는 29년 전 누나 모린이 실종됐을 당시 10대였다. 그는 그때의 기억이 아주 선명하다고 내게 말했다. 모린이 실종된 지 사흘 만에 집 전화가 울렸다. 모린의 아버지가 전화를 받았다. 전화는 잡음이 심했다. 수화기 건너편의 남자가 말했다. "필드 씨, 안녕하신가? 당신 딸은 죽었다. 내가 죽였다." 조는 그때 "우리 아가! 우리 아가!"라고 울부짖으며 아버지에게 안기던 어머니의 모습을 선명히 기억하고 있었다. 도대체 어떤 미친놈이 이런 짓을 할 수 있을까? 범인은 자신이 방금 살해한 소녀의 가족을 아무렇지 않게 조롱했다. 나중에 휴즈는 자신이 그 전화를 걸었다고 인정했다.

살인에 대한 휴즈의 설명은 수잰의 기억과 일치하지 않았다. 휴즈는 모린에게 차에 타라고 말한 적이 없다고 주장했다. 적어도 자신의 기억에는 그런 말을 한 적이 없다고 했다. 휴즈는 모린이 칼을 든 다른 남자에게 희생당하고 있었다고 진술했다. 그 남자가 모린을 칼로 찌른 다음 땅에 넘어뜨려 목을 조르는 것을 자신의 차 안에서 봤다고. 휴즈는 그 순간 자기가 그 남자에게 달려갔다고 주장했다. "그 남자는 도망쳤고, 나는 바짝 추격하다 멈추고 땅에 누워있던 그 여자에게 달려갔습니다. 여자는 온몸이 피투성이였습니다. 제발 자기를 죽여 달라고 부탁했어요." 휴즈는 자기가 그 여자의 소원을 들어줬을 뿐이라고 말했다. 그 여자가 더 이상 고통받지 않도록 도움을 주었다고. 휴즈는 모린이 숨이 끊어지기 직전에 "아저씨를 용서할게요."라고 말했다고 진술했다. 모린의 가족들은 휴즈가 한 말 중 진실은 모린의 마지막 말밖에는 없다고 생각했다.

휴즈를 아는 사람들은 그가 거짓말을 하는 데 매우 능하다고 진술했다. 거짓말을 능숙하게 하는 사람들이 그렇듯이 휴즈도 자신의 거짓말이 그럴듯해 보이도록 거짓말에 진실을 조금씩 섞었다. 모린 살해 사건의 경우 휴즈는 그녀를 위협하고 죽인 짐승이 아니라 구하려 했던 영웅으로 자신을 묘사했다. 모린이 일을 마치고 마트에서 나와 아버지가 데리러 오기를 기다리는 동안 자기가 모린 근처에 있었다는 휴즈의 말은 사실로 보였다. 휴즈는 모린에게 집까지 태워주겠다고 제안했다. 동네에서 자주 보던 이웃이었기 때문에 모린은 별다른 의심 없이 휴즈의 차에 탔다. 차를 타고 가던 모린은 어느 시점엔가 자신이 곤경에 처했음을 깨달았다. 겁에 질린 그녀는 차에서 뛰어내려 필사적으로 도망쳤고 휴즈가 그녀를 추격했다.

＊　＊　＊

그로부터 2년 뒤 휴즈와 수잰은 오클랜드에 사는 리자 비어리를 그녀의 집 근처에서 납치했다. 장담하건데 그 2년 동안 그들은 다른 범행을 저질렀을 것이다. 리자는 약 150센티미터 키에 몸무게가 45킬로그램 정도인 작은 아이였다. 고등학교 2학년 학생이던 리자는 교회 성가대에서 노래를 불렀다. 리자는 어머니가 수표를 현금으로 바꿔오라는 심부름을 시켜 편의점으로 가는 길이었고, 지나가는 차를 얻어 타기로 했다. 그러지 말았어야 했다. 휴즈와 수잰이 다가와 칼로 위협해 리자를 납치했기 때문이다. 가석방심사가 시작되기 전에 리자의 여동생 린다는 시신이 발견될 때까지 5년 동안 가족들이 얼마나 고통스러웠는지 내게 말했다. 리자

가족은 그 5년 동안 리자를 찾는 데 온정신을 쏟았다. 현관문이 열릴 때마다 혹시 리자가 돌아온 것은 아닌지 마음을 졸이며 기대했다. 린다는 야외 행사장에서 리자와 꼭 닮은 소녀를 본 적이 있다고 말했다. 린다는 그 소녀에게 다가가 어깨를 움켜잡았다. 놀란 소녀가 몸을 돌렸다. 모르는 소녀였다. 린다는 "죄송해요. 사람을 잘못 봤어요."라고 말했다.

우리는 가석방 심사가 열리기 직전에 심사장으로 들어갔다. 가석방 심사위원회 위원은 모두 세 명이었다. 나는 위원들의 얼굴을 하나하나 살펴보면서 그들이 엄청난 힘을 가지고 있다는 생각을 했다. 그들이 자신의 권한을 제대로 사용하기를 바랐다. 나는 가석방 심사를 통과해 풀려난 살인자들이 다시 살인을 저지르는 것을 수없이 봤다. 위원들이 가석방 결정을 내리면 휴즈는 다시 살인을 저지를 것이라고 생각했다. 그렇게 된다면 끔찍한 살인자가 다시 이 사회를 위협하는 일이 생기게 될 것이라고 나는 확신했다. 그 순간 내가 휴즈를 아주 잘 알고 있다는 느낌이 들었다. 휴즈에 관한 경찰 보고서, 재판 녹취록, 정신과의사들의 의견서를 많이 읽어서 그런 느낌이 들었을 것이다. 내가 읽은 문서들에 묘사된 휴즈는 무미건조한 성격이며, 여성을 칼로 베거나 구타할 때도 감정을 드러내지 않는 인간이었다. 심문 중에 그는 대부분의 질문에 대해 질문으로 대답했다. 대답을 한다고 해도 매우 모호한 내용이었다. 이런 식이었다.

"어떤 방식으로 피해자 여성을 죽였습니까?"

"확실하진 않지만, 칼과 관련이 있는 것 같습니다."

"그 칼이 아직 집에 있습니까?"

"그런 것 같습니다."

"피해자 여성을 어떻게 칼로 찔렀습니까?"

"잘 모르겠습니다. 온통 피투성이었습니다."

"온통 피투성이라고 했습니까?"

"네."

세 번의 살인사건 재판에서 휴즈는 자신이 살인을 한 기억이 없다고 주장했다. 피해자들을 만난 것은 부분적으로 기억하지만 왜 그리고 어떻게 그 여성들을 죽였는지는 기억이 안 난다고 말했다. 자신의 살인에 관한 자세한 이야기는 수잰한테 들었다고 하면서, 아마도 수잰의 이야기가 맞을 거라고도 덧붙였다. 교활한 놈이었다. 필 휴즈는 그런 인간이었다.

나는 휴즈가 가석방 심사에서 어떤 모습을 보일지 궁금했다. 그전에 찍은 머그샷에서처럼 히죽거릴까? 침울한 표정을 지을까? 웃을까? 무표정일까? 강박은 중독과 비슷하다. 나는 그가 살인 욕구를 어떻게 억누르고 있었는지 궁금했다. 몸이 근질근질했을까? 격렬한 감정 변화로 고통을 겪었을까? 짜증을 냈을까? 불안해했을까? 감정을 어떻게 통제했을까? 잠재된 분노를 어떻게 풀어냈을까? 가석방위원회 위원들 앞에 섰을 때 그의 태도는 어떨까? 이런 의문들이 꼬리를 물었다. 휴즈는 거의 21년 동안이나 복역을 했기 때문에 이번에는 가석방이 될 거라고 확신할 게 분명했다.

가석방 심사장 문이 삐걱거리며 열렸다. 모든 이의 시선이 문에 쏠렸다. 온몸에서 아드레날린이 분비되고 목 뒤의 머리카락이 뻣뻣해졌다. 휴즈의 변호사가 두꺼운 파일을 들고 성큼성큼 걸어 들어왔다. 방 안의 긴장감이 느껴졌다. 문이 쾅 닫혔다. 나는 피해자 가족들의 얼굴을 하나하나 살펴보았다. 우리는 모두 속으로 같은 질문을 하고 있었다. "휴즈는 어디에 있지?"

변호사가 말했다. "휴즈 씨는 이곳에 올 권리를 포기했습니다." 우리 모두의 기대가 산산조각났다. 가족들의 불만과 분노가 고스란히 느껴졌다. 이 불쌍한 사람들은 고통스러운 오늘을 얼마나 오래 기다려 왔을까? 여섯 번이나 가석방 심사장에 와서, 사랑하는 사람을 고문하고 죽인 살인범을 대면하기 위해 얼마나 많은 용기가 필요했을까? 피해자 가족들은 휴즈를 두려워하며 살았다. 그렇다고 해서 두려움을 피하지는 않았다. 자신들이 살았던 어둠 속에 갇혀 고통스러워 하는 사람들이 더는 나오지 않기를 소원하며 이곳에 온 것이었다.

피해자 가족들은 어떻게든 계속 살아가겠지만, 과거의 고통은 결코 잊을 수 없었다. 휴즈가 가석방될 가능성이 상존한다면 그 누구도, 그 어떤 곳도 안전할 수 없다고 그들은 생각했다. 나는 가족들의 증언을 집중해서 들었다.

"우리 아이는 성가대에서 노래하는 어린 소녀였어요."

"모두가 그 아이를 사랑했어요."

"모린은 결혼해 아이를 가지고 싶어했어요."

"휴즈 때문에 우리는 손녀를 잃었습니다."

"레티시아는 좋은 아내이자 엄마였습니다."

그들이 하는 말을 들으면서 나는 현실을 뼈저리게 자각했다. 다른 사람들 모르게, 시간이 날 때 미제사건들을 조사한 나 자신이 부끄러워졌다. 이들은 평생을 슬픔에 잠겨 살아온 실존 인물이었다. 그들이 걱정됐다. 미제사건은 진정 내 인생의 소명이라는 생각이 들었다. 살인에 대한 끝없는 충동을 지닌 사이코패스가 그들의 삶을 슬픔 속으로 던져넣었다. 휴즈와 마찬가지로 피해자의 가족들도 예측할 수 없는 운명의 손아귀 안에 있었지만, 그 가족들은 휴즈처럼 행동하지 않았다. 휴즈는 그 가족들과 대면할 용기조차 없는 비겁한 인간이었다. 피해자 가족들과 대화를 나누면서 사건에 대한 생각이 크게 바뀌었다. 범죄현장에서 나는 처절하게 무너진 가족들과 수없이 대화를 나눴지만, 20년이 지난 후에도 여전히 슬픔에 잠겨 있는 비통한 가족들을 만난 것은 이번이 처음이었다. 그들이 겪은 비극은 결코 미제사건이 될 수 없었다.

휴즈의 가석방 신청은 거부됐다.

4시간 동안 운전해 집으로 돌아가면서 나는 마스터플랜을 세웠다. 피해자 가족들이 휴즈를 잊을 수 있도록 최선을 다하겠다고 다짐했다. 휴즈의 다음 가석방 심사는 5년 뒤였다. 그 시간 동안 나는 휴즈가 저질렀을 가능성이 있는 다른 살인사건들을 조사했다. 휴즈를 계속 교도소에 가둬놓기 위해서는 그런 사건들을 반드시 파헤쳐야 했다. 캘리포니아 주에서는 사형집행이 다시 시작된 상태였고, 휴즈가 사형판결을 받게 하기 위해서는 그가 저지른 다른 살인사건을 찾아야 했다. 휴즈가 사형판결을 받는다고 해도 주정부가 그에게 거래를 제안할 가능성도 있었다. 자백을 하는 대가로 사형 대신 가석방 없는 종신형을 선고할 가능성도 있었다. 그렇게 된다면 휴즈는 사형당할 걱정 없이 감방에서 계속 새들을 지켜볼 것이고, 희생자의 가족은 다시 가석방 심사장에 갈 필요가 없어져 치유에 한 걸음 더 나아갈 수 있을 터였다.

$$* \quad * \quad *$$

시간이 촉박한 상태에서 휴즈에 대해 본격적으로 조사하기 시작했다. 경찰이 휴즈가 저질렀을 것이라고 짐작했지만 끝내 증명하지 못한 사건들에 집중했다. 첫 번째로 검토한 사건은 1978년 발생한 아미다 월치 살인사건이었다. 아미다는 1978년 11월 14일 아침 이스트베이의 라파예트 저수지 주변에서 조깅을 하던 40세의 아내이자 어머니였다. 그날 오후 아미다가 열 살짜리 아들을 데리러 학교에 가지 않자 이웃들이 실종신고를 했다. 수색이 시작됐고, 시신탐지견이 저수지 주변 조깅코스 인근에서 그녀의 시신을 찾아냈다. 그녀는 강간당한 뒤 목이 졸려 사망한 상태로 수풀 속에 숨겨져 있었다. 그녀의 아들은 어머니를 잃었다. 휴즈는 이 사건의 가장 유력한 용의자였다.

사건파일을 살펴보던 나는 결정적인 힌트를 얻었다. 이 사건현장을 처음 조사한 과학수사관은 아미다의 손톱 밑에서 아주 적은 양의 혈액을 발견했다. 아미다가 저항과정에서 범인을 할퀴면서 범인의 피가 그녀의 손톱 아래로 들어갔을 것이다. 당시 과학수사관은 혈흔이 너무 작아서 검사할 수 없다고 판단했다. 내가 이 사건파일을 검토한 것은 그로부터 23년이 지난 시점이었고, 이 무렵에는 적은 양의 혈액으로도 DNA 프로파일을 작성할 수 있는 장비가 우리에게 있었다. 나는 그 혈액에서 검출된 DNA가 휴즈의 것이라고 확신했다. 몸에서 아드레날린이 솟구쳤다. 내가 원했던 게 바로 이런 증거였다.

증거보관실에서 혈액이 묻은 피해자의 손톱을 가져온 후 다음 단계를 계획했다. 먼저 살인사건 담당 수사관들에게 이 사건을 자세히 설명한 뒤 범죄연구소에서 DNA분석 결과가 나오는 대로 휴즈를 다시 조사하라고 말할 생각이었다. 휴즈가 이 사건으로 추가 기소된다면, 그가 저지른 다른 범행들에 대해 자백할 경우 사형을 당하지 않게 해주겠다는 제안을 검사가 할 수 있다. 그렇게 되면

우리는 월치 사건을 완전히 끝내고 휴즈를 영원히 교도소에 가둬
둘 수 있을 것이라고 믿었다.

나는 손톱 밑 혈액의 DNA와 휴즈의 머리카락에서 채취한 DNA
간 비교 분석 결과를 기다렸다. 그 일은 셰리가 맡았다. 결과를 기
다리느라 다른 일에 집중할 수가 없었다. 마침내 셰리가 종이를
들고 내 방으로 들어왔다. "어떻게 됐어?"

"그 사람이 아니에요." 셰리가 말했다.

갑자기 멍해졌다. 너무 충격을 받은 탓인지 그 일은 기억에서
지워져 버렸다. 내가 기억하는 것은 아미다 월치와 그녀의 가족
들에게 정의가 실현되지 못했다는 점과 휴즈의 범행 때문에 피해
를 당한 가족들이 그놈의 가석방 심사장에 다시 가야만 한다는 사
실을 떠올리며 마음이 아팠던 것밖에는 없다. 그때부터 내 마음을
치료할 있는 유일한 수단은 와인을 마시는 게 됐다.

나는 길을 잃고 헤맸다. 아미다 월치의 손톱 밑 혈액에서 나온
DNA는 살인범의 것일 가능성이 매우 높았다. 하지만 필 휴즈의
것은 아니었다. 어떻게 해야 할지 난감했다. 우울한 기분에 나는
친구이자 동료인 록샌 그루언하이드에게 위로를 구했다. 록샌은
보안관사무소 살인사건 담당 수사관이었다. 브롱크스 억양이 강
하고 체격이 좋은 록샌은 미제사건 해결에 대한 내 열정을 이해하
는 여성이었다. "좌절감이 너무 커. 아미다 월치 살인사건 용의자
리스트에서 방금 휴즈가 제외됐어." 내가 말했다. 록샌은 한숨을

쉬더니 "사건파일을 뒤져볼게. 뭐가 나올지 모르니 말이야."라고 대꾸했다.

나는 휴즈가 용의자였던 미제사건들 리스트를 다시 살펴봤다. 생물학적 증거가 나온 사건이 또 있는지 찾기 위해서였다. 하나가 있었다. 그 사건파일의 제목은 "신시아 왝스먼"이었다.

* * *

1978년 4월 22일 토요일. 한 고등학교 운동장에서 야구경기가 열리고 있었다. 맑은 날이었다. 열한 살의 신시아 왝스먼과 사촌 스테파니는 스테파니의 아버지 스티브와 함께 캠폴린도 고등학교 운동장에서 열리는 야구경기를 보러 갔다. 지금보다 세상이 더 안전하던 때였다. 아이들이 안심하고 거리를 뛰놀 수 있던 시절이었다. 아이들끼리 학교나 가게에 걸어가고 놀이터에서 혼자 놀아도 어른들은 걱정하지 않았다. 신시아와 스테파니가 새끼 길고양이가 근처에 있다는 말을 듣고 찾아보겠다고 했을 때 스테파니의 아버지가 허락해준 것도 이상한 일이 아니었다. 당시 모라가는 콘트라코스타 카운티에서 가장 안전한 도시였다. 모라가에서 부모들은 자녀에게 나쁜 일이 일어날지도 모른다는 걱정을 하지 않았다. 연쇄살인범이 그 지역에 숨어서 활동하고 있다는 사실을 부모들은 전혀 모르고 있었다. 그 연쇄살인범은 필 휴즈였다. 휴즈는 림 밸리 볼링장에 자주 가곤 했다. 그날 야구경기가 열린 고등학교 운동장에서 남쪽으로 한 블록 떨어져 있는 곳이었다. 당시 휴즈는 모라가에서 범행 대상을 찾아다니고 있었다. 휴즈의 아내가 경찰에 찾아가 휴즈와 자신의 범죄를 자백하기 일년 전이었다.

신시아와 스테파니는 사람들이 많이 다니는 모라가 로드를 따라 800미터쯤 걸어서 친구가 까만 새끼 길고양이를 봤다고 말한 농장 진입로에 도착했다. 신시아가 도로 옆 인도에서 기다리는 동안 스테파니가 고양이를 찾으러 농장 진입로로 들어섰다. 고양이는 마치 소녀들이 오기만을 기다린 것 같았다. 스테파니는 "찾았어!"라고 소리친 뒤 새끼 고양이를 품에 안았다. 신이 난 신시아는 스테파니가 다시 도로 쪽으로 오기를 기다렸다가 고양이를 얼른 받아 안았다. 나중에 스테파니는 그때 자기가 "나도 고양이 안아볼래."라고 말했던 게 기억난다고 했다. "고양이를 안아서 세 번 정도 쓰다듬고 신시아에게 다시 줬어요."

보도에 앉아 새끼 고양이와 놀던 신시아가 스테파니에게 말했다. 고양이가 배고픈 것 같다고. "스테파니, 네가 아빠한테 가서 고양이 사료 살 돈 받아올래?" 야구경기가 열리는 운동장까지는 걸어서 약 4분 거리였다. "아빠! 새끼 고양이를 찾았어요. 고양이가 배고파해요. 먹이를 주고 싶어요." 스테파니가 아버지에게 달려가며 말했다. 아버지 스티브는 딸에게 5달러 지폐를 건넸고, 스테파니는 다시 모라가 로드로 달려갔다. 하지만 신시아와 고양이

연쇄살인범 필 휴즈가 1971년 모라가의 림 밸리 볼링장 앞에서 모자를 쓴 채 서 있는 모습을 휴즈의 친구였던 질이 찍었다. 질은 휴즈가 목걸이를 선물로 주면서 자신의 목에 걸어줄 때 그의 손이 떨리고 있었다고 기억했다. 그때 질은 휴즈의 신경에 문제가 있어서 그런 줄 알았지만, 돌이켜 생각해보니 목을 조르고 싶은 충동을 참느라 그랬던 것 같다고 말했다. 질은 나와 만난 뒤 가족사진 한 장을 보내왔다. 자신이 휴즈의 피해자가 되지 않고 행복하게 가족을 이루며 살 수 있어서 고맙게 생각한다는 의미의 사진이었다. _질 보틀리(Jill Voeghtly)/필 휴즈 재판 기록

가 있던 도로 옆 보도에 스테파니가 도착했을 때 신시아는 사라지고 없었다.

야구경기는 두 시간 정도 계속됐다. 신시아가 집에 갔을 거라고 생각한 스티브와 스테파니는 경기가 끝난 뒤 차를 타고 신시아의 집으로 갔다. 신시아는 집에 없었다. 신시아의 부모는 신시아의 여

동생 파멜라를 데리고 피겨스케이트 공연에 갔다가 돌아와 있었다. 부모가 집에 돌아온 이후로도 신시아는 거의 3시간 동안 실종 상태였다. 문제가 생긴 게 분명했다.

사람들은 여기저기 신시아를 찾아 돌아다녔다. 야구경기가 열린 고등학교를 다 뒤지고, 신시아와 스테파니가 고양이 사료를 사러 가려 했던 시장도 샅샅이 뒤졌다. 사람들은 스테파니가 살던 아파트 주변과 신시아의 집 근처도 살펴보았다. 그 아이들이 갔던 농장 앞 진입로도 수색했지만 신시아를 찾을 수 없었다. 결국 오후 3시 18분에 신시아의 가족은 경찰에 실종신고를 했다. 경찰이 도착하기를 기다리는 동안 신시아의 엄마 보니는 스테파니에게 신시아를 마지막으로 본 장소로 다시 가보자고 했다.

그곳에 도착한 보니는 보도 옆 작은 나무와 풀이 무성한 곳으로 눈을 돌렸다. 보니는 덤불을 헤치면서 그 안으로 10미터 정도 걸어 들어갔다. 수풀 밖으로 나온 발과 다리가 보였다. 신시아였다. 아이는 목이 밧줄로 단단히 묶인 채 등을 땅에 대고 누워있었다. 두 손은 앞으로 모아져 손목이 묶여있었다. 신시아가 신었던 무릎까지 올라오는 녹색 양말은 발목 주위로 내려져 있었지만, 알록달록한 줄무늬 드레스는 그대로였다. 보니가 소리쳤다. "경찰에 신고해! 누군가 내 아이를 죽였어!"

그 후로 주민들은 모라가가 안전한 곳이라는 믿음을 버렸다.

스테파니는 살인사건 조사를 돕기 위해 최선을 다했다. 하지만 어린 스테파니는 결국 담당 형사들이 추측한 내용을 자신의 진술로 인정하기에 이르렀다. 당시 형사들은 그 지역의 10대 소년이 살인범일 가능성이 있다고 생각했다. 신시아의 시신이 발견된 곳 근처 수풀에서 한 남자가 나오는 것을 봤다고 진술한 소년이었다. 형사들은 소년이 관심을 다른 곳으로 돌리기 위해 거짓말을 한다고 판단했다. 그리고 열 살짜리 스테파니에게 유도심문을 던져 자신들의 결론과 같은 진술을 이끌어냈다. 10대 소년이 신시아를 죽였다는 결론이었다. 정신적 상처를 입은 아이에게서 답을 얻으려면 고도로 훈련된 수사관이 필요하다. 아이들은 어른과 다르게 세상을 보기 때문이다. 아이들은 주된 관심사는 "내가 이 말을 하면 내게 어떤 일이 생길까? 부모님에게 문제가 생기지는 않을까?"이다. 아이들에게 사실을 말하게 하는 방법은 따로 있다. 정신적 상처를 입은 아이를 대상으로 한 조사 내용 녹취록을 읽고 진실을 파악하기란 쉬운 일이 아니다.

* * *

지역 수사관들은 그 10대 소년이 살인범이라는 것을 입증하기 위해 온갖 노력을 했지만 끝내 실패했다. 경찰의 잘못된 수사로 그렇게 된 것이었다. 신시아 왁스먼 죽음은 미제사건이 됐다. 하지만 신시아의 가족들은 결코 그 사건을 잊지 않았다.

왜스먼 사건은 여러 가지 비극을 낳았다. 무엇보다 어린 신시아가 목숨을 잃었다. 신시아의 엄마는 자식의 시신을 직접 발견하는 고통을 겪었다. 부모에게 그보다 더한 고통을 없을 것이다. 아빠 로린은 딸이 살해된 후 몇 년 동안 살해현장으로 차를 몰고 가 절규했다. 신시아를 잃은 고통과 아이가 살해된 방식은 그녀 가족의 마음을 갈기갈기 찢어놓았다. 스테파니는 말할 것도 없었다.

미제사건은 시간이 지날수록 해결하기 힘들어진다. 수십 년이 지나면 얼굴이 노화하고, 기억이 희미해진다. 미제사건 파일에서 읽은 인물들을 현실에서 만나는 것은 매우 이상한 경험이다. 23년 전 그날에 대해 이야기하기 위해 스테파니가 시내로 나왔다. 스테파니에 대한 조사 내용을 녹음한 테이프에서 내가 들은 열 살 소녀의 목소리는 겁에 질린 아이의 음성이었지만, 그녀는 이제 침착한 30세 여성이었다. 우리는 보안관청 건물의 작은 회의실에서 만났다. 내가 그 자리에 있는 게 좋겠다고 말한 스티브 완 경사와 함께였다. 완과 나는 친한 직장동료였고, 왜스먼 사건에 대한 조사 내용을 공유했다. 왜스먼 사건파일을 읽은 완이 스테파니를 만나보자고 제안했다. 나 같은 과학수사관이 증인 조사에 참가하는 것은 매우 이례적인 일이었다. 살인사건 담당 형사와 과학수사관은 성격도 다르고, 사용하는 기법도 매우 달랐기 때문에 자주 충돌하곤 했다. 샌님 스타일의 과학수사관과 현장에서 거친 일을 하는 형사가 친해지는 경우는 거의 없다. 하지만 나는 수많은 수사에 조용히 발을 담그고 현장 형사들을 도왔기 때문에 형사들은 내 판단을 존중했다.

완이 먼저 말을 꺼냈다. 완은 그녀에게 사건에 대한 확실한 사실을 기억해달라고 부탁했다. 완은 그날의 야구경기, 새끼 고양이, 아버지에게 고양이 먹이 살 돈을 달라고 했던 일 등에 대해 물어봤다. 스테파니가 신시아의 실종과 관련해 기억나는 모든 것을 이야기한 후, 완은 카세트 테이프를 꺼내 플레이어에 꽂았다. "당시 조사 내용을 녹음한 테이프입니다." 플레이 버튼을 누르면서 완이 말했다.

테이프에 녹음된 열 살짜리 스테파니의 목소리는 부드러웠지만 겁에 질려 중얼거리는 듯했다. 성인이 된 스테파니는 플레이어를 응시하며 자신의 목소리를 들었다. 스테파니는 어린 자신이 10대 소년을 용의자로 지목하기 위해 이야기를 바꾸는 부분에 이르자 고개를 세차게 저었다. "아니에요. 거짓말이에요. 그 소년은 거기 없었어요." 스테파니가 입을 두 손으로 감싸며 말했다. 눈물을 흘리던 스테파니가 이내 흐느끼기 시작했다. 완 경사는 그녀가 평정을 되찾도록 정지 버튼을 눌렀다. 스테파니는 그 소년을 곤경에 빠뜨릴 의도가 없었다고 말했다. 사건이 발생한지 수십 년이 흐른 후 우리는 사촌의 살인사건에 무고한 소년을 연루시켜 죄책감을 느끼는 어린 소녀를 보고 있었다. 마음이 너무 아팠다.

신시아가 살해된 지 2년 후 필 휴즈가 그와 유사한 세 건의 살인사건 범죄 혐의로 기소됐을 때 그 소년은 이미 유력한 용의자가 아니라고 판명난 상태였다. 연쇄살인을 저지른 사실이 밝혀지면서 휴즈는 그와 유사한 모든 사건의 가장 유력한 용의자로 떠올랐다. 하지만 그 10대 소년은 신시아 살인사건과 무관하다는 공식 판결을 받지 못했다. 나는 그가 그토록 오랜 세월 동안 살인 혐의를 벗지 못하고 살면서 어떤 고통을 겪었을지 상상했다. 소년을 처음으로 살인사건과 연결시킨 유일한 증인이 자신의 진술을 철회하고 있었다. 필 휴즈에 대해 조사할 것이 더 많아진 상황이기도 했다.

신시아 왝스먼 파일을 연구하면서 나는 살인자의 DNA 증거가 어딘가에 있을 가능성이 높다고 판단했다. 증거만 확보된다면 내가 가진 DNA 분석기법으로 사건 발생 직후에 놓쳤던 단서를 잡아낼 수 있으리라. 나는 범인이 신시아를 제압하고 목을 조르는 데 사용한 밧줄에 흔적이 있을 거라고 생각했다. 범인이 사용한 나일론 밧줄을 조사한 결과 그 살인은 미리 치밀하게 계획한 게 아니라는 사실이 밝혀졌다. 살인자는 그 밧줄을 살인현장에 가지고 온 게 아니었다. 범인은 덤불 속에 숨어 아이들을 보면서 우연히 발견한 밧줄을 태워 두 가닥으로 만들었다. 아이 한 명에 한 가닥씩 사용하려고 했던 것 같다. 나는 범인이 아이 둘을 모두 죽일 의도가 있었다고 확신했다.

내 추측은 이랬다. 범인은 모라가 로드을 따라 운전하다가 새끼 고양이와 놀고 있던 신시아와 스테파니를 봤다. 아이들 근처에 차를 대고 덤불 속으로 숨어들었다. 그런데 둘 중 신시아만 남았다. 범인은 신시아를 덤불 속으로 유인해 밧줄가닥 하나로 두 손을 묶은 뒤 강간했고, 나머지 밧줄로 신시아의 목을 졸라 죽였다. 애초 그 밧줄 가닥은 스테파니에게 사용하려고 했던 것이다. 범죄현장 사진과 부검보고서에 따르면 신시아는 심각한 질 외상을 입었다. 그렇다면 범인은 정액이나 타액을 시신에 남겼을 것이다.

나는 여덟 블록을 걸어 에스코바 스트리트에 있는 증거보관실로 가서 에인절을 만났다. 신시아 왝스먼 사건 관련 증거물은 큰 골판지 상자 안 갈색 종이봉투에 있었다. 상자를 밀봉했던 테이프는 누렇게 변색돼 말려 있었다. 그동안 여러 번 그 상자에 테이프를 덧붙인 것 같았지만, 증거물은 상태가 괜찮은 편이었다. 나는 신시아가 입고 있었던 알록달록한 드레스와 흰 속옷, 신고 있던 녹색 양말, 파란색과 흰색 줄이 섞여있는 테니스 신발을 가지고 사무실로 갔다. 증거물들을 실험실로 보낸 뒤 필 휴즈가 네 번째 살인 유죄 판결을 받을 것이라고 확신하면서 기다렸다. 내 예상대로 된다면 휴즈는 평생 감옥에서 나오지 못할 것이다.

DNA 분석요원이 신시아의 속옷에서 정액 얼룩을 발견했다. 지름이 몇 센티미터에 이르는 얼룩이었다. 1978년 당시에는 무시했던 얼룩이었다. 나중에 나는 사건 발생 직후 과학수사관이 그 얼룩에서 산성 인산 가수분해효소 양성 반응을 얻었지만 유용한 증거가 아니라고 판단해 무시했다는 것을 알게 됐다(정상적인 사춘기 이전 소녀의 질액에서는 산성 인산 가수분해효소 반응이 강하게 나타나기도 한다). 과거에 나온 결과에만 의존하지 말고 항상 증거를 새롭게 다시 조사해야 한다는 생각이 다시 한 번 들었다. 우리 연구소 분석요원은 정액 얼룩을 기초로 DNA 프로파일을 쉽게 작성해 냈다. 이 DNA 프로파일은 FBI로 전달돼 미국 내 모든 전과자들의 DNA 프로파일이 저장된 데이터베이스 CODIS에 업로드됐다. CODIS 검색에는 시간이 걸렸다. 나는 내 머릿속 별도 구역에 안전하게 보관된 왝스먼 사건 관련 지식을 동원해 일을 시작했다.

그렇게 몇 주가 흘렀다. 어느 날 실험실에 들어갔는데, 우리 연구소 최고의 DNA 분석요원인 데이브 스톡웰이 내게 말했다.

"폴, 왝스먼 사건이 해결될 것 같습니다."

심장이 쿵 하고 내려앉는 느낌이었다. 마치 호르몬과 신경전달물질이 급류처럼 거세게 온몸에 흐르는 것 같은 끔찍한 느낌이었다. 심장이 두근거리고 얼굴이 붉게 달아올랐다. "누구야?" 내가 물었다. 스톡웰은 그런 내 모습을 보고 재미있어 했을 것이다. 그는 의자에서 일어나 프린터 쪽으로 천천히 다가가더니 종이 한 장을 집어 내밀었다. 맨 위에 있는 이름은 찰스 잭슨이었다. 필 휴즈가 아니었다. 어떻게 이럴 수 있지? 어떻게 신시아 왝스먼의 살인자가 필 휴즈가 아닐 수 있지? 필 휴즈가 틀림없을 텐데. 범행이 일어난 장소와 범행의 잔혹성을 보면 필 휴즈가 맞을 텐데. 왜 이런 결과가 나온 거지? 나는 왜 잘못된 결론을 내리고 있었을까?

술 생각이 간절했다.

찰스 '주니어' 잭슨. 왜 그 이름이 그렇게 친숙하게 들렸을까? 잭슨은 이스트 베이 살인자East Bay Slayer라는 이름으로 불리던 사람이었다. 낡은 트럭을 타고 다니면서 잡일을 하던 잭슨은 강도, 강간, 폭행, 아동성추행 등 다양한 범죄를 저질러 교도소를 들락거렸다. 잭슨은 가석방 한 달 후 신시아 왝스먼을 살해했다. 신시아를 살해한 지 4년 후인 1982년, 그는 콘트라코스타 카운티에서 여성을 강간하고 살해한 혐의로 종신형을 선고받았다. 잭슨은 1975년부터 1982년 사이에 우리 카운티에서 여성 일곱 명과 남성 한 명을 살해했을 것이라는 의심도 받고 있었다. 이상한 일이었다. 잘 알려진 연쇄살인범이 신시아가 강간·살해당한 지역에서 활동하던 그 시점에, 말 그대로 그냥 지나가던 다른 연쇄살인범이 범죄를 저지른 것이다. 신시아는 우리가 아는 한 잭슨이 죽인 유일한 아이였다. 나는 잭슨이 얼마 전에 폴섬 교도소에서 심장마비로 사망했다는 사실을 알고 실망했다. 신시아의 가족이 위로를 얻을 수 있는 유일한 방법은 살인범이 누구인지 아는 것이었지만, 범인은 이미 죽고 없었다.

하지만 나는 계속 움직여야 했다.

당시 나는 이미 다른 미제사건들을 조사하고 있었다. 그러던 중 몇 달 전 아미다 윌치 사건파일을 살펴보겠다고 약속한 내 형사 친구 록샌 그루언하이드에게서 전화가 왔다. 록샌은 거친 브롱크스 억양으로 말했다. "폴, 사건파일을 살펴봤는데, 대릴 켐프라는 사람이 좀 의심이 가."

사건파일에서 대릴 켐프의 이름을 본 기억이 났다. 성폭력 살인 유죄판결을 받고 복역한 후 가석방된 켐프는 월치 살인 사건 발생 2주 후 사건현장 근처의 집들을 창문을 통해 들여다보다 체포돼 조사를 받았다. 켐프의 가석방 보호관찰관이 수사관들에게 월치 사건과 관련해 켐프를 상세히 조사하라고 권고했지만, 켐프가 복역 중에 편지 교환을 하면서 사귀었던 여자친구는 아미다 월치가 살해당한 날 그가 자신과 함께 있었다고 진술했다. 사건파일에 따르면 수사관들은 이 알리바이를 인정해 켐프를 용의선상에서 제외한 듯했다. 하지만 다행히도 당시 과학수사관 존 패티가 만약의 경우를 대비해 켐프의 머리카락 샘플을 채취했다. 지금 생각해보면 그 과학수사관이 상당한 선견지명이 있었던 것 같다.

나는 다시 증거보관실로 가서 켐프의 이름이 쓰인 상자를 찾아냈다. 머리카락 한 가닥이 안쪽에 있는 종이 봉투에 들어있었다. 나는 DNA 분석요원에게 샘플을 전달하면서 유전자 프로파일 작성이 가능할지 알아봐 달라고 부탁했다. 마침내 작성된 유전자 프로파일은 아미다의 손톱 밑에 있는 핏자국에서 나온 DNA와 일치했다. 미제사건이 해결됐다.

나는 록샌에게 결과를 빨리 말하고 싶었다. 내가 전화했을 때 록샌은 다른 사건 재판에서 증언하기 위해 법정 밖 복도에 앉아 있었다. "대릴 켐프의 DNA 프로파일이 아미다의 손톱 밑에서 나온 혈액 DNA와 일치했어." 법정과 법정 주변에서는 어느 정도 예의를 지켜야 하는데도 록샌은 큰 소리로 내게 말했다. "와우! 정말 잘 됐어!"

월치 사건 서류를 검토하다 켐프를 의심하게 된 록샌은 그가 텍사스의 한 교도소에서 복역 중이라는 사실을 알아냈다. 그 얼마 전에 다시 저지른 강간으로 가중처벌을 받아 수감된 상태였다. 켐프는 그 전에 로스앤젤레스에서 간호사를 강간하고 살해한 혐의로 캘리포니아에서 사형을 선고받았지만, 대법원에서 판결이 뒤집혔다. 그는 18년을 복역한 후 1978년에 가석방됐다. 그로부터 4개월 뒤 켐프는 조깅코스에 숨어있다가 아미다 월치를 살해했고, 얼마 후 텍사스로 이사했다. 1983년 텍사스에서 그는 대학생들이 모여 사는 집에 침입해 여섯 명을 강간하고 목 졸라 살해했다. 월치 사건의 범인으로 확인됐을 당시 켐프는 67세였다. 18세부터 그때까지 켐프가 교도소에서 복역하지 않은 기간은 8년밖에 되지 않았다. 켐프의 가석방은 관대한 판사들과 가석방심사위원회가 악마에게 준 선물이었다. 후에 그는 아미다 월치 사건으로 유죄판결을 받아 복역하면서도 가석방을 신청했다.

켐프는 2003년에 콘트라코스타 카운티로 송환됐다. 그는 재판을 받는 내내 졸았고, 다시 한 번 사형을 선고받았다. 현재 85세인 켐프는 샌쿠엔틴 교도소에서 사형수로 복역 중이지만, 사형될 가능성은 거의 없다.

한편 필 휴즈는 현재 74세로, 캘리포니아 남자 교도소에 수감돼 있다. 그는 교도소에서 편지 교환을 통해 사건 여성과 결혼했고, 그 여성은 휴즈의 자식 두 명을 낳아 키우고 있다. 휴즈에 대해 조사하는 과정에서 나는 많은 것을 배웠다. 그를 평생 감옥에 가두기 위해 노력하면서 내 의도와는 다르게 휴즈가 저질렀을 것으로 추정했던 살인사건 두 건에서 그가 무죄라는 것을 입증한 셈이 됐지만, 확실한 교훈을 하나 얻었다. 계속 노력한다면 원래 해결하려고 했던 사건이 아닌 다른 사건이라도 해결할 가능성이 존재한다는 교훈이 말이다.

나는 휴즈가 저지른 다른 살인사건이 있다는 심증을 증명해내지 못했고, 그로 인해 나 자신을 의심했다. 그러다 문득 깨달았다. 내가 원했던 범인은 아니지만 확실한 범인을 잡았으니 그러면 됐다는 생각이었다. 신시아 살인사건의 범인은 애초 내가 짐작한 대상이 아니었다. 하지만 신시아의 가족들은 이제 범인이 누구인지 몰라 가슴 치는 일은 없을 것이다.

중요한 건 진실이다. 진실을 찾아내는 것이 언제나 가장 중요했다. 그거면 충분했다.

15장 : EAR 사건, 돌파구가 열리다

2001년이었다. 내가 동부 지역 강간범EAR의 DNA 프로필을 만들어낸 지 4년이 지났을 때다. 오렌지 카운티 과학수사관 메리 홍이 가지고 있는 캘리포니아 남부의 연쇄범죄자들 자료와 내 자료를 비교한 것도 꽤 오래전의 일이었다. 그때 우리는 EAR과 오렌지 카운티 수사관들이 오리지널 나이트 스토커ONS라고 부르는 연쇄범죄자 사이의 유사점을 발견했다. 둘 다 거의 같은 기간에 활동했고, 둘 다 성적 동기를 가지고 침대에서 커플을 공격한 연쇄범죄자였다. 하지만 나는 차이점에 더 많은 무게를 뒀다. EAR은 피해자의 등에 접시를 올려놓는 행동이 가장 큰 특징인 연쇄 강간범이었는데 ONS는 그러지 않았다. ONS는 강간을 저지르는 데서 나아가 커플들을 몽둥이로 때려죽였다는 특징이 있었다.

메리 홍과 자료를 비교할 당시에는 EAR과 ONS가 동일인물이라고 확신할 수 있는 결정적 증거가 없었다. 나는 그 둘 간 연관성을 더 많이 찾기 위해 파고들었지만, ONS를 조사한 수사기관들은 나의 도움 요청에 협조하지 않았다. 게다가 오렌지 카운티가 가진 정교한 장비를 통해 메리 홍이 작성한 DNA 프로파일은 당시 내가 사용하던 수준 낮은 장비로 얻은 결과와 일치하지 않았다. 도무지 진전이 없는 상황에서 나는 몇 년 전에 공격을 중단한 것으로 보이는 강간범을 추적하는 데 시간을 할애할 수가 없었다. 노렐과 피츠버그 성노동자들 살인사건의 범인이 여전히 잡히지 않고 있는데도 말이다. 내 추측대로 이들 사건의 일부라도 동일범에 의한 소행이라면, 범인은 이 사회를 계속 위협할 터였다. 하루빨리 범인을 찾아내야 했지만, 나에게는 시간이 없었다.

나는 메리 홍에게 우리 연구소의 수준이 오렌지 카운티 연구소 수준을 따라잡게 되면 다시 연락하겠다고 약속했었다. 그 후 몇 년이 지나 마침내 우리 연구실에서 표준화된 STR DNA 검사를 할 수 있게 됐다. 당시 개발된 지 얼마 안 된 FBI의 CODIS 프로그램에 입력할 DNA 프로파일들을 만들어내기 위해 연방 형사사법국으로부터 보조금을 받은 게 도움이 됐다. CODIS는 알려진 범죄자들의 DNA 프로파일을 수집해 사건 해결에 이용하기 위한 종합 DNA색인시스템이다. 보조금 액수는 크지 않았지만, 미해결 사건을 해결하고 DNA 분석 장비를 업그레이드하기에는 충분했다.

연구소 복도에 서서 보조금 중 일부를 어떤 미제사건 수사에 사용할지 동료들과 이야기를 나누던 때였다. 1997년에 막다른 골목에 도달한 이후 거의 잊고 지내던 EAR 사건이 내 머리에 떠올랐다. "EAR 사건 수사에 보조금을 사용해도 될까?" 내 제안에 토론이 시작됐다. EAR 사건들은 살인사건이 아닌 데다 그가 저지른 강간 범행은 이미 모두 공소시효가 지났기 때문에 범인을 찾아내도 기소가 불가능했다. 나의 다음 질문은 "풀리지 않는 미제사건에 보조금을 사용할 수 있을까?"였다.

DNA 분석요원 데이브 스톡웰이 심드렁한 표정으로 내 의견에 반론을 제기했다. 원칙주의자인 스톡웰은 "EAR 사건이 보조금 지급 취지에 부합하는지 모르겠습니다."라고 말했다. 나는 스톡웰의 생각을 이해했지만, 상사인 캐런 셸던이 즉각 스톡웰의 의견을 반박하고 나섰다. "보조금을 그 사건 수사에 사용하는 것이 좋겠어. 누가 뭐라고 하면, 내가 책임질게." 그렇게 나는 EAR 사건을 다시 조사할 수 있게 되었다.

나는 스톡웰에게 1997년에 내가 조사했던 EAR 사건 세 건의 증거물에 대해 새로운 기술을 적용해 DNA 프로파일을 다시 만들어 달라고 요청했다. 스톡웰은 2년 전 캘리포니아 남부 샌버나디노 보안관청 산하 범죄연구소에서 우리 연구소로 전출된 과학수사관이었다. 탁월한 두뇌의 소유자인 그는 우리 연구소에서 새로운 DNA 분석기법 개발을 이끌었다. 모르는 게 있을 때 그를 찾아가면 그는 우리가 이해할 때까지 설명해주곤 했다.

스톡웰은 새로운 STR 기법을 이용해 EAR 사건의 증거를 분석한 뒤 세 건 모두 STR 프로파일이 일치한다는 결과를 알려줬다. 그럴 것이라고 예상했지만, 재차 확인하고 나니 마음이 놓였다. STR 기법은 이전에 내가 사용하던 DNA 분석기법보다 훨씬 더 변별력이 높았다. 나는 스톡웰에게 메리 홍과 연락하라고 말했다. 마침내 EAR의 DNA 프로파일을 메리 홍이 가진 ONS의 프로파일과 비교할 수 있게 된 것이다.

모든 수사는 바로 수행해야 하는 단계와 계속 진행하기 전에 먼저 확인해야 하는 단계로 구성된다. 오렌지 카운티의 DNA 프로필과 비교하는 작업은 먼저 확인해야 하는 단계에 속했다. 이 비교는 EAR의 정체를 밝혀내기 위한 긴 탐색에서 반드시 수행해야 했던 일 중 하나였다.

스톡웰은 내 지시를 받은 후 자리로 돌아갔고, 나는 보고서를 읽고 서명하는 일상적인 일을 계속했다. 그날 오후 스톡웰이 내 사무실로 왔다. "메리와 통화했습니다." 그는 마치 동네 음식점에서 뭔가 특별한 이야기를 들려주듯이 열정적으로 말했다. "프로파일이 일치합니다."

나는 흥분했다. "뭐라고?" 믿기지 않는 표정으로 내가 물었다.

"일치합니다." 그가 다시 강조했다. "메리 홍이 가진 살인범 프로파일 네 개가 EAR의 프로파일과 완벽하게 일치합니다."

스톡웰은 쉽게 흥분하는 사람이 아니었다. 그에게 그 결과는 다음 단계로 넘어가기 위한 과정 중 하나였다. 하지만 내게는 평생 연쇄살인범을 추적한 결과의 절정이었고, EAR이 강간범에서 살인자로 진화했다는 사실을 보여주는 결정적 단서였다. 한동안 움직이지도 못한 채 서 있던 나는 정신을 차리고 메리 홍에게 전화를 걸었다. "메리, 프로파일이 일치하는 거 맞습니까?" 내가 물었다.

메리 홍도 나만큼 흥분한 상태였다. 메리는 전화를 오렌지 카운티 보안관청 수석 형사 래리 풀에게 연결했다. 풀은 나처럼 내성적인 사람이었지만, 목소리에서 흥분이 느껴졌다. 풀은 DNA로 연결된 네 건의 살인 외에도 다른 두 개의 사건이 더 연관된 것 같다고 말했다. 그중 하나는 커플이 범인의 공격을 피해 살아남아 자세히 진술한 사건이다. 이 커플의 진술 내용은 범행이 EAR의 소행이라는 것을 거의 확실하게 드러내고 있었다.

＊　＊　＊

골레타는 캘리포니아 남부 샌타바버라 카운티에 속한 도시다. 1950년대까지 주로 농지로 이용되던 골레타 지역은 이후 항공우주 산업, 방위기술 산업의 허브로 발전하면서 젊은 전문 인력들이 유입돼 부동산 붐이 일어나기도 했다. 골레타에 '좋은 땅'이라는 별칭이 붙은 데는 이유가 있다. 골레타 지역은 울창한 산으로 둘러싸이고, 야생화가 피어있는 바위 절벽에서 내려다보는 풍경은 기가 막힐 만큼 아름답다. 여름에는 날씨가 맑고 섭씨 20도 정도의 기온이 계속된다. 겨울에는 제왕나비들이 골레타의 나비보호구역으로 몰려들어 장관을 이룬다.

1979년 10월 1일. 골레타의 낙원 같은 분위기가 하루아침에 사라졌다. 가면을 쓴 남자가 골레타의 퀸앤레인에 있는 집에서 잠자던 커플의 침대 발치에 서 있었다. 새벽 2시였다. 깜깜한 방에서 누군가가 두 사람의 눈에 플래시 불빛을 비추었다. 이 커플은 서른세 살 동갑내기로 둘 다 컴퓨터 프로그래머였고, 2년 동안 그 집에서 살고 있었다. 퀸앤레인은 그날까지 범죄와 거리가 멀던 중산층 동네였다.

침입자가 침대를 발로 차자 여자가 먼저 잠에서 깼다. 플래시 불빛을 받은 남자친구도 잠에서 깨어났다. 침입자가 남자친구에게 "개자식아, 움직이면 죽이겠다."라고 말했다. 자신의 원래 목소리를 숨기는 것 같았다. "둘 다 엎드려." 침입자가 위협하자 둘은 시키는 대로 했다.

"남자를 묶어." 여성에게 나일론 끈과 밧줄을 던지며 침입자가 명령했다. 여자는 손을 떨며 남자의 손목과 발목을 느슨하게 묶었다. 그러자 침입자가 말했다. "단단하게 묶지 않으면 죽이겠다." 여자는 시키는 대로 했다. 그 순간 온갖 생각이 들었을 것이다.

다음은 여자 차례였다. 침입자는 여자의 손목을 등 뒤로 묶은 다음 발목까지 묶었다. 그렇게 여자를 묶어놓은 침입자는 집 안을 돌아다니며 옷장 서랍을 뒤졌다.

"돈 어디 있지?" 침입자가 침실로 돌아와 물었다. "움직이지 말고 말해, 개자식들." 여자는 지갑이 주방 식탁 위에 있다고 대답했다. 침입자가 여자의 발목을 푼 다음 침대에서 끌어내면서 같이 주방으로 가자고 말했다.

침입자는 여자를 거실로 데려가 커피테이블 옆에 쓰러뜨린 뒤 다시 발목을 묶었다. "위를 보고 누워." 침입자가 명령했다. 여자는 강간을 당할 거라고 생각했다. 침입자는 다시 집 안을 뒤지더니 여자의 테니스 반바지를 들고 돌아왔다. 범인이 반바지를 여자의 머리에 뒤집어씌웠다. 그 상태에서도 범인이 플래시 불빛으로 자신의 온몸을 비춰보고 있다는 것을 여자는 알 수 있었다. 그 후 범인은 여자의 왼쪽 어깨 옆에 무릎을 꿇고 "이제 네년의 목을 칼로 찔러 죽이겠어."라고 말한 뒤 일어났다.

범인이 주방을 뒤적거리고 복도를 왔다갔다 하는 동안 여자는 공포에 질려 귀를 기울였다. "죽일 거야. 죽여 버릴 거야. 죽여 버릴 거야." 범인이 그렇게 말하는 것을 적어도 열댓 번은 들었다.

여자는 죽지 않기 위해 도망치기로 마음을 먹었다. 무슨 수를 써서라도 집에서 빠져나가야 했다. 범인이 다가오는 발소리가 들릴 때 여자는 발목에 묶인 줄을 풀고 비명을 지르면서 현관문 밖으로 뛰쳐나갔다. 알몸으로 침실에 묶여 있던 그녀의 남자친구도 침대에서 빠져나와 미닫이 유리문을 통해 뒤뜰로 탈출했다. 범인은 플래시 불빛을 비추면서 남자를 추격했다. 남자는 오렌지나무 뒤에 숨어 플래시 불빛이 사라질 때까지 꼼짝도 하지 않았다.

범인이 현관문으로 탈출한 여자를 붙잡았다. 얼굴에 뒤집어 씌워진 테니스 반바지 때문에 앞이 잘 보이지 않았던 여자가 집의 외벽을 들이받으면서 길을 찾지 못하고 있을 때였다. 범인은 여자를 주저앉힌 다음 머리채를 뒤로 당기면서 엄지손가락을 그녀의 입에 넣었다. 범인은 여자에게 칼을 대고 이를 갈면서 말했다. "조용히 하라고 했잖아." 범인이 화를 내면서 여자를 다시 집 안으로 밀어 넣었다.

옆집에서 자고 있던 FBI 특수요원 스탠 로스와 그의 아내가 비명 소리에 잠에서 깼다. "무슨 소리지?" 침대에서 일어나 앉으면서 아내가 물었다. 두 집 사이에는 나무들이 심겨 있어 잘 보이지 않았지만 스탠은 분명 무슨 일이 일어나고 있다고 확신했다. 그는 보안관청에 전화를 걸어 도움을 요청한 뒤 옷을 입고 아내에게 총을 건네며 "문을 단단히 걸어두고 있어. 내가 돌아올 때까지는 열면 안 돼."라고 말했다. 권총를 들고 집에서 나간 스탠의 눈에 자전거를 타고 옆집 진입로를 빠져나가는 남자가 보였다. 스탠은 "거기 서!"라고 소리쳤다. 자전거를 탄 남자는 몸을 낮추고 페달을 더 세게 밟았다. 스탠은 차에 타 시동을 걸고 남자를 추격하기 시작했다. 하지만 거의 따라잡았을 무렵 남자는 자전거를 내동댕이치고 집들 사이로 사라졌다. 그 자전거는 근처에 사는 가석방 보호관찰관 집에서 훔친 것이었다.

스탠이 옆집으로 돌아왔을 때 보안관청의 경관이 도착했다. 알몸 상태의 여자가 그들에게로 달려왔다. 손이 등 뒤로 묶인 채 여자가 비명을 질렀다. "사람이 죽었어요!" 남자친구가 죽었다고 생각한 여자가 외쳤다.

스탠과 보안관보는 여자의 집을 수색한 뒤 뒤뜰로 갔다. 스탠이 남자의 이름을 부르면서 "옆집 사는 스탠입니다. 보안관보와 같이 왔습니다."라고 말했다. 그때까지 오렌지나무 뒤에 숨어있던 남자는 "플래시로 보안관 배지을 비춰 보여주세요."라고 요청했다.

이 커플은 침입자의 정체를 알아낼 만한 정보를 거의 제공하지 못했다. 집은 어두웠고 침입자는 스키마스크를 뒤집어쓰고 있었기 때문이다. 그들이 할 수 있었던 말은 "백인이었던 것 같고 키가 180센티미터 정도였다"가 다였다. 아주 적은 양의 정보였지만, 이후 사건의 피해자들도 그 이상의 정보를 제공하지는 못했다.

EAR은 남쪽으로 이동했지만, 범행수법이 ONS와 동일했다. 한밤중에 기습적으로 침입했고, 스키마스크를 쓰고 있었고, 거친 목소리로 속삭이듯 말했고, 피해자 남성과 여성을 갈라놓고 남성을 침대에 묶었고, 남성의 등 위에 접시를 올려놓은 수법이 동일했다. 골레타에서 저지른 범행은 그 후 범죄를 위한 리허설이었을 수도 있고, 범행 방식을 업그레이드하려다 실패한 것일 수도 있다. 하지만 EAR은 살인을 할 준비가 돼 있었다. 두 달 후 EAR은 이 커플을 공격했던 집과 1킬로미터도 떨어지지 않은 곳에서 연쇄살인범으로 진화했다. 1979년 12월 30일 새벽, EAR은 정형외과 의사인 로버트 오퍼먼의 집에 침입해 얼마 전부터 오퍼먼과 데이트하기 시작한 정신과 의사 데브라 매닝을 몽둥이로 공격해 죽였다. 그 후 EAR의 공격에서 살아남은 사람은 한 명도 없었다.

＊　　＊　　＊

2001년, EAR과 ONS가 동일인이라는 뉴스가 지역 신문에 1면 기사로 실렸다. 〈새크라멘토 비〉에 실린 기사의 내용은 이랬다.

그는 1976년부터 1978년까지 새크라멘토 카운티 동부 전역을 공포로 몰아넣었다. 여자들은 밤이 오는 것을 두려워했고, 남자들은 집에서 신경이 곤두서 있었다. (…) 콘트라코스타 카운티의 과학수사관 한 명이 오래된 DNA 증거를 이용해 1979년부터 1986년까지 오렌지 카운티, 샌타바버라 카운티, 벤추라 카운티에서 4쌍의 남녀와 여성 2명을 연속적으로 살해한 범인이 EAR과 동일인이라는 것을 밝혔다.

이 괴물은 새로운 이름을 갖게 됐다. 역사상 가장 많은 범죄를 연속적으로 저지른 범인 중 하나가 된 그에게 EARONS라는 이름이 붙여졌다.

나는 그와 관련된 모든 파일과 증거를 모아 오렌지 카운티의 래리 풀에게 보냈다. 최선을 다해 수사를 도와주겠다고도 약속했다. 수사 지원자 모드로 전환한 것이다. 이제 사건 해결은 오렌지 카운티의 몫이었다. 풀은 공소시효가 없는 살인사건을 수사하고 있었다. 2001년 3월 그 날까지 풀과 캘리포니아 남부의 수사관들은 유령을 쫓고 있었다. 피해자들은 모두 죽었고, 가진 것은 골레타 사건 피해자 커플의 모호한 설명밖에 없는 상태였다. 이제 수사관들은 캘리포니아 북부에서 발생한 50건의 EAR 사건 피해자들이 진술한 범인의 몸집, 범인이 한 말과 행동, 범인의 성기가 작았다는 사실까지 모든 구체적인 정보를 활용할 수 있었다. 용의자들을 기록한 긴 목록은 수년에 걸쳐 EAR 전담수사팀이 작성한 것이고, 풀은 이제 그 정보들을 자신이 맡은 살인사건 관련 정보와 비교할 수 있게 있게 되었다. EAR 사건파일 중 하나에 나오는 이름이 풀의 용의자 리스트에 있는 이름과 일치할 수도 있었다.

나는 오렌지 카운티가 이 연쇄범죄 사건을 해결할 것이라고 확신했다. EAR 사건을 마지못해 머리에서 떨쳐내고 다음 도전 과제를 찾으면서, 적어도 내가 이 수사에 영향을 미치긴 했다고 스스로를 위로했다.

16장 : 부검

2003년 4월

4월 15일 세금의 날, 화요일이었다. 연구소 프런트 카운터에 자코 멜리가 나타났다. 파트너인 코너티가 보이지 않았다. 그 둘이 떨어 져 다니는 것을 이전에 한 번도 본 적이 없었다.

카운터 쪽으로 걸어가는 나를 먼저 알아본 자코멜리가 선글라 스를 벗으면서 "잘 지냈나, 친구?" 인사를 했다.

"네 잘 지냅니다. 어쩐 일이세요?"

자코멜리는 코너티의 어머니가 갑자기 돌아가셔 그날 혼자 큰 사건을 처리하게 됐다고 말했다. 내 의견을 묻기 위해 온 것이다. 내가 피츠버그 살인사건을 조사하면서 두 사람과 유대관계를 맺은 지 4년이 흘렀을 무렵이다. 나는 그들이 편안하게 도움을 구하는 것을 영광으로 여겼다. 나는 연구소에서 미제사건 조사에 몰두하는 내성적인 타입이었고, 그 두 사람은 대담한 수사관이었지만 우리는 아주 잘 통했다. 나는 그들의 수사 능력에 경외감을 느꼈고, 그들은 내 과학수사에 전적으로 의존했다. 코너티는 "이봐, 폴. 우리는 기껏해야 길거리 경찰들이라고. 제발 우리가 유치원생이라고 생각하고 설명을 해 줘."라고 말했다.

그 "길거리 경찰들"은 내게 수사 방법을 알려주겠다고 했고, 나는 그 기회를 흔쾌히 받아들였다. 그들은 나를 수사현장으로 데려가 형사가 하는 업무가 얼마나 지저분한 일인지 보여주곤 했다. 그들로부터 나는 최고 수준의 살인 수사기법을 배웠지만, 때로 코미디를 보는 것 같은 경험도 했다.

늦은 밤이나 기회를 엿봐 나는 연구소에서 몰래 빠져나와 그들의 차에 타곤 했다. 코너티는 창문이 시꺼멓게 선팅된 어두운 세단을 몰았고, 자코멜리는 항상 조수석에 탔다. 최고급 양복을 빼입고 시꺼먼 선글라스를 쓴 두 형사가 앞에 타고, 나는 그들의 꼬마동생처럼 뒷좌석에 쪼그려 앉았다.

두 사람은 내가 놀라자빠지는 모습을 보며 즐거워하곤 했다. 어느 날 우리는 살인사건 재구성을 하고 돌아오는 중이었다. 코너티는 운전을 하면서 뭔가를 신나게 이야기했다. 그러다 갑자기 이야기를 중단하고는 고개를 홱 돌리면서 차들이 늘어서 있는 월로

패스 로드 한가운데서 유턴을 했다. 차의 바퀴 두 개는 공중에 뜬 상태였다. 그가 골목길로 우회전해 보도 옆에 차를 댔다. 그곳에는 한 여성이 전신주에 기대 손님을 기다리고 있었다. 코너티가 선글라스 너머로 그 여성을 주시하는 모습이 차 백미러를 통해 보였다. "저 여자 누군지 알지?" 코너티가 물었다. 자코멜리가 고개를 끄덕이며 창문을 내렸다. "이봐, 어맨다! 우리가 누굴 좀 찾고 있는데 말이야, 혹시 폴 홀스 아나?" 나는 뒷좌석에서 몸을 움츠렸다. 여성의 눈은 반쯤 감겨 흐릿했다. "글쎄." 여성이 대꾸했다. 자코멜리는 "혹시 폴 홀스 만나면 우리가 찾고 있다고 전해줘."라고 말했다. 코너티가 차를 뺐다. 그들이 킬킬대면서 웃고 있는 동안 내가 걱정했던 것은 피츠버그 경찰이 나를 찾고 있다는 소문이 길거리에 돌게 생겼다는 사실뿐이었다. "아, 정말 나한테 왜 그래요." 내가 투덜대자 코너티가 대답했다. "미안해, 친구!"

내 작업의 대부분은 연구실이나 책상에서 이뤄졌다. 하지만 코너티와 자코멜리는 우범지대를 돌아다니면서 위험한 중범죄자들과 성노동자들에게 정보를 얻고 그 대가로 관대한 처분을 약속했다. 나는 관할구역을 누비며 살인사건 수사를 하는 그들과 붙어다니면서 그들이 사람들과 어떻게 소통하고 사람들이 그들에게 어떻게 반응하는지 관찰했다. 그들은 사람들의 신뢰를 얻고 정보를 얻는 데 능숙했다. 심지어 범죄와 연루되어 있고 경찰과 이야기하지 말아야 마땅한 사람들로부터도 정보를 얻어냈다. 그들은 내게 수사 전략뿐만 아니라, 수사관과 정보원 간 상호작용이 사건에 어떤 영향을 미치는지도 직접 보여줬다. 사람을 사람으로 존중하면서 대하는 것이 우리가 잘 알고 있는 강압적인 수사 방법보다 더 큰 효과를 낸다는 것을 그들은 내게 알려줬다. 코너티와 자코멜리는 사람들과 처음 접촉할 때 그들이 성노동자이든, 조폭 두목이든, 살인범이든 항상 친절하고 정중했다. 두 사람과 함께 다니면서 나는 늘 무언가를 배웠다. 그들이 범죄자들과 혈투를 벌인 다양한 이야기, 폭력적이고 불리한 상황을 반전시킨 이야기에서 많은 것을 배웠다. 그들은 매우 아슬아슬한 상황에서도 아무렇지 않게 행동했다. 자코멜리는 성격 좋은 경찰 역할에 잘 맞았고, 코너티는 나쁜 경찰을 연기하는 데 대가였지만 때로는 역할을 서로 바꾸기도 했다. 그들은 서로 경쟁하기도 했지만 그 경쟁에는 언제나 이유가 있었다. 그렇게 경쟁하면서 범인의 자백을 이끌어내는 데 명수였다.

나는 두 사람과 같은 현장 수사관은 아니었지만, 그들이 서로 다른 성격을 어떻게 활용하는지 지켜보면서 나의 카멜레온 같은 기질이 미제사건 조사에 잘 어울릴 수 있다는 것을 깨달았다. 나는 그들처럼 조폭 두목 앞에서 조폭들의 말투로 대화할 수 있는 사람은 아니지만, 끔찍한 정신적·육체적 상처를 입은 피해자들이 자신의 상처에 대해 털어놓고 잊을 수 있도록 도움을 줄 수 있었다. 그게 내 힘이었다. 나는 피해자들의 이야기들에 공감하고 그들이 편안함을 느끼게 할 수 있었다. 나아가 그 이야기들을 기초로 내가 할 수 있는 조사를 다 했다.

자코멜리가 나를 만나러 연구소에 찾아왔던 날 코너티와 자코멜리는 순찰대로부터 인계받은 사건을 수사하는 중이었다. 코너티가 내게 전화를 해서 그 사건에 대해 간단히 설명한 터였다. 일주일 전 근무조가 피츠버그 애벗 애비뉴에 있는 집에서 한 남자가 중상을 입었다는 911 전화 신고를 받았다고 했다. 순찰대가 도착했을 때 머리에 심한 출혈이 있는 에릭 루이 허프먼이라는 21세 남성이 의식을 잃었다가 되찾기를 반복하고 있었다. 에릭의 누나는 동생이 그 상태로 문 앞에 나타났다고 말했다. 하지만 에릭이 어떻게 문 앞까지 왔는지는 모른다고 했다. 걸어왔을 수도 있고, 누군가 이곳에 내려줬을 수도 있다는 얘기였다. 에릭이 의식을 잃기 전, 집 근처 안티오크에서 구타를 당했다는 말을 했다고도 그녀는 진술했다. 그녀가 피 흘리는 동생을 집 안으로 데리고 들어오자마자 에릭은 소파에 쓰러졌다는 것이다.

코너티와 자코멜리가 그 집에 도착한 것은 구타 사건이 살인사건으로 바뀔 때쯤이었다. 날이 저물어 체육관에 운동하러 갈 준비를 하고 있을 때 경위가 그들에게 다가와 말했다. "지금 출동하셔야겠습니다." 경위가 계속했다. "구타를 당했다는 신고를 받는데 피해자가 사망할 것 같습니다." 현장에 도착하니 현관 안쪽에 순찰대원이 서 있었다. 순찰대원은 에릭의 누나가 들려준 이야기를 그들에게 전달했다. 코너티는 누나의 얘기가 전혀 말이 되지 않는다고 순찰대원에게 대꾸했다. 누나는 동생이 피를 흘리면서 집 안으로 들어갔다고 말했지만, 집 앞에는 핏자국이 전혀 없었기 때문이다. 코너티는 "아무도 집 앞까지 피를 흘리면서 걸어오지 않았다"고 단언했다. 하지만 집 안 거실에 있는 소파 주변은 마치 소를 도살한 것처럼 피가 흥건했다. 무슨 일이 벌어졌든 처음부터 그 집 안에서 일어난 사건이었다.

치명상을 입은 에릭은 병원으로 옮겨져 두개골 엑스레이를 촬영했다. 의사는 에릭의 머리 상처가 구타로 인한 것이 아니라는 결론을 내렸다. 누군가 그의 눈에 총을 쏴 생긴 것이었다. 이 사실이 밝혀지면서 누나의 진술은 설득력을 잃었고, 그녀는 범인 또는 최소한 공범이라는 의심을 받게 됐다. 코너티와 자코멜리는 누나를 경찰서로 연행해 조사를 시작했다. 피해자가 친동생이라는 것을 사실을 강조하며 협조를 구했지만, 그녀는 아랑곳하지 않았다. 임신 중이던 누나는 눈 하나 깜짝하지 않았다. 자코멜리는 "당신이 동생을 죽였거나, 동생을 누가 죽였는지 알고 있거나 둘 중 하나요." 하고 말했다. 그녀는 동생에게 들은 말 외에 아는 것이 없다고 비웃듯 진술했다. 형사들이 자기 말을 믿지 않는 게 분명하다는 판단이 들자 갑자기 진통이 시작됐다고도 했다. 영악한 여자였다. 코너티가 앰뷸런스를 부르라고 말하면서 조사는 끝났다. 그 정도 조사로는 체포영장을 받을 수 없었다.

코너티는 살인사건이 집 안에서 일어났다는 것을 증명하기 위해서는 범죄현장을 다시 직접 조사하는 방법밖에는 없다고 판단했다. 코너티가 내게 전화를 해서 같이 할 수 있는지 물었다. 현관 주변에 피가 떨어져 있지 않다는 것을 증명하려는 목적이었다. 그 증거를 통해 나는 에릭이 집 안 소파 근처에서 총에 맞았다는 전문가 의견을 제시할 생각이었다. 그렇게 되면 용의자 수가 크게 줄어들면서, 에릭의 누나를 체포해 조사할 수 있었다.

다음 날 아침 코너티와 자코멜리가 피츠버그 경찰서에서 다음 단계를 계획하고 있을 때, 코너티의 아버지가 전화를 했다.

"네 어머니가 세상을 떠났다." 코너티는 넋을 잃었다. 그의 어머니가 계속 아프긴 했다. 그럼에도 어머니의 죽음은 너무나 갑작스러운 것이었다.

"무슨 일이야?" 자코멜리가 물었다.

"어머니가 돌아가셨어." 코너티가 믿을 수 없다는 표정을 지으며 목멘 소리로 같은 말을 반복했다. "어머니가 돌아가셨어." 엄격한 이탈리아 가정에서 자란 코너티는 어머니의 자랑이자 기쁨이었다. 코너티는 매일 어머니에게 찾아갔지만, 그녀가 세상을 떠나기 전날은 일 때문에 가지 못했다.

어머니가 세상을 떠나자 코너티는 슬픔을 이기지 못했다. 자코멜리 역시 코너티의 어머니를 자기 어머니처럼 대했다. 코너티의 어머니를 만날 때 자코멜리는 늘 아들처럼 굴었고, 코너티의 가족

모임에서는 함께 춤을 추기도 했다.

"어서 가봐! 가서 당신이 할 일을 해야지." 자코멜리가 코너 티를 위로하며 말했다.

*   *   *

자코멜리는 범죄현장 사진을 한 묶음 들고 연구소에 왔다. 그가 사진들을 내 앞에 있는 카운터에 올려놨다. 그는 집주인에게 현장 재조사를 위한 협조를 구하고, 초기 조사과정에서 놓쳤을지 모르는 증거를 찾아낼 과학수사관들에게도 연락을 취한 상태였다. 경찰의 초동 조사가 끝나자마자 피해자 에릭의 누나가 피를 깨끗하게 닦아냈기 때문에 당시 경찰이 가진 것은 초동 조사 때 찍은 현장 사진밖에는 없었다. 게다가 그 사진은 총격으로 인해 바닥이나 벽에 튄 미세한 양의 혈액을 확인할 만큼 선명하지도 않았다.

자코멜리는 없어진 흔적들을 다시 살려내려면 어떻게 해야 할지 내게 물었다. "루미놀로 될까?" 루미놀은 범죄현장에서 눈으로 감지할 수 없는 핏자국을 확인하는 데 사용되는 약물이다. 루미놀을 사용하면 피가 씻겨 나가고 오랜 시간이 지난 후에도 적혈구에서 발견되는 단백질인 헤모글로빈의 존재를 밝힐 수 있다.

"다시 살릴 수 있어요. 하지만 루미놀을 뿌리기 전에 매우 집중적인 시각적 검색을 해야 합니다. 눈에 보이는 핏자국을 선명하게 찍은 사진이 필요해요." 내가 말했다.

자코멜리가 고개를 끄덕였다. 그는 현장에서 피츠버그 경찰서 소속 CSI를 만나기로 했다며 자리를 떴다. 일반적으로 지역 경찰서 소속 CSI는 기술적으로 어렵지 않은 조사를 한다.

"일단 현장에 가서 조사한 다음 저한테 연락을 주세요. 현장조사가 끝난 후 같이 다음 단계를 생각해요."

자코멜리는 가져온 사진들을 집어 들고 장갑을 낀 손으로 나와 악수를 했다.

"화이팅입니다!" 내 말에 자코멜리는 늘 그랬듯이 미소를 지으면서 살짝 고개를 끄덕이더니 선글라스를 끼고 밖으로 나갔다.

＊　＊　＊

"경찰관이 총격을 당해 쓰러졌어." 경찰관이 총에 맞았고 현장에 과학수사관이 필요하다는 상관의 전화를 받은 것은 그날 정오쯤이었다. 그녀가 내게 불러준 주소는 피츠버그의 애보트 애비뉴였다. 불길한 생각이 스쳤다. "경찰관 이름이 뭡니까?" 내가 물었다. "자코멜리"라는 대답이 돌아왔다.

세상이 멈췄다.

자코멜리는 CSI를 만나기 위해 예정대로 범죄현장에 도착했다. 현장에 도착하기 직전 근처 주유소에서 집주인 얼 포스터 시니어를 만나 집 열쇠를 받았다. CSI는 도착하지 않은 상태였다. 초조해진 자코멜리는 지원팀을 요청했다. "바로 보내겠다"는 대답이 돌아왔다. 하지만 현장에서 한 블록 떨어진 곳까지 왔던 지원팀은 다른 급한 지원요청을 받고 가버렸다. 다른 지원팀을 기다리지 않고 자코멜리는 직접 집에 들어가기로 했다. 집은 비어있는 것 같았다. 안에서는 아무 소리도 나지 않았다. 자코멜리는 거실에서 복도를 따라 침실로 걸어갔다. 살인자는 침실 문 뒤에 누워서 기다리고 있었다. 자코멜리는 손쓸 겨를도 없이 얼굴에 총을 맞았다. 그가 쓰러지자 범인은 죽었다는 확신이 들 때까지 계속 총을 쐈다. 자코멜리는 가슴에 차고 있던 총을 뽑을 새도 없이 숨어있던 범인에게 처형당한 것이다.

살인범은 집주인의 아들이자 일주일 전 그 집에서 에릭을 죽인 전과자 얼 포스터 주니어였다. 에릭의 누나는 얼 포스터 주니어의 여자친구였고, 그녀는 자신의 남자친구 얼 포스터 주니어를 위해 동생 살해범을 알면서도 거짓말을 한 것이다.

자코멜리가 사망했다는 소식을 코너티가 들은 것은 아버지와 여동생과 함께 꽃집에서 어머니 장례식에 쓸 꽃을 고르고 있을 때였다. 비탄에 빠진 코너티는 시내를 시속 160킬로미터로 운전해 애보트 애비뉴에 도착했다. 자코멜리의 시신은 처음 발견한 경찰관에 의해 현장에서 시신안치소로 옮겨진 뒤였다.

나는 코너티보다 먼저 현장에 도착해 집을 둘러보았다. 피가 침실 곳곳에 튀어 있었다. 얼굴에 총을 맞을 때 튀어나간 자코멜리의 치아가 탄피들과 함께 여기저기 흩어져 있었다. 나는 경험이 가장 많은 과학수사관에게 조사를 맡기면서 이 사건이 얼마나 중요한지 설명했다. 다시 집 밖으로 나갔을 때 코너티가 도착했다. 코너티는 감정을 추스르지 못하고 울었다. "도대체 어떻게 된 거지?" 코너티가 계속 물었다. 나는 코너티를 안았다. 자코멜리가 코너티에게 어떤 존재였는지 너무나 잘 알고 있었다. 코너티가 느꼈을 고통을 상상조차 하기 힘들었다. 나는 그들을 사랑했다. 두 사람을 너무나 사랑했다.

어두워지면서 나는 현장에서 철수해야만 했다. 또 다른 엄청난 사건이 기다리고 있었기 때문이다. 다음 날 아침 일찍 레이시 피터슨과 코너 피터슨의 시신을 조사하기 위해 시신안치소로 가야만 했다. 하지만 그때 난 정신이 거의 나간 상태였다.

그날 밤 어떻게 운전해서 집에 들어갔는지 기억이 나지 않는다.

* * *

임신 8개월의 건강하고 아름다운 기간제 교사 레이시 피터슨이 모데스토에 있는 자신의 집에서 사라진 것은 크리스마스 전날이었다. 그녀의 남편인 30세의 비료 판매원 스콧 피터슨은 버클리 마리나에서 낚시를 하러 나갈 때 아내를 본 것이 마지막이었다고 경찰에 진술했다. 하지만 스콧에게는 비밀이 있었다. 아내가 사라지기 한 달 전에 만난 엠버 프레이라는 여성이었다. 스콧은 가장 유력한 용의자였다. 하지만 레이시가 골든리트리버 강아지를 산책시키다 납치됐으며, '코너'라는 이름을 미리 지어놓은 태중의 아들이 태어난 후에도 납치범에 의해 감금돼 있었다는 설도 파다했다. 이 내용은 나중에 스콧의 변호인이 법정에서 언급한 말이기도 하다.

자코멜리가 살해되기 하루 전인 4월 14일 월요일, 심하게 부패한 레이시의 시신이 실종 4개월 만에 이스트 베이 해변에서 발견됐다. 그녀의 8개월 된 태아는 하루 전에 1.5킬로미터 떨어진 해안에서 발견됐다. 초기 부검에서는 레이시가 어떻게, 그리고 언제 살해되었는지가 거의 밝혀지지 않았다. 우리 연구소 병리학자는 그녀가 목이 졸려 질식사했다고 추정했지만, 시신만으로는 정확한 특정이 불가능했다. 레이시의 시신은 머리, 목, 그리고 팔다리가 사라진 상태였기 때문이다.

나는 힘들었던 살인사건 조사에서 함께 일한 적 있는 법인류학자 앨리슨 갤러웨이 박사에게 도움을 청하기로 했다. 갤러웨이 박사라면 레이시의 시신 안에 있는 해양생물을 검사해 사망시간을 알아낼 수 있을 것이고, 사망시간을 정확하게 알아낸다면 사건 조사를 진전시킬 수 있을 거라고 판단했다.

4월 16일 수요일. 시신안치소에서 갤러웨이 박사를 만났다. 검시관 앞에서 서명을 마친 우리는 레이시와 코너의 시신을 조사할 검사실로 들어갔다. 검사가 시작됐을 때 낯익은 수사관들이 침울한 표정으로 검사실 옆 부검실로 들어가는 것이 보였다. 자코멜리의 시신이 부검될 방이었다. 두 방 사이 창에는 블라인드가 쳐져있었지만, 나는 블라인드의 열린 틈 사이로 부검실을 들여다볼 수있었다. 소중한 친구 자코멜리의 부검 과정을 보는 건 모르는 사람의 시신 부검을 보는 것과 다를 수밖에 없었다. 불과 일주일 전에 그와 나는 다른 사건 때문에 시신안치소에 같이 있었다. 그때자코멜리는 병리학자와 나에게 혹시라도 자기가 죽으면 절대 자기시신에 칼을 대지 말라고 말했다.

그곳에 서서 자코멜리의 말을 떠올리고 있을 때 지방검사 밥 홀이 내게 다가왔다. 홀은 우리 모두와 긴밀하게 협력한 사람이었다. "이봐, 폴." 그가 말했다. "자코멜리 시신에 좀 이상한 게 있는것 같아. 와서 봐줄 수 있겠어?"

부검실에 들어가니 테이블 위에 놓인 자코멜리의 시신이 보였다. 그 순간 나는, 내가 가장 잘하는 일을 했다. 감정을 머릿속 깊은 곳에 있는 상자에 넣어두고, 분석 모드로 전환했다. 내가 자코멜리의 몸에 난 상처를 조사하는 동안 침묵이 흘렀다. 피츠버그경찰서 형사들은 어떤 말도 하지 않았다. 썰렁한 농담도 없었다. 자코멜리는 그들과 너무 가까운 사람이었다. 나는 자코멜리의 눈을들여다보았다. 전날까지만 해도 그 눈은 생기가 넘쳤다. 이제 에너지가 사라졌다. 그의 목소리가 들렸다. "이봐, 친구 약속할 거지?

내가 죽으면 저런 짓 안 한다고." 내가 울음을 참기 위해 할 수 있었던 일은 자코멜리의 그 말을 떠올리는 것뿐이었다.

*   *   *

피터슨 사건에 대한 수사는 갤러웨이 박사의 검사 결과에 의존하는 상황이 됐다. 갤러웨이 박사는 레이시의 시신에서는 아무 결과도 얻지 못했지만, 코너의 시신에서는 유의미한 결과를 얻었다. 태아는 레이시가 사망하던 시점에도 레이시의 자궁에 있었다는 사실이 밝혀졌다. 갤러웨이는 태아가 자궁 안에 있었기 때문에 훼손이 덜 됐다고 분석했다. 태아의 시신은 레이시의 시신보다 보존 상태가 훨씬 좋았기 때문에 갤러웨이는 태아의 다리뼈를 이용해 태아가 사망한 날짜를 특정했다. 태아의 사망일은 레이시가 사라진 당일인 12월 24일이었다. 스콧 피터슨은 아내를 살해한 뒤 시신을 샌프란시스코 만에 던졌다. 레이시의 시신은 그렇게 4개월 동안 바닷속에 잠겨 있었으며, 그 사이 태아가 분리돼 흘러 다니다 해변으로 올라온 것이었다.

17장 : 변화

2004년

로리와 별거한 지 6년이 지났다. 그 6년 동안 나는 셰리와 데이트를 하다 중단하고, 다시 시작하기를 반복했다. 중간중간 셰리와의 데이트를 중단한 것은 내가 한 사람만 만나기로 마음을 정하지 못했기 때문이다. 그렇게 데이트를 중단한 적이 수없이 많았다. 가족을 떠난 것에 대한 죄책감이 줄어들기 시작한 것은 2002년에 아이들을 보러 로리의 집에 갔다가 진입로에 주차된 빨간 픽업트럭을 발견한 후부터였다. 그때 로리는 "이 사람 이름은 짐이야. 같은 교회 다녀."라고 말했다. 질투가 났다. 예상치 못한 감정이었다. 다른 남자가 내 아이들과 시간을 보내게 되고, 나는 밀려날까 봐 그랬을까? 그저 상처받은 자존심이었을까?

로리는 내가 교회를 다니지 않는 것이 가장 큰 문제라고 생각했다. 이제 그녀는 자신이 항상 원한 것, 나는 해줄 수 없던 것을 얻은 듯했다. 이제 로리에게는 신앙에 충실한 파트너가 생겼다.

시간이 지날수록 나는 종교에서 점점 멀어지기만 했다. 확고한 가톨릭 신앙을 가진 부모 밑에서 자랐지만, 나는 한 번도 진실한 신자였던 적이 없다. 매주 일요일 미사에 참석하고 모든 가톨릭 의식(고해성사, 교리문답, 견진)에 참여했지만, 종교를 제대로 이해하지는 못했다.

성당에 대한 어린 시절의 기억은 형 데이브와 내가 미사 시간에 서로 쿡쿡 찌르면서 장난을 치면 "그만해!"라고 부모님이 우리에게 주의를 주던 것밖에는 없다. 고등학교에 다닐 때 토요 저녁 미사가 새로 생겼는데, 우리 가족은 토요일 저녁 미사에 참석한 후 항상 외식했기 때문에 그런대로 미사가 기대됐다. 식당은 형과 내가 선택했다. 미사가 끝나면 맛있는 음식을 먹을 수 있었기 때문에 미사에서 듣는 강론도 재미가 있었다. 의도적으로 나는 부모님이 참석하는 미사에는 참석하지 않았다. 부모님은 아들이 차를 몰고 성당에 간다고 생각했을 것이다. 부모님은 내가 미사에 가는 대신 공동묘지로 가서 묘비명을 살펴보고 젊은 나이에 죽은 사람의 사진을 보며 슬퍼하곤 했다는 사실을 전혀 몰랐다.

나는 성경의 〈창세기〉를 재미있게 읽었지만, 증명되지 않은 것에는 의문을 품었다. 나에게 〈창세기〉는 역사적 기록이라기보다 공상과학 소설에 더 가까웠다. 중학교 때는 고고학에 매료돼 도서관에서 노아의 방주를 찾아내기 위한 고고학 탐험에 관한 책을 읽었다. 아무도 노아의 방주를 찾을 수 없었다는 사실이 내겐 이해되지 않았다. 방주는 수천 마리의 동물을 실을 수 있을 만큼 컸을 텐데 어떻게 흔적이 없을 수 있단 말인가?

내가 노아의 방주를 예로 들어 종교에 관해 이야기하면 로리는 표정이 굳어지곤 했다. "믿는다는 것은 그냥 믿는 거야." 로리는 내 부모님이 한 말과 똑같은 말을 내게 했다. 그러면 나는 "증거가 있으면 믿을게."라고 대꾸했다.

성경에 대한 의심은 내가 하는 일 때문에 더 강해졌다. 나는 20년 이상 상상할 수 없는 비극을 목격한 후 전능하고 자비로운 신의 존재에 대해 더욱 회의적으로 변했다. 레이시와 코너는 첫 아이의 탄생을 축하받았어야 마땅할 때 나란히 부검실에 누워있었다. 아버지의 손에 목숨을 잃은 안티오크의 여자아이들, 감옥에서 절대 풀려나지 말았어야 했던 연쇄살인범에게 강간당한 뒤 목이 졸려 죽은 열한 살짜리 신시아 왝스먼.

자비로운 신이 존재한다면 왜 이런 일이 생겼을까? 나는 끔찍한 범죄현장에서 차를 몰고 나오면서 스스로 묻곤 했다. 내가 믿어야 할 신이 어떻게 그런 일이 일어나도록 내버려 두었을까?

*　*　*

셰리는 종교에 대한 생각이 나와 같았다. 셰리에게는 내가 신앙을 갖고 있지 않다는 사실이 전혀 문제 되지 않았다. 과학자로서 그녀는 사실과 증거의 검증을 중시했다. 셰리는 유대인이지만 종교 생활을 하지 않는 가정에서 자랐기 때문에 생각이 매우 자유로웠다. 셰리와 나에게 종교는 지적 토론의 대상이었다. 셰리는 특정한 종교라는 필터를 통해 삶을 바라보지 않았고, 내게는 완전히 새로운 세계가 열렸다. 셰리와 있으면 마음이 편했다.

나는 30대 후반이었고 마침내 자유를 느꼈다. 나는 그녀가 듣기 싫어할까 봐 걱정할 필요 없이 사건에 대해 맘껏 이야기했다. 기분이 좋으면 같이 저녁을 먹으면서 술을 마시기도 했다. 우리는 식당에서 식사하면서 정액과 피에 대해 생동감 넘치는 대화를 나눴다. 근처 테이블에 있는 사람들이 우리를 힐끗힐끗 쳐다보기도 했다. 정치나 미술이 다른 사람들에게 자연스러운 것처럼 우리에게는 그런 대화가 너무나 자연스러웠다. 나는 우리가 공공장소에서 그런 대화를 나눌 때 사람들이 왜 불편해하는지 알고 있었다. 어느 날 밤 외식을 하면서 우리는 피츠버그 성노동자들과 관련된 살인에 대해 토론하고 있었다.

성노동자 크리스틴 허버드는 5년 전 다른 성노동자들이 발견된 곳과 동일한 지역인 피츠버그의 어느 폐차장 진입로에서 머리에 총을 두 발 맞은 채 버려졌다. 목격자들은 시신으로 발견되기 45분 전에도 크리스틴이 살아있었다고 말했다. 크리스틴의 강간 키트 검사는 셰리가 맡았다. 그때 셰리는 "피해자의 입에서 정액이 나왔어. 정자에 꼬리가 그대로 있었어."라면서 자신이 발견한 증거에 대해 흥분하며 들려줬다.

"범인이 피해자에게 억지로 구강성교를 하게 만든 다음 죽였을 거야." 내가 말했다.

"그런데 DNA 분석을 할 만큼 정액이 많지 않아."

"아무래도 시신안치소에 다시 가서 입 속 정액을 더 긁어오는 게 좋을 거 같아."

옆 테이블에서 이런 대화가 들리는데 자리를 옮겨달라고 요청하지 않을 사람은 없었다.

셰리와 함께 있으면 내가 누군가를 속인다는 생각을 하지 않아도 됐다. 마음이 가볍고 희망적으로 변했다. 동갑인 로리와 나는 스물다섯 살 무렵 두 아이를 낳았다. 우리의 삶에는 의무와 책임밖에 없었다. 나는 부모님과 함께 살다가 바로 로리와 결혼해 가정을 꾸몄기 때문에 나 자신을 진정으로 알아갈 시간이 없었다. 결혼생활이 파탄을 맞은 후에야 나는 혼자 있는 시간이 필요하다는 것을 깨달았다. 산악자전거를 타고 산길을 돌아다녔다. 지프를 타고 피스모 해변을 달리기도 했다. 셰리는 내가 혼자 있는 시간을 가지는 것이 좋다고 생각했고, 셰리 자신도 혼자 있는 시간을 자주 가졌다. 우리는 함께했지만 독립적이었다. 바로 그게 내가 원한 것이었다.

처음 사귈 때부터 나는 셰리가 영혼의 동반자라는 느낌을 받았다. 늘 원해온 이상형이었지만 셰리와 서둘러 결혼할 생각은 없었다. 로리와 별거를 시작한 후에도 나는 아이들을 만나면서 "이곳이 내가 있어야 할 터전이야."라고 생각하곤 했다.

혼란스러웠다. 아이들이 아빠 없이 지내게 만든 책임을 져야 하는 것이 아닐까? 이런 생각을 하면서 셰리를 밀어내고 있는 것은 아닐까? 많은 생각이 들었다. 별거 후 나는 내 삶이 자연스럽게 흘러가기를 원했다. 그리고 솔직히 말하자면 그 상황에 꽤 만족했다. 별거를 오랫동안 했지만 나와 로리는 이혼하지 않은 상태였다. 셰리는 왜 이혼하지 않는지 여러 번 내게 물었지만, 그럴 때마다 나는 말을 더듬었다. 그러면 셰리는 "당신 마음대로 하세요."라고 말했다.

셰리는 보안관보 자리에 지원하기로 했다. 그러려면 6개월 동안 경찰학교에 다녀야 했다. 그동안 우리는 못 만났다. 나는 경찰학교가 어떤 곳인지 잘 알고 있었다. 경찰학교에서는 엄청난 스트레스 상황을 함께 겪는 훈련생들이 서로에게서 위안을 찾곤 했다. 내가 그곳에서 지내봤으니 잘 안다. 수많은 밤 동안 나는 그녀가 무얼 하고, 누구와 있는지 궁금해하며 잠을 이루지 못했다. 힘든 시기였다. 하지만 나는 이제 안전지대에서 벗어나야 한다는 생각을 하게 됐다. 로리와 나는 이혼했다. 다행히도 그때까지 셰리는 다른 사람을 사귀지 않았다. 경찰학교 훈련과정을 마친 셰리는 나와 다시 사귀기 시작했다.

셰리와 나의 관계가 공식화되면서 나는 셰리가 내 아이들을 만날 때가 됐다고 느꼈다. 내게는 중요한 일이었다. 우리는 내가 살던 월넛 크릭의 집 근처 쇼핑몰 안에 있는 퍼드러커스라는 레스토랑에서 만났다.

당시 르네는 아홉 살, 네이선은 여섯 살이었다. 둘 다 아직 너무 어려서 셰리에 대해 판단을 내리거나 "언제 만났어요?" "언제부터 사귀었어요?" 같은 질문을 하지는 않았다. 르네는 강아지 흉내를 내면서 접시에 담긴 감자튀김을 먹었다. 귀여웠다. 셰리는 아이를 키운 적이 없는 여자치고는 아이들과 잘 어울렸다. 셰리는 내가 아이들을 보러 로리의 집에 가는 바람에 자신의 생일이나 휴일에 함께하지 못해도 다 이해했다.

내게는 아이들이 우선순위였다. 셰리는 내가 르네와 네이선을 얼마나 소중하게 생각하는지 잘 알았다. 그 아이들에게 내가 자기들을 가끔 보러 오는 사람 이상의 존재가 되어야 한다는 것도 잘 알고 있었다. 나는 아이들과 멀어질 수 없었다. 셰리는 많은 것을 이해하고 참았다. 몇 년 동안 그런 상태로 지내온 나와 셰리는 마침내 미래를 함께하기로 했다.

*　*　*

로리 역시 새로운 삶을 계획하고 있었다. 로리는 바커빌에 있는 집을 팔고 내 부모님 집에서 불과 몇 킬로미터밖에 떨어지지 않은 곳에 집을 샀다. 로리는 짐과 결혼을 앞두고 있었다. 나는 그전에 같이 살던 집에서 그랬던 것처럼 로리가 새로 이사 간 집 거실에서 아이들과 놀아줬다. 하지만 어느 순간 로리의 태도가 단호하게 바뀌었다. 로리가 다니는 교회의 누군가가 새로운 사람과 새 삶을 시작하는데 전 남편이 집에 오는 것은 옳지 않다고 조언했던 것 같다. 로리의 집으로 가서 소파에 앉았을 때 그녀가 딱 잘라서 말했다. "이제 내 집에 오지 말아줘. 아이들은 식당이나 공원에서 만나는 게 좋겠어. 부모님 집도 가깝잖아."

나는 "어, 어." 하면서 말을 더듬었다. 지극히 합리적인 요구였다. 내가 이기적인 생각을 한 것은 사실이지만, 마침내 "아, 이제는 아이들에게 아빠 노릇을 제대로 못 하겠구나."라는 생각을 하니 마음이 아팠다.

그 후로 아이들은 주로 내 부모님 집에서 만났다. 가끔은 내 지저분한 아파트로 아이들을 데려가기도 했다. 곰팡이가 핀 샤워기가 있는 욕실, 고장 난 가전제품, 이전 세입자의 고양이가 토해 놓은 자국이 선명한 카펫이 있는 아파트였다. 아이들은 내 침대 매트리스를 트램펄린으로 이용했다. 매트리스 가운데가 움푹 파여

자기가 불편했고, 그러면 일어나서 바닥에서 잠을 청했다.

셰리와 나는 계속 따로 살았다. 나는 내 아파트에서, 셰리는 마르티네스의 보안관청 근처에 있는 집에서 살았다. 하지만 우리는 그렇게 따로 사는 것 외에는 모든 것을 함께했다. 연구소에서 틈이 나면 같이 앉아 사건이나 증거 분석 결과에 대해 이야기를 나눴다. 우리는 같은 범죄현장에 밴을 타고 다녔다. 휴가 때는 하이킹을 가거나 라스베이거스에 가서 함께 시간을 보냈다. 바닷가로 놀러 가기도 했다. 하지만 얼마 지나지 않아 연구소 사람들이 쑥덕거리기 시작했다.

보안관청은 오래전부터 직장 내 연애, 특히 상급자와 부하 직원 간 연애를 금지하고 있었다. 셰리는 우리가 만난 4년 중 3년 동안 내 부하 직원이었다. 우리는 연애하는 것을 잘 숨기면서 직장에서 전문적인 업무를 수행하고 있다고 생각했다. 하지만 우리가 가까워질수록 연애 사실을 숨기기는 더 어려워졌다.

직장동료들에게 우리의 관계가 결정적으로 노출된 것은 2004년 초 어느 날 저녁이었다. 그날 나는 아이들을 만난 후 셰리의 집으로 갔다. 셰리는 그 몇 주 전에 내게 집 열쇠를 줬다. 불이 켜져 있어서 들어가도 괜찮다고 생각했다. 열쇠로 현관문을 열고 안으로 들어갔다. 하지만 집 안으로 들어서니 여러 사람의 목소리가 들렸고, 몰래 다시 빠져나가기엔 너무 늦은 상황이었다. 내가 거실로 들어서는 것은 본 셰리가 "폴!"이라고 말했고, 모두가 내 쪽으로 고개를 돌렸다. 직장동료 두 명과 그들의 아내들이 둘러앉아 수다를 떨고 있었다. "어, 어, 어." 나는 얼굴을 붉히며 말을 더듬었다. 여러 가지 핑계가 머리를 스쳐 지나갔다. 퇴근하다 그냥 들러본 거라고 말할까? 범죄현장에 같이 가야 해서 데리러 왔다고 말할까? 동물원에 있는 동물이 된 기분이었다. 셰리는 내게 앉으라고 했고, 그 자리에 있던 사람들은 어색하게 이런저런 말을 했다. 셰리는 아무렇지도 않은 듯 행동했지만, 나는 이마의 땀을 남모르게 닦으려고 애를 썼다. 더는 참지 못하고 세리의 집을 나오고 나서야 비로소 가슴이 진정되었다.

그날 이후 더는 우리의 관계를 숨길 수 없었다. 다음 날 아침 출근해 내 방으로 걸어가는 동안 사람들이 나를 계속 훔쳐보는 것이 느껴졌다. 셰리도 냉랭한 분위기를 느끼기 시작했다.

연애 사실이 확실하게 드러나면서 일부 동료들은 우리를 비난하기 시작했다. 그들은 우리가 규칙을 어겼다고 말하면서 사내 연애가 옳지 않은 일이라고 힐난했다. 특히 과학수사관 두 명은 셰리가 특혜를 받고 있다고 불평했다. 나와 적대적인 관계가 되고 싶지 않았던 그들은 셰리에게 압력을 가했다. 셰리는 사람들의 묘한 표정과 쑥덕거림을 견뎌야 했다. 그런 시선과 따돌림 때문에 셰리는 내 방에 들어와 문을 닫고 울기도 했다. 나보다 셰리가 훨씬 힘들던 시간이었다. 갈등 회피의 달인인 나는 일에 집중했다. 나는 사람들의 말과 시선을 무시하고 일에만 몰두했다.

* * *

2004년 2월 나는 셰리에게 청혼할 준비를 마쳤다. 우리는 2년 동안 진지하게 데이트를 했고, 그 정도면 청혼할 때가 됐다고 느꼈다. 이 기회에 아예 결혼해서 공식적으로 관계를 인정받는 것이 좋겠다는 생각도 들었다. 나는 셰리와 요세미티로 여행가기 직전에 집 근처 보석가게에서 반지를 샀다. 요세미티에 도착하니 눈이 내리고 있었다. 나는 미러 호수 주변을 하이킹할 준비를 하면서 다이아몬드 반지를 주머니에 넣었다. 하이킹을 시작한 지 몇 시간 지났을 때 청혼할 수 있는 완벽한 장소를 발견했다. 조그만 공터였다. 나는 셰리 쪽으로 몸을 돌린 다음 주머니에서 반지를 꺼냈고, "나와 결혼해주겠어?"라고 물었다.

나는 낭만적인 사람이 아니다. 꽃을 보내고 근사한 만찬을 몰래 준비한 적은 있지만, 비행기를 빌려 하늘에 글을 쓰는 이벤트 같은 것을 하는 사람은 아니다. '사랑'이라는 말을 소리 내서 하는 것조차 불편해하는 사람이다. 내게 사랑이라는 말은 한 사람에게 충실해 자신을 가두게 되는 상황이나 누군가가 나의 마음을 아프게 하면서 떠나는 상황을 떠올리게 한다. 평생 나는 "사랑해."라는 말을 몇 번밖에 하지 않았다. 사랑이라는 말을 하면서 나 자신을 보여줄 자신이 없었다. 셰리도 나와 비슷한 성격이었다. 셰리도 사랑한다는 말을 거의 하지 않았다. 하지만 셰리는 청혼은 제대로 받

연구소 행사에서 같이 앉아있는 셰리와 나. 연애가 시작된 지 얼마 안 됐을 때다. _폴 홀스

2004년 2월 14일 요세미티 공원의 해프 돔 근처 미러 호수에서 셰리가 내 프러포즈를 받아들인 직후의 모습이다. _폴 홀스

아야겠다고 했다. 셰리는 내가 내민 반짝이는 반지를 보고 미소를 지었다. "무릎을 꿇는 게 나을 것 같지 않아?" 그녀가 물었다. 나는 눈 위에서 무릎을 꿇고 다시 프러포즈했다. 그녀는 "네!"라고 말했고, 나는 무릎이 젖은 채 하이킹을 계속했다.

직장에 복귀해서 내가 가장 먼저 한 일은 상사인 캐런에게 이 소식을 전하는 것이었다. 셰리가 왼손에 다이아몬드 반지를 끼고 있었기 때문에 이제 상사에게 털어놓는 것이 좋겠다고 생각했다. 우리가 결혼을 약속했다는 것을 공개적으로 알린 후에도 연구소 분위기는 달라지지 않았다. 나는 최대한 그런 분위기를 무시했다.

얼마 후 나는 내 방으로 가던 중 회의실을 지나치면서 셰리를 제외한 모든 직원이 그곳에 모여 있는 것을 보았다. 캐런이 회의를 주재하고 있었다. 나는 모르는 회의였다. 느낌이 좋지 않았다. 회의가 끝난 뒤 캐런이 내 방으로 들어와 맞은편에 앉았다. 나는 캐런이 대화를 두려워하고 있다는 것을 얼굴의 고통스러운 표정으로 간파했다. "당신이 셰리에게 특혜를 주고 있다고 직원들이 생각하고 있어요." 캐런이 말했다. 이전에 캐런은 내가 셰리와 실험실 뒤편에서 사적인 이야기를 나누는 걸 본 뒤 나를 질책한 적이 있었다. 하지만 이번에는 상황이 훨씬 심각했다. 나는 셰리에게 특혜를 주지 않았고, 오히려 더 엄격하게 대하고 있었다. 아무도 원하지 않는 한밤중의 범죄현장에 그녀를 보내고, 누구도 원하지 않는 일을 셰리에게 맡기기도 했다. 하지만 캐런은 단호했다. 캐런은 연구소 정책에 대해 언급하면서 "둘을 떼어놓을 수밖에 없다"고 말했다. 연구소장의 명령이라고 했다.

그 말을 들은 셰리는 어깨를 으쓱했다. "어쩔 수 없지."라고 했지만, 나는 그녀가 상처받았다는 것을 알았다. 셰리는 우리 연구소에서 계속 일했고 나는 그녀에게 일을 할당했지만, 그녀는 우리 연구소가 아닌 시내의 다른 연구소 상사에게 업무보고를 했다. 씁쓸했다. 나는 항상 직원들과 좋은 관계를 유지하고 있다고 믿었다. 그런 직원들이 내 뒤통수를 쳤다는 생각을 하니 마음이 아팠다. 시간이 지나면 상황이 나아질 거라고 믿으면서 직원들의 냉소적인 말과 시선을 무시했다. 하지만 상황은 나아지지 않았고, 내가 결혼할 사람은 고통을 겪고 있었다. 배신감이 들었다. 직원들의 불만에 대응하고 싶었지만, 내 직위 때문에 그럴 수도 없었다. 나는 이를 악물고 일에만 집중했다.

*　　*　　*

2004년 5월, 셰리와 나는 셰리의 부모님 집 근처 컨트리클럽에서 소박하게 결혼식을 올렸다. 처음에 우리는 각자의 부모님에게 알리지 않고 조용히 결혼식을 치를 생각이었다. 하지만 셰리에게는 첫 번째 결혼이었고, 셰리의 부모님은 제대로 결혼식을 올리길 원했다. 결혼식에는 가족과 가까운 친구들 30명 정도가 참석했다.

네이선은 양복을 입고 결혼식에 왔고, 전형적인 말괄량이인 르네는 드레스를 입었다. 결혼식을 준비하면서 셰리가 내 진정한 파트너라는 생각이 더 강해졌다. 둘이 함께할 삶에 대한 기대가 컸다. 신혼여행에서 돌아온 후 셰리는 다른 직업을 찾기 시작했다. 우리둘 다 그렇게 하는 것이 최선이라고 판단했다. 직장에서 끊임없이스트레스를 받고 싶지 않았다.

아무리 모든 일을 잘 처리해도 항상 불평하는 사람들이 있었다. 이 사실은 내가 처음 관리직으로 승진했을 때 알게 된 것이기도 했다. 일년쯤 뒤 셰리는 민간기업의 DNA 연구실에 일자리를 얻었다. 그리고 우리는 첫 아이를 기다리고 있었다.

18장 : 작은 승리

나에게 재능이 있다는 걸 깨달은 순간이 있었다. 어떤 사건을 조사할 때였다. 2005년 10월 15일이었다. 월넛 크릭과 디아블로 산의 탁 트인 전경을 조망할 수 있는 고급 주택지역 라파예트에서 살인사건이 발생했다. 사건 현장은 라파예트에서 부자들이 가장 많이 사는 블록인 헌새이커 캐니언 로드 근처 최고급 이탈리아식 대저택이었다.

이 집은 TV에 자주 나오는 유명한 변호사 대니얼 호로위츠와 영화제작자인 아내 파멜라 비탈레가 꿈꿔왔던 저택이었다. 하지만 그 꿈은 파멜라가 살해되면서 끝이 났다. 이 사건은 지역사회 전체를 혼란에 빠뜨렸다. 라파예트는 그런 범죄가 일어날 수 없는 지역이었다. 파멜라가 살해된 방식도 충격적이었다. 파멜라는 매우 잔인하고 광적인 공격을 받아 사망했다. 범인은 파멜라를 잔인하게 구타해 살해한 뒤 그녀의 등에 고딕풍의 서명을 남겼다. 시신은 사무실에서 살인사건 변호를 준비하다 집에 돌아온 호로위츠에 의해 발견됐다. 부부는 집이 완공되길 기다리며 집 앞마당의 트레일러에 살고 있었다. 파멜라의 시신은 트레일러 문 바로 안쪽에 있었다. 파멜라는 죽기 전에 엄청난 몸싸움을 벌였다. 트레일러 안 가구들이 쓰러지고 뒤집힌 상태로, 파멜라가 범인에게 완전히 제압되기 전까지 얼마나 격렬하게 저항했는지 알 수 있었다. 마침내 파멜라가 쓰러지자 범인은 미친 듯 잔인하게 파멜라를 수십 차례 때려서 죽였다.

트레일러 앞에 서자 그 모든 상황이 바로 내 눈앞에서 펼쳐지는 것 같은 느낌을 받았다.

* * *

살인사건 현장에 대한 초기 조사단계에서는 고려해야 할 것들이 엄청나게 많다. 첫날에는 범죄현장에 대한 조사내용을 문서로 기록하고, 다른 증거물을 손상하지 않도록, 특정한 순서로 증거물들을 수집해 보존해야 한다. 해야 할 일도, 위험이 따르는 상황도 많다. 냉정함을 유지하고 멀티태스킹을 해야만 한다. 주의를 흐트러뜨리는 것들이 많기 때문에 중요한 단서를 놓치기도 쉽다. 경험이 많은 과학수사관들도 참혹한 살인사건 현장에 도착하면 공황 상태에 빠지곤 한다. 숨을 제대로 쉬지 못하는 상황에서 "이런 제길!"이라는 말만 반복해댄다. 그들 대부분은 현장조사를 본격적으로 시작하기도 전에 숨을 헐떡거린다. 그럴 때면 나는 "일을 조금씩 쪼개서 해봐."라고 조언하며 그들을 진정시킨다.

나는 살인현장이 주는 압박감에 압도당하지 않았다. 오히려 살인현장이 편했다. 나는 작업을 관리 가능한 논리적 단계로 나누는 법을 알고 있었다. 게다가 범죄현장 재구성과 병리학에 대한 전문 지식을 체득했으므로 한 단계 더 발전할 수 있었다.

대다수 과학수사관은 표준 루틴을 따랐고, 무슨 일이 일어났는지 굳이 생각하지 않았다. 그들은 무슨 일이 일어났고, 왜 일어났는지 평가하기도 전에 목격자와 단서를 추적했다. 범죄현장에서 증거가 추측과 일치하는지 묻는 대신 형사의 지시를 따른다. 나는 항상 뒤로 한발 물러서서 범죄현장이 무엇을 말해주는지, 즉 피해자와 가해자에 대해 무엇을 알려주는지 생각했다.

파멜라 비탈레 살인사건을 조사할 때 나는 물리적 증거와 혈액 패턴을 이해한 다음 이를 파멜라의 상처 부위와 연관시키는 작업을 했다. 나는 범죄현장을 마치 영화를 보듯이 봤다. 파멜라와 그녀의 살인자가 마주친다. 티셔츠와 속옷만 입고 있던 파멜라가 범인을 보고 놀란다. 증거물들의 상태는 그 후 상황이 긴박하게 진행되었음을 나타낸다. 피 묻은 지문들, 모든 방에 남겨진 핏자국으로 보아 파멜라는 범인과 트레일러 곳곳에서 싸움을 벌인 것으로 추정된다. 그녀는 현관문으로 달려간다. 현관문이 닫혀 있다. 문 안쪽에 피 묻은 손자국이 있다. 문을 열고 빠져나가기 직전이다. 시신에 있는 방어흔을 보았을 때 파멜라는 범인의 공격을 팔과 다리로 수십 번 막아내다 결국 문 앞에서 사망한 것으로 보인다. 범인은 이미 쓰러져 사망한 파멜라의 머리를 몽둥이로 더 때렸다. 공격자가 남성이라면, 그는 파멜라를 제압하기가 매우 어려웠을 거라고 예상했다.

현장에서 다른 과학수사관들이 증거물을 수집하고 있을 때 나는 이미 범인의 심리적 특징에 대해 생각했다. 가해자가 남자라면 (여자가 몽둥이를 사용해 살인하는 경우는 드물다) 분명 체구가 작을 것이다. 체구가 컸다면 피해자를 더 빨리 제압할 수 있었을 테니까. 사건 현장의 증거물들이 말해주고 있었다. "누가 범인이든 힘이 센 사람은 아닙니다. 몸집이 크고 힘이 센 남성이 한 짓이 아닙니다." 현장 수석 형사에게 내가 말했다.

추측이었지만, 현장경험에 기초한 현실적인 예측이었다. 형사는 별 의미가 없다는 듯 어깨를 으쓱했다. 하지만 나의 추측이 나중에 분명 도움이 될 것이라고 믿었다. 과학수사관 한 명도 내게 시큰둥한 반응을 보였다. 내가 파멜라의 발바닥에서 면봉으로 증거를 꼭 채취하라고 말했을 때다. 파멜라의 양말 발바닥이 닿는 부분이 일부 찢어져 있어서 한 말이었다. 오래 신어서 찢어졌을 수 있지만, 나는 좀 다르게 생각했다. 파멜라가 공격자를 주먹으로 때리고 발로 차는 과정에서 양말이 찢어졌을 수도 있다고 본 것이다. 만약 그렇다면 그 찢어진 틈으로 맨발이 노출됐을 것이고, 그 발에 범인의 타액이나 피가 묻었을 가능성이 있었다. 만약 그렇다면 범인의 DNA를 검출할 수 있을 터였다.

이렇듯 사소해 보이는 관찰 결과가 나중에 더 큰 퍼즐을 맞추는 데 핵심적인 역할을 한다. 당시 나는 이런 관찰들로 자주 살인 사건 수사에 도움을 주고 있었다. 일종의 '작은 승리'를 많이 거둬본 경험으로 나는 이 본능을 믿었다. 작은 승리를 하나씩 거둘 때마다 자신감이 더 커졌다. 셰리나 다른 과학수사관들은 내가 거둔 작은 승리들을 "셜록 홈스의 마법"이라고 불렀다. "그걸 어떻게 생각해냈어요?"라는 질문도 수없이 받았다.

그때까지 15년 동안 나는 다양한 과학수사 분야에서 일했고, 매우 복잡하고 기이한 범죄현장을 겪었다. 모르는 것이 생기면 시간을 쪼개 공부했다. 피해자학이나 살인의 특징 등을 다룬 책, 그때그때 관심이 가는 범죄 유형에 관한 책을 읽었다. 새로운 사건을 조사하거나 미제사건을 다시 검토할 때 참조하기 위해 그 책들의 내용을 꼼꼼히 기억해두었다. 코너티는 내 머릿속에 사건파일 캐비닛이 있어서, 알파벳 순서로 정리된 파일들을 언제든지 뽑아서 읽을 수 있는 듯하다고 말했다.

마침내 나는 사건을 보면서 무슨 일이 일어났고, 어떤 유형의 범죄자가 그 일을 저질렀는지에 대해 이해하는 능력을 타고났다는 점을 스스로 인식하기에 이르렀다. 나는 내 직감을 증명하거나 반박하기 위해 본능과 과학, 예술에 관한 지식을 결합하면서 타고난 능력을 더욱 키우려 애썼다. 그 능력이란, 기존의 살인사건 해결 방식들과 다른 방법을 도출해내는 능력이었다. 그 능력으로 늘 마법처럼 사건을 해결할 수 있는 건 아니었지만, 기존의 시각에 의문을 제기해 더 나은 방법을 찾도록 도움을 주었다.

파멜라 비탈레의 발에서 범인의 DNA를 찾아내는 건 쉬운 일이 아니었지만, 이런 조사를 통해 무언가를 밝혀낼 수 있을 거라 확신했다. 수년간의 경험을 통해 내가 배운 것이 있다. 어떤 직감이 들 때 즉시 행동에 나서야 한다는 것, 당장 의미 없어 보일지라도 반드시 그 직감에 따른 단계를 밟아야 한다는 사실이었다. 이런 생각은 피해자들을 만나면서 더욱 굳어졌다.

대다수 과학수사관은 범죄과학 교과서에 나오는 표준적 방법 외에 다른 것은 시도할 가치가 없다고 여긴다. 시간과 노력의 낭비라고 생각하는 것이다. 그들은 정해진 절차에 충실해야 한다고 말한다. 이런 믿음은 일견 옳지만, 사고의 범위를 제한하기 쉽다. 나는, 사건 해결을 위해서라면 가능한 모든 방법을 다 사용할 수 있다고 생각했다. 나의 추측은 때로 옳고, 때로는 잘못된 것으로 밝혀졌다. 하지만 추측이 잘못된 것으로 밝혀졌을 때조차 나는 그 추측을 제거하고 다른 추측을 할 기회가 생겼다고 생각했다. 비탈레 사건은 내가 다른 사람들과 다르게 관찰한다는 사실을 분명하게 깨달았다는 점에서 매우 각별했다.

*　*　*

파멜라 비탈레가 살해된 지 4일 후 그녀의 이웃에 사는 10대 소년이 살인혐의로 기소됐다. 스콧 딜레스키였다. 키 165센티미터, 몸무게 50킬로그램의 비교적 작은 소년이었다. 17세 생일을 한 달 앞둔 딜레스키는 손톱에 검은색 매니큐어를 칠하고 다니면서 스스로를 고트족이라고 믿었다.

그의 방에는 폭력과 죽음을 주제로 한 포스터들이 붙어있었다. 머리가 잘린 채 피 묻은 칼을 들고 있는 남자, 두 입술이 철사 같은 것으로 꿰매진 얼굴, 긴 코트를 입고 칼을 찬 사람이 "총이 사람을 죽이는 것이 아니다. 내가 죽인다."라고 말하는 모습이 담긴 포스터들이었다. 스콧은 친구들과도 어두운 주제로만 대화했다. 친구들이 비탈레 살인사건에 관해 이야기하자 딜레스키는 남편이 저명한 인물이기 때문에 그녀가 살해당한 것이라고 말하면서, 누군가를 죽이고 싶다면 총으로 쏘는 것이 가장 자비로운 방법이라고 했다. 누군가에게 고통을 주려면 때려야 한다고도 덧붙였다. 그러면서 이런 끔찍한 내용의 노래를 불렀다. "리지 보든은 도끼로 엄마를 40번 찍었다네. 자기가 한 짓을 보더니 아빠는 41번 찍었다네.”

딜레스키는 본래 조용한 아이였지만, 어느 날 갑자기 10대 문제아로 돌변했다. 하지만 아무도 딜레스키가 파멜라 비탈레를 죽일 정도로 문제가 심각하다고는 생각하지 않았다. 딜레스키의 부모나 가장 친한 친구조차 그런 생각을 하지 못했다. 그런데 친구 한 명이 딜레스키가 파멜라의 트레일러에 갔었다고 경찰에 진술했다.

이 친구와 딜레스키는 마리화나를 재배하기로 하고 다른 사람의 신용카드를 훔쳐 인터넷에서 재배 장비를 구입했다. 한데 딜레스키가 비탈레의 트레일러로 상품이 잘못 배송된 것 같다고 말하며 그곳으로 갔다는 진술이었다. 그 후에 일어난 일은 아무도 몰랐다. 추측하는 수밖에 없었다. 딜레스키는 파멜라를 죽이려고 트레일러에 갔을까? 그는 장갑을 끼고 있었다. 그는 파멜라를 성폭행하려 했을까? 아니면 물건을 훔치러 트레일러에 들어갔을까? 파멜라는 딜레스키와 몸싸움을 했을 것이다. 하지만 딜레스키는 파멜라를 쉽게 제압할 수 없었고 몽둥이 같은 것으로 마구 때려 숨지게 했을 것이다.

2006년 9월 6일, 딜레스키는 1급 살인혐의로 유죄 판결이 확정돼 가석방 없는 종신형을 선고받았다. 그 소식을 들은 나는 사무실 의자에 앉아 생각을 정리해봤다. 나는 범행 당일 하루만 현장에 있었다. 하지만 그 짧은 시간 동안 현장에서 내가 알아낸 것이 수사에 도움이 됐다는 것에 나는 만족했다.

딜레스키는 자신이 파멜라 비탈레의 죽음과 아무 관련이 없다고 일관되게 부인했다. 2017년 딜레스키는 판사에게 형을 줄여달라고 요청했다. "나는 파멜라 비탈레를 죽이지 않았어요. 손에 피가 묻은 적이 없어요."라고 그는 주장했다.

하지만 DNA는 거짓말을 하지 않는다. 딜레스키의 DNA는 파멜라의 발바닥에서 발견됐다.

UNMASKED

19장 : 허리케인 홀스

2009년, 72명의 직원을 관리하고 1,200만 달러의 예산을 운용하는 카운티 과학수사연구소 소장 자리가 공석이 됐다. 윗사람들은 내게 그 자리에 지원하라고 했지만 나는 관심이 없다고 잘라 말했다. 지난번 승진했을 때 관리직에 대해 많은 것을 알게 됐기 때문이다. 관리자였던 내가 우리 연구소가 받은 보조금을 사용해 EAR 수사를 할 수 있었던 것은 바로 내 윗사람인 캐런이 허락을 한 덕에 가능했다.

나는 지원하지 않는 것으로 총알을 피했다고 생각했는데, 맨 위쪽에서 다시 권유가 왔다. 우리 카운티 보안관청 수장이 내게 그 자리에 지원하라는 말을 한 것이다. 난처한 상황이었다. 보안관청 최고책임자의 요청을 무시하는 것은 이후의 내 경력에도 결코 도움이 되지 않을 것이기 때문이다.

내가 계속 망설이는 것을 눈치챈 보안관이 결정적인 한마디를 했다. "그 자리를 맡게, 폴. 그 자리에서 미제사건 수사를 계속할 수 있게 해주겠네."

그 말을 듣고 나니 어서 지원해야겠다는 생각이 들었다. 당시 나는 로리와 아이들의 생활비 및 교육비를 보조했고, 셰리는 직장을 그만두고 두 아이와 함께 집에 있었다. 더 많은 돈을 벌어야 하는 상황이었다. 소장으로 승진하면 급여가 크게 올라 생활에 도움이 될 것이라는 생각이 들었다. 한편으로는 가족 부양 때문에 내가 직장에 너무 얽매이지 않을까 걱정스럽기도 했다. 하지만 소장이 되어도 미제사건을 수사할 수 있게 해준다는 보안관의 제안을 거절할 수는 없었다. 여러 가지 생각을 한 끝에 나는 "네, 지원하겠습니다."라고 답했다.

그렇게 나는 다시 행정관리직을 맡았다. 내 업무는 연구소가 더 성장할 수 있도록 기초를 변화시키는 것이었다. 다시 말해, 연구소 직원들의 업무 내용을 조정하고, 새로운 첨단장비를 확보하기 위해 로비활동을 하고, 연구소의 오래된 절차들을 혁신하는 것이 내 업무였다. 연구소를 성장시키는 것과 동시에 국제표준화기구 ISO 인증 획득을 위한 노력도 내 업무에 포함됐다. 그 자체로 엄청난 시간이 들고, 숨 막히는 일이었다. 나는 보안관청과 과학수사연구소의 감독기관에 계속 불려 다녔다. 두 기관은 서로 자기들이 우선순위가 되어야 한다고 내게 압박을 가했다. 온종일 서류 작업을 하고, 직원의 고충을 듣고, 행정 업무를 하면서 시간을 보냈다. 꽤 오랫동안 미제사건 수사에서 손을 떼고 있으려니 불안감이 밀려왔다. 나는 체육관에서 몸을 만들거나 마르티네스 언덕에서 조깅을 하면서 불안감과 좌절감을 떨쳐내려 노력했다. 이 직책을 맡지 말라는 내면의 목소리에 귀 기울이지 않은 나 자신이 한심하게 느껴져 화가 났다. 미제사건을 수사할 수 있다는 희망은 그동안 나를 지탱해준 버팀목이었다. 약속은, 그 약속을 하는 사람이 누구인지가 중요하다는 말이 있다. 미제사건 수사로 내게 당근을 던졌던 보안관이 몇 달 만에 부상 당해 조기 퇴역을 결정하면서 내가 믿었던 약속은 물거품이 됐다.

하지만 알 수 없는 것이 인생이다. 새로운 업무에 의문을 품기 시작했을 때 역사상 가장 악명 높은 납치 사건 중 하나가 내 눈에 들어왔기 때문이다. 다시 태어난 기분이었다.

*   *   *

1991년 6월 10일 11세 소녀 제이시 더거드가 타호 호수 남쪽 시골마을 버스정류장으로 걸어가다 납치됐다. 그 후 18년 동안 이 소녀는 행방을 알 수 없었다. 그동안 그녀는 집에서 약 270킬로미터 떨어진 콘트라코스타 카운티 안티오크의 월넛 애비뉴 어느 헛간에 갇혀 지내고 있었다. 소녀를 납치한 성범죄 전과자 필립 개리도와 그의 아내 낸시가 사는 집 뒤뜰과 인접한 공터의 헛간이었다. 이 끔찍한 사건은 스티븐 킹의 소설에 등장하는 사건들을 연상시켰다. 갇혀 사는 동안 제이시는 딸 둘을 낳았다. 납치범인 개리도의 자식들이었다. 제이시는 두 딸을 개리도의 허름한 헛간에서 키웠다. 제이시의 소재는 개리도가 각각 열한 살, 열다섯 살이던 제이시의 딸들을 데리고 캘리포니아대학교 버클리 캠퍼스에 찾아가 캠퍼스에서 종교 활동을 해도 되는지 문의하면서 밝혀졌다. 2009년 이 사건이 해결됐을 때 지역 경찰은 제이시가 관할구역 안에 있었음에도 그녀의 소재를 파악하지 못했다는 사실을 믿을 수가 없어 곤혹스러워했다.

개리도는 키가 크고 호리호리했으며, 눈이 파랗고 부리부리한데다 뺨이 움푹 들어간 사람이었다. 얼굴은 영화 〈애덤스 패밀리〉에 나올 듯 괴기스러웠다. 그는 자신만의 교회를 만들었고, 신이 자기에게 특별한 능력을 부여했다고 믿었다. 개리도는 캠퍼스 보안요원 두 명에게 초능력, 정부의 음모 같은 이야기를 떠들다 의심을 샀다. 하지만 보안요원들이 더 이상하게 생각했던 것은 개리도가 데리고 온 여자아이들이었다. 그 소녀들은 피부가 회색이고 눈동자에 초점이 없어 보였다. 보안요원 중 한 명은 나이가 어린 소녀의 눈빛이 으스스했으며 마치 다른 사람의 영혼을 꿰뚫는 것 같은 느낌을 받았다고 말했다.

보안요원들은 개리도의 신원을 확인했고, 그가 가석방 중인 성범죄자라는 사실을 알아낸 후 보호관찰관에게 연락을 했다. 보호관찰관은 개리도에게는 딸이 없다고 말했다. 보호관찰 사무소에 출두하라는 명령을 받은 개리도는 다음 날 온 가족을 데리고 사무소로 갔다. 개리도와 그의 아내 낸시, 앨리사라고 불린 젊은 여성, 그리고 두 소녀가 보호관찰 사무소에 도착했다. 당시 29세의 앨리사는 18년 전 타호 호수 근처에서 납치된 11세 소녀 제이시였다는 것이 밝혀졌다. 이 이야기는 전 세계 각국의 신문과 방송에 대대적으로 보도됐다.

개리도는 위험한 성범죄 전과자였다. 나는 개리도가 내가 조사해온 미제사건들과 관련이 있는지 검토하기 시작했다. 개리도는 가학적인 스토커로, 피츠버그 공업지대 중심부에서 범행을 저질렀다. 구타당해 숨진 성노동자 여성 한 명과 리자 노렐의 시신이 발견된 곳이었다. 인쇄소를 운영하던 개리도는 살해된 성노동자 여성 중 한 명의 시신이 버려진 폐차장의 의심스러운 주인과 잘 아는 사이였다. 1972년 개리도는 14세 소녀에게 약물을 투여하고 반복적으로 강간했지만, 피해자가 증언을 거부해 처벌받지 않았다. 그로부터 4년 후, 개리도는 25세 여성을 납치하고 강간한 혐의로 유죄 판결을 받았다. 재판이 진행되는 동안 개리도의 정신감정을 시행한 의사는 그가 만성 약물 남용자이자 성도착자라는 진단을 내렸다. 개리도는 50년 형을 선고받았지만 11년 만에 가석방돼 주소지에서 보호관찰을 받게 됐다. 그 주소가 바로 우리 카운티에 있었고, 그로부터 3년 후 제이시가 납치됐다.

나는 코너티에게 전화를 걸어 개리도의 집과 그 부근을 수색해야 한다고 말했다. 그가 피츠버그 사건들과 연관돼 있을지 모르니 증거를 찾아야 한다고도 덧붙였다. FBI가 현장에서 철수한 뒤 우리는 수색영장을 들고 개리도 집과 주변을 수색하기 시작했다. 제이시와 그녀의 딸들은 참혹한 환경에서 살고 있었다. 그들은 개리도의 집 뒤뜰과 맞닿은 2에이커 넓이의 땅에 있는 헛간에서 지내왔다. 텐트 조각, 방수포 같은 것들을 붙여 만든 지저분한 헛간이었다. 헛간 앞에 높은 울타리와 나무들이 심겨 있어 잘 드러나지도 않았다. 헛간이 있는 땅에는 버려진 자동차들이 여기저기 널려있고, 사용하지 않는 오래된 마구간도 보였다. 마치 쓰레기장 같았다.

제이시와 소녀들이 살던 헛간은 쓰레기로 가득했다. 접이식 의자 위에 옷이 아무렇게나 걸리고, 서랍장 위에는 음식 그릇들이 방치돼 있었다. 헛간 바닥에 구멍을 파서 용변을 본 흔적도 있었다. 개리도의 집에서 끌어온 전기선 하나가 보였다. 그곳에 가보니 제이시와 아이들이 어떻게 그토록 오랫동안 다른 사람들에게 발견되지 않았는지 짐작할 수 있었다. 밖으로는 거의 드러나지 않았기 때문이다. 당시 어렸던 내 아이들 벤과 줄리엣이 그런 열악한 공간에서 뛰어다니는 모습을 상상했다. 끔찍했다. 불쌍한 제이시가 어떻게 수도도 없는 허름한 헛간에서 납치범이자 강간범의 두 아이

제이시 더거드가 필립 개리도에 의해 유괴돼 수년 동안 감금 생활을 했던 헛간. 이 사진은 제이시 더거드가 발견되고 5일 후인 2009년 8월 31일 범죄현장 수사를 하면서 내가 찍은 것이다. _폴 홀스

를 낳아 키웠을지 가늠하기조차 힘들었다.

헛간 한가운데에 서서 나는 코너티를 바라보았다. 어지간해서는 평정심을 잃지 않는 그가, 아무 말도 하지 못했다. 한동안 우리 둘은 어린 시절을 빼앗긴 제이시와 그녀의 두 딸을 생각하며 망연자실 서 있었다. 비극이었다. 코너티와 나에게는 딸이 있었다. 그가 나와 같은 무력감과 분노를 느끼고 있다는 것을 알았다. "이건, 이건 정말 말도 안 돼." 코너티가 마침내 입을 열었다. 우리 둘 다 일을 하면서 수많은 악마를 만났지만, 개리도는 그들 중에서도 가장 악랄한 악마였다.

사건 현장에 다녀온 날, 내 아이들이 사이코패스에게 납치당하는 악몽을 꾸다가 잠에서 깼다. 밤은 항상 나의 적이었다. 밤이면 생각을 너무 깊게 했고 두려움도 많이 느꼈다. 아이들에게 편집증적으로 집착하는 건 내 직업의 부작용이었다. 그날도 나는 부모라면 모두 끔찍하게 두려워할 만한 상황을 보고 왔다. 내가 아이들을 지나치게 보호한 것을 인정한다. 집에 있을 때 나는 항상 아이들 옆에 머물렀다. 나는 아이들이 아이스크림 트럭 근처에도 못 가게 했다. 아이들을 노리는 범죄자가 내 아이에게 접근할 수도 있기 때문이었다.

　여러 수사기관에서 차출된 우리 팀원들은 그 후 몇 주 동안 개리도의 집과 그 주변을 샅샅이 수색했다. 나는 개리도가 분명히 다른 범죄도 저질렀을 것이라고 봤다. 내가 조사하던 미제사건 중 개리도와 관련된 것이 있을지도 모른다고 여겼다. 우리는 불도저를 동원해 뒤뜰을 샅샅이 팠다. 경찰견과 레이더 장비를 이용해 시신을 수색하기도 했다. 가능한 모든 수단을 동원해 개리도의 집과 인근을 수색했다. 하지만 성과가 없었다. 그러던 어느 날 철제 쓰레기통 하나가 눈에 들어왔다. 그 안에 비디오테이프들이 가득 들어있었다. 비디오테이프에는 개리도의 불법 성행위 장면이 생생하게 담겨 있었다. 이 비디오테이프들은 훗날 개리도의 재판에서 중요한 역할을 했다. 우리가 놓친 게 또 뭐가 있을까?

그렇게 계속 수색을 진행하는데, 상급자인 지역장이 개입했다.

"폴, 그 일은 당신이 할 일이 아니요. 당신은 범죄연구소 책임자예요. 관리자란 말이오."

불안해졌다. 내가 업무를 보면서 미제사건 수사에 관여할 수 있게 해주겠다는 약속은 이미 물 건너간 상태였다. 나는 관리자였고, 지역장의 말은 옳았다. 내가 맡은 연구소장으로서의 자리로 돌아가야 했다. 결국 수색에서는 피츠버그 사건과 개리도의 연관성을 밝혀내지 못했다. 하지만 나는 업무시간이 끝난 틈을 이용해 계속 미제사건들을 조사했다. 지역장 방은 다른 건물에 있었기 때문에 여전히 나는 내 마음대로 실험실을 사용했다.

2011년 1월, 새로 선출된 보안관이 취임했다. 지역장은 승진했고, 이전에 연구소 동료였던 사람이 새 지역장이 됐다. 그는 훌륭한 관리자였다. 연구소 직원들의 근무환경에 세심하게 신경을 써줬다. 새 지역장은 내가 미제사건을 조사한다는 것도 잘 알고 있었다. 당시 나는 수년 동안 오래된 증거에 대한 DNA 검사를 실험실에 맡기고 있었다. 다만 모든 사람이 나만큼 미제사건 해결에 관심을 가지지 않는다는 사실은 모르고 있었다. 연구소 직원들은 새 지역장에게 자신들이 과로와 스트레스에 시달리고 있다고 불만을 털어놓았다. 자신들의 고유 업무가 있는데 내가 실험실에 내려와 미제사건 증거 조사를 맡겨 힘들다는 내용이었다. 그들은 내게 '허리케인 홀스'라는 별명을 붙여 놓고 있었다.

직원들의 불만을 접수한 새 지역장은 화상 통화로 "당신의 미제사건 수사로 직원들의 업무를 방해하지 말라"고 지시했다. 연구소는 모든 미제사건 조사를 중단했다. 나는 그가 그런 결정을 내리기 위해 얼마나 많은 생각을 했는지 궁금했다. 그는 진화하는 DNA 기술이 오래된 미제 살인사건 중 일부를 해결할 수도 있다는 생각은 하지 않은 것 같았다. 미제사건 해결이 공공안전에 기여한다는 생각도 하지 않았을 것이다. 위험한 범죄자가 자유롭게 돌아다니고 그중 일부는 자신의 살인 욕구를 충족시키기 위해 계속 범죄를 저지를 수 있는 시한폭탄 같은 존재라는 생각도 하지 않았을 것이다. 하지만 그에게는 타협의 여지가 없었다. 그는 내가 정상궤도에서 벗어났다고 생각했다.

새 지역장이 내 미제사건 수사를 금지한 지 몇 달 후 나는 보안관청 산하 수사기관 중 한 곳에서 지원요청을 받았다. 지역장을 통해서였다. 사람들이 있는 집에 침입해 여자 속옷 같은 것들을 훔치는 범죄가 갑자기 늘고 있다며 도움을 요청하는 내용이었다. 진화 가능성이 있는 위험한 현상이었다. 그 기관은 누군가가 다치기 전에 범인을 잡을 수 있도록 긴급 DNA 분석을 해달라고 요청했다. 이전이라면 흔쾌히 수락했겠지만, 그때 나는 살얼음판 위를 걷고 있었다. 일반적으로 긴급 분석은 살인이나 성폭행의 경우에만 가능했는데, 이 사건은 둘 다 아니었다. 적어도 그때는 그랬다. 나는 지역장의 요청을 묵살했다. 이 사건은 공공안전 관련 사건이 라고 나는 지역장에게 말했다. 지역장도 우리 연구소의 정책과 맞지 않는다며 그 기관의 요청을 거부했다.

내 미래는 여기에 없다고 생각했다. 관료주의 때문에 질식할 것 같았다. 이 일을 더 계속하면 안 되겠다는 생각이 들었다. 20년 동 안 범죄 해결의 다양한 측면들을 경험하면서 나는 범죄 수사의 세계에서 매우 독특한 혼종으로 진화해 있었다. 살인사건에 대한 과학수사는 여전히 내게 도전의식을 심어줬지만, 나는 능력 있는 현장 수사관이기도 했다. 책상 앞에 앉아서 내 재능을 펼칠 수는 없었다. 나는 사건 현장에 나가 살인사건 해결에 도움을 줄 때 훨씬 더 유용한 존재였다.

사무실 의자에 등을 기대고 앉아 구석에 있는 금속제 캐비닛을 멍하니 바라다봤다. 미제사건 파일들이 있는 캐비닛이었다. 그러고 있는데 캐비닛 맨 아래 서랍 앞에 "EAR"고 쓰인 레이블이 눈에 들어왔다. 오렌지 카운티의 래리 풀에게 EAR 사건을 넘긴 지 8년 이 지났다. 사건을 넘기던 당시, 나는 오렌지 카운티 경찰이 EAR 을 잡는 것은 시간문제라고 확신했었다. 그리고 이후로는 다른 미제 살인사건들을 조사하느라 EAR은 잊어버렸다. 하지만 EAR이라는 레이블이 붙은 서랍이 눈에 들어왔을 때 퍼뜩 EAR 사건이 여전히 해결되지 않았다는 생각이 스쳤다.

지역장의 경고를 받고도 미제사건을 조사하는 것은 위험한 행위였다. 더구나 나는 가족을 부양해야만 했다. 일어나서 서랍 쪽으로 가려던 나는 멈춰섰다. 지역장과 화상 통화를 할 때 사용했던 컴퓨터 모니터 위의 카메라를 보며 "그가 보고 있을까? 내가 이러는 걸 그가 알까?" 생각했다. 파일 서랍은 계속 나를 유혹했다. 반짝이는 체리색 책상을 손가락으로 두드리며 여러 가지 생각을 했다. 1994년 범죄도서실에서 EAR 파일을 처음 발견했을 때 나는 과학수사관으로서 내가 할 수 있는 일을 다 해야겠다는 생각을 했다. 그 후 애버내시 사건, 피츠버그 사건, 필 휴즈 사건 같은 복잡한 사건들을 조사하면서 나는 현장 수사관으로서의 재능을 이용해 수사에 도움을 주었다. 하지만 과학수사관이 꼭 그래야 할까 하는 회의도 들었다.

파일 캐비닛, 컴퓨터 모니터, 모니터 위에 붙어있는 카메라를 번갈아 보면서 생각했다. "나설 필요 없어." "그러다 해고될 수도 있어." 이런 말들을 혼자 되뇌면서도 내가 EAR 미제사건을 해결할 수 있다는 확신 같은 게 들었다.

"내가 그 사건을 해결한다면 어떨까?" 나는 다시 혼자 중얼거렸다. "젠장! 모르겠다." 자리에서 일어나 파일 캐비닛으로 걸어간 뒤 맨 아래 서랍을 열었다.

UNMASKED

20장 : 다시 EAR 사건으로

2009년 여름

몇 주 동안 사무실에서 꼼짝도 안 하면서 EAR 파일을 다시 파고들었다. 당시 나는 직장에서도 가정에서도 책임져야 할 것들이 너무 많았다. 그러니 연구소에서 행정을 보는 시간과 가족과 보내는 시간을 제외한 나머지 시간에만 EAR 사건을 조사할 수밖에 없었다. 그럼에도 파일의 세부 사항이 너무 긴박해서 나는 빠르게 빨려 들어갔다. 한 사건을 읽고 나면 곧장 다음 사건으로 넘어갔다. EAR은 1976년부터 10년 후 범행을 중단할 때까지 적어도 50번의 범행을 저지른 것으로 추정됐다. 범인은 수년 동안 최고의 수사관들을 따돌렸지만, 범죄 해결 능력을 자신하던 그때의 나는 범인의 가면을 금방 벗길 수 있을 거라고 믿었다. 그동안 내가 해왔던 연구소 작업, 범죄현장 분석, 심지어 행정 업무조차 이 수사를 하기 위한 준비작업이었다는 생각이 들었다. 설령 내가 직장을 잃는 한이 있어도 이 수사를 해야겠다고 결심했다.

수천 쪽에 이르는 사건파일들에는 EAR의 프로파일을 작성하는 데 필요한 세부 정보가 숨겨져 있었다. 여러 해에 걸쳐 작성한 체크리스트는 용의자 명단 중 다시 검토할 가치가 있다고 판단되는 인물을 추려내는 데 사용하기 위한 것이었다. 나는 그때까지 검토해온 모든 용의자에 대한 요약 문서들을 재검토했다. 수백 건에 이르는 문서들을 검토하는 데만도 많은 시간이 걸렸다. 그 작업을 하는 동안 내 비서가 도움을 줬다. 내가 방 안에서 작업을 하고 있을 때면 "소장님 지금 회의 중이세요."라고 찾아오는 사람들에게 둘러대곤 했다.

두꺼운 사건파일을 연구하다 보니 이전에는 흘려넘긴 세부 사항들이 내 눈에 새롭게 들어왔다. 8년 전 사건을 오렌지 카운티로 넘길 때는 알지 못하던 것들이었다. 대다수 수사관은 특정 사건과 관계가 있을 만한 모든 사람에 대한 검토 작업이 지루하다고 여긴다. 하지만 내게 그 작업은 스릴 넘치는 일이었다. 퍼즐을 완성하려면 조각 하나도 빠져서는 안 된다.

EAR 사건의 세부 내용은 이전에도 수년에 걸쳐 분석이 시도됐지만, 나는 이전 결과를 신뢰하지 않았다. 모든 것을 스스로 살펴보고, 내 분석이 이전의 분석들과 동일한 결론에 도달하는지 확인하기로 했다. 누군가는 이런 나를 거만하고 공격적이라고 여길지 모른다. 하지만 나로서는 그렇게 했기 때문에 이 일을 잘할 수 있었다고 생각한다. 다른 사람들이 강박적이라고 말할 정도로 일에 철저하다. 이 같은 강박적 성격은 집안 내력이기도 하다. 엄마는 거식증이 있고 형은 강박 장애가 있다.

EAR 파일을 샅샅이 조사한 결과 부분적이지만 그가 누구인지 서서히 그려졌다. 중요한 것은 디테일에 있다. 범인은 상당히 넓은 지역에 걸쳐 피해를 끼쳤다. 1976년 6월 새크라멘토 카운티 동부 지역에서 처음 범행을 저지른 후 여덟 번의 범행을 연속으로 감행했다. 새크라멘토 경찰은 그 범행들이 모두 동일범의 소행일 가능성이 있다고 판단했다. 당시 그 지역에서는 EAR 외에도 다른 연쇄 범죄자들이 활동하고 있었다. 자정과 새벽 사이에 범행을 저지르는 얼리버드 강간범, 여성을 공격할 때 털장갑을 끼고 공격한 털강간범, 뱀파이어 킬러 등이 모두 EAR과 같은 시기에 활동했다. 이 범죄자들은 모두 잡혔다. 하지만 EAR은 잡히지 않고 있었다. 노력이 부족해서가 아니었다.

EAR은 집에서 잠자는 사람들을 공격하고, 끈과 무기를 들고 은밀하게 침입해 졸린 눈에 플래시 불빛을 비춰 피해자들을 공포에 몰아넣은, 복잡하고 잡기 힘든 범인이었다. 내가 수사를 하기 전에도 수십 명의 수사관이 그를 추적했다.

나는 그가 어떻게 생겼을지 상상해 봤다. 그에 대한 피해자들의 묘사는 중구난방이었다. 피해자들은 "키가 크다." "키가 중간 정도다." "근육질이다." "뚱뚱하다." "평균 정도 체중이다." "다리가 가늘다." "허벅지가 두껍다." "금발이다." "갈색 머리다." 등 다양한 묘사를 했다. 범인이 끼고 있던 장갑과 소매 사이의 피부밖에 보지 못한 사람들도 많았다. 그는 한밤중에 헐렁한 옷을 입고 스키 마스크를 뒤집어쓴 채 범행을 저질렀다. 피해자들은 공포에 질린 상태였다. 그 상태에서 범인의 인상착의를 정확하게 기억하기란 쉬운 일이 아니다. 나는 피해자들이 진술한 범인의 특징들을 스프레드시트 문서로 정리했다. 확신할 수 있는 내용은 범인이 평범해 보이는 백인 남성이라는 것뿐이었다. 범위가 너무 넓었다.

* * *

범인에게는 사람들 속에 섞여 자신을 감추는 재능이 있었다. 나는 그가 토요일마다 밖에서 잔디를 깎는 옆집 사람일 수도 있다고 생각했다. 범인에게는 자신의 어두운 면을 모르는 아내와 아이들이 있을지도 모른다. 필 휴즈처럼 불길한 눈과 사악한 인상을 지닌 악마일 수도, 매일 넥타이를 매고 출근하는 사업가나 회계사일 수도 있었다. 여기저기 떠돌아다니면서 범행 대상을 찾는 막일꾼일 가능성도 있었다. 그가 피해자를 어떻게 선택했을지도 생각해

봤다. 그의 범행 대부분은 미리 잘 계획된 것처럼 보였다. 두 번의 범행을 제외하고 범인은 완벽하게 현장에서 도주했다.

심리적 사디스트인 그는 자신을 성적으로 만족시키라고 명령하기 전에 피해자를 묶고, 눈을 가리면서 피해자를 통제하는 것을 즐기는 듯했다. 이를 악물고 말했고, 저속한 말로 반복적으로 살인 위협을 했다. 목소리 톤도 의도적으로 높게 만들었다. 피해자들이 침대에 묶인 채 떨게 했고, 범죄현장에서 휴식을 취하기도 했다. 집 안을 돌아다니면서 옷장 서랍을 뒤지고 현금, 동전, 보석, 사진 같은 것들을 훔치거나 부엌에 앉아 음식을 먹고 맥주를 마셨다. 그는 피해자들의 등에 접시 몇 개를 올리고는 덜컹거리는 소리가 들리면 반드시 죽이겠다고 위협했다. 피해자들 앞에서 울기도 했다. 피해자들은 범인이 그렇게 우는 것이 진심이라고 생각했다. 한번은 "엄마, 미안해요. 도와주세요. 난 이러고 싶지 않아, 엄마. 내가 뉴스에 나오면 엄마가 무서워할 거야."라고 말하는 것을 피해자들이 듣기도 했다. 범인은 피해자를 강간한 뒤 구석에 웅크리고 앉아 흐느끼기도 했다. 기괴한 타락이 확실했다. 나는 범인의 눈물이 자신을 위한 것이라고 보았다.

그에 대한 정보를 수집하고 행동 특성을 기록하면서 나는 그가 괴물이긴 하지만 임상적 정의에 부합하는 사이코패스는 아닌 것 같다는 생각을 했다. 그는 양심이 아주 약간 남아있는 소시오패스로 보였다. 그가 적어도 죄책감을 느끼긴 한다는 사실을 보여주는 단서를 나는 발견했다. 그는 피해자가 어떤 식으로든 인간적인 면에 호소하려 하면 화를 내며 "닥쳐!"라고 말했다. 임신 중이라고 말한 피해 여성에게 그는 "닥쳐! 닥쳐!"라고 화를 냈다. 한 피해 여성이 자신은 기독교인이기 때문에 범인을 용서한다고 말하자 "닥쳐! 닥치지 않으면 죽여 버릴 거야!"라고 대꾸했다. 아마도 범인은 자신이 느끼는 죄책감이 범행을 방해한다고 여겨 피해자들이 말을 하지 못하게 만든 듯했다. 이런 특성을 기초로 나는 용의자들 중 일부를 리스트에서 삭제했다.

소시오패스나 사이코패스가 그렇듯이 범인은 공감 능력이 전혀 없는 놈이었다. 그는 어린아이들에게도 냉담하게 행동했다. 범인은 아이들의 존재 자체를 무시했다. 범행 현장에 아이들이 있다는 것을 알고도 아무렇지 않게 행동했다. 한번은 일곱 살 된 여자아이가 한밤중에 화장실에 가다 범인과 마주쳤다. 그는 스키마스크를 쓰고 모직 장갑을 끼고 있었지만, 허리 아래로는 아무것도 걸치지 않은 채 주방 앞에 서 있었다. 범인은 아이에게 "엄마, 아빠랑 노는 중이야. 같이 가자."라고 말했다. 아이는 방으로 들어갔다. 또 다른 곳에서는 열 살짜리 남자아이를 묶은 다음 담요로 덮고, 그 옆에서 어머니를 성폭행했다. 범인은 아이에게 "움직이면 엄마를 죽이겠다"고 위협했다. 소년은 몇 시간 동안 아무 말도 하지 못했다. 그 후 아이가 어떤 삶을 살았을지 상상이 간다. EAR의 공격에서 살아남은 모든 사람은 평생 정신적인 고통에 시달렸다.

EAR은 아이들을 이용해 부모들을 조종했다. 그는 "내 말대로 하지 않으면 아이의 귀를 잘라 보여줄 테다."라고 아이의 엄마를 협박하기도 했다. 또 다른 사건에서 그는 침대에서 세 살짜리 아이를 안고 자던 엄마를 습격해 아이를 엄마에게서 떼어냈다. 범인은 아이의 손과 발을 묶은 뒤 아이 엄마를 강간하는 동안 공포에 질린 엄마에게 "애 입 좀 다물게 만들어!"라고 말했다. 범인은 시키는 대로 하지 않으면 "아이를 죽이겠다"고 협박했다. 둘 다 육체적으로는 살아남았지만, 정신적 피해는 극심했다.

사건파일을 읽으면서 나는 "자기 보존 욕구"라는 메모를 남겼다. EAR은 잡히고 싶지 않았다. 그는 자신의 정체를 노출하지 않기 위해 안간힘을 썼다. 얼굴을 스키마스크로 가렸고, 플래시를 이용해 피해자들이 자신을 볼 수 없게 만들었다. 자신의 얼굴을 보면 죽이겠다고 위협했다. 거친 속삭임으로 목소리를 위장하고 지문이 남지 않도록 장갑을 꼈다. 그는 고양처럼 소리 없이 움직였다. 피해자들은 그가 어디에 있는지, 언제 달려들려고 하는지 전혀 알지 못했다. 나는 그가 소리 없이 움직인 것이 탈출 계획의 일부라고 결론지었다. 그렇게 해야 피해자들은 범인이 아직 집 안에 있다고 생각해 무서워서 움직이지 못하고, 자기가 도주할 시간을 벌 수 있기 때문이었다. 하지만 범인은 소리 내지 않은 채 조용히 집 안에 계속 머물기도 했다.

*　*　*

1977년 2월 7일 오전 6시, 새크라멘토 카운티 카마이클 시의 히스클리프 거리가 막 잠에서 깨어났을 때였다. 이 거리 6269번지에 있는 집에서 서른 살 된 아내 캐런이 남편 조지를 깨우고 있었다. 지은 지 2년 된 이 집은 뒤쪽으로 미닫이 유리문이 달려있고, 그 유리문을 열고 나가면 곧장 공원으로 이어졌다. 보통 6시 45분에 집을 나선 남편은 20분 정도 운전해 자신이 다니는 유리회사에 도착했다. 남편이 옷을 입는 동안 아내는 아침 식사를 차리면서 남편의 도시락을 준비했다. 여섯 살 난 딸은 복도 옆 자기 방에서 잠들어 있었다.

부부는 아침을 먹으면서 이야기를 나눴다. 그런 다음 아내는 현관에서 남편에게 잘 다녀오라고 말했다. 아내가 현관문을 닫는데 나가던 남편이 "여보!" 부르면서 수상한 밴이 근처에 주차되어 있다고 말했다. 한 달 전 집에 도둑이 든 이후로 두 사람은 신경이 곤두서 있었다. "문단속 잘해." 남편이 말했다.

조지가 차를 몰아 출발하자 캐런은 집 안을 돌아다니며 문을 다 잠갔다. 그로부터 10분쯤 부엌일을 하고 있을 때였다. 캐런은 누군가가 뒤에 서 있는 것 같다는 느낌을 받았다. 그녀는 뭔가를 빠뜨리고 간 남편이 다시 집으로 왔다고 생각했다. 하지만 돌아보니 식탁 건너편에 스키마스크를 쓴 남자가 총을 겨누고 있었다.

"소리 지르면 쏘겠다." 그가 위협적인 목소리로 말했다. "돈만 주면 해치지 않을 거야."

공포에 질린 여자가 주체할 수 없을 정도로 몸을 떨기 시작했다. 딸이 제일 걱정됐다. 그가 자신을 쏘면 아이는 아무도 보호하지 못할 것이라는 생각이 들었다. 싸워야 할지 그의 말대로 해야 할지 판단이 서지 않았다.

스키마스크를 쓴 남자는 여자를 거실로 가게 한 뒤 의자에 앉으라고 명령했다. "이제부터 당신을 묶을 거야. 저항하면 죽이겠다." 범인은 그녀의 떨리는 손을 끈으로 묶었다. 신발 끈인 듯했다. 그녀를 묶고 나자 범인은 그녀의 목에 칼을 댔다. 그녀가 뭔가 말을 하기 시작했다.

"닥치지 않으면 죽이겠다." 그가 위협했다. "일어나."

그녀는 "싫어요."라고 대답했다.

"시키는 대로 하지 않으면 쏘겠다. 내 말대로 해."

여자는 범인이 시키는 대로 했다. 딸의 방을 지나 안방으로 들어갔다. 딸의 방문은 닫혀 있었다. 여자는 범인이 딸의 방문을 닫았다고 생각했다. 그녀는 딸의 방문을 항상 연 채로 잤기 때문이다. 부부 침실에 도착하자 그는 여자에게 침대에 엎드려 누우라고 말했다. 범인은 여자의 발을 묶을 생각이었다.

여자는 저항했다. 심장이 펄떡펄떡 뛰었다. 여자는 계속 저항했다. 그는 여자를 침대에 강제로 엎드리게 한 다음 두 발을 신발 끈으로 묶고 머리 위에 베개를 얹었다. 숨을 쉴 수 없었던 그녀는 머리를 흔들어 베개를 떨어뜨렸다. 범인이 침실에 붙은 욕실에서 수건을 찢는 소리가 그녀에게 들렸다. 그녀는 범인과 대화를 시도했다. "닥쳐!" 그녀가 말하려고 할 때마다 범인은 위협했다. "닥치지 않으면 죽여 버릴 거야."

욕실에서 나온 범인이 "얼굴을 가리겠다"고 말했다.

"안 돼! 여기서 당장 나가!" 여자는 범인과 싸우기로 마음먹었다. 그녀의 두 손은 여전히 등 뒤로 묶인 채였다. 그녀는 침대에서 일어나려고 했지만 그럴 때마다 범인이 빠르게 제지했다. 그녀의 등에 범인이 올라탔다. 장갑을 낀 손이 그녀의 입을 가렸다. 여자는 키우던 개에게 소리쳤다. "물어! 물어!"

"닥쳐! 닥치라고!" 범인이 말했다.

여자는 계속 비명을 질렀다. 어떻게 해서든 아이를 지켜야 한다는 생각뿐이었다. 여자는 조심스럽게 묶인 손을 움직였다. 침입자의 오른쪽 앞 바지 주머니에서 총이 만져졌다. 여자는 계속 비명을 지르면서 그의 주머니에서 총을 꺼냈다. 하지만 범인이 총을 다시 낚아챘다. 그는 총을 겨누었고, 여자는 몸부림을 치며 범인에게 저항했다. 분노에 찬 그는 여자를 여러 차례 때렸다.

"내가 말하는 대로 해! 닥치지 않으면 딸을 죽일 거야." 그가 이를 갈며 말했다. 범인은 "시키는 대로 하지 않으면 딸의 귀를 잘라 보여줄 테다."라고 협박했다.

남자는 수건으로 여자의 눈을 덮었다. 그의 발소리와 그가 수건을 더 찢는 소리가 들렸다. 침대로 돌아온 범인은 여자의 입에 수건을 물리고 매트리스 옆에 놓인 칼을 들어 여자를 살짝 찔렀다. 여자는 범인이 자신을 찔러죽일 것이라고 확신했지만 갑자기 아무 소리도 들리지 않았다. 여자는 범인이 집에서 나간 것 같다고 생각했다.

하지만 잠시 후 범인이 다가와 "내 말 들리나?"라고 물었다.

범인은 여자의 머리에 수건을 뒤집어씌웠다. 귀가 수건에 가려져 있었지만 침실 미닫이 유리문이 열렸다 닫히는 소리를 들을 수 있었다. 여자는 기회라고 생각했다. 침대에서 이리저리 몸을 움직였다. 딸을 데리고 이웃집으로 도망칠 생각이었다. 그 순간 범인이 그녀의 얼굴에 칼을 댔다. "움직이면 죽이겠다." 그가 이를 악물며 말했다. "움직이거나 무슨 말을 하면 발가락을 잘라줄게. 움직일 때마다 하나씩 잘라줄게."

범인은 엎드려 있던 여자를 뒤집어 눕힌 후 청바지를 벗겼다. 그 뒤 10~15분 동안 여자는 무슨 일이 일어날지 몰라 공포에 사로잡혀 있었다. 그동안 범인은 침대 옆에서 자위행위를 했다. 자위를 마친 범인이 여자를 강간했다. 강간 시간은 짧았다. 여자는 나중에 범인의 성기가 아주 작았다고 말했다. 범인은 여자의 몸 위에 올라타 자신의 몸을 위아래로 몇 번 움직이더니 내려왔다.

그 뒤 침실에서는 아무 소리도 나지 않았다. 여자는 딸이 위험하다고 생각했다. 범인은 일곱 살짜리 딸에게 "화장실로 가. 거기서 너를 묶을 거야."라고 말했다.

아이가 울기 시작했다. "싫어! 우리를 죽일 거지?"

범인은 "죽이지 않을 거야."라고 말했지만 아이는 계속 비명을 질렀다.

"아이를 놔줘!" 입에 수건이 물린 채 여자가 소리쳤다.

EAR은 소녀를 엄마가 묶여 있는 침대로 데려갔다. 그는 여자의 발목을 다시 묶은 다음 집 안을 돌아다니면서 벽에서 전화선을 뽑았다. 그 뒤 침실로 돌아온 범인은 아이의 두 손을 등 뒤로 묶고 모녀를 담요로 덮었다. "나는 너희들을 묶어놓고 돈만 가지고 갈 거야. 약속하지." 범인이 말했다.

여자는 범인이 침실에서 나간 뒤 집 밖으로 걸어나가는 소리를 들었다고 생각했다. 아무 소리도 들리지 않았다. 5분이 지나고 10분이 지나도 조용했다. "괜찮니?" 엄마가 딸에게 속삭였다.

"쉿. 엄마. 조용히 해." 딸이 엄마에게 다시 속삭였다.

그 순간 여자는 누군가가 갑자기 침대 매트리스를 누르는 것을 느꼈다. 그의 숨소리만 들렸다. EAR은 내내 거기에 있었다.

UNMASKED

21장 : 그놈

2011~2012년

1970년대 후반 EAR이 센트럴 밸리에서 벌인 범죄들을 조사한 뒤, 풍력발전 터빈들이 주변에 늘어선 12번 고속도로를 달려 집으로 가고 있을 때였다. 새로 온 지역장이 내 핸드폰으로 전화를 했다. "아, 안 되는데." 이런 생각을 하며 전화를 받았다. "폴, 스피커폰이야. 부보안관님하고 같이 있어. 잠깐 통화할 수 있나?"

그간 남몰래 EAR 사건을 수사해온 것을 들켰다고 생각한 나는 불안해졌다. 벼락이 떨어질 걸 예상한 나는 "안녕하십니까?"라고 최대한 밝은 목소리로 말했다.

"연구소 이전 기간 동안 긴급한 과학수사 실험 계획이 있나?"

부보안관이 물었다.

안도의 한숨이 나왔다. 당시 연구소는 에스코바 스트리트에 있는 건물에서 더 넓고 좋은 건물로 옮길 예정이었다. 우리는 이전 작업이 시작되면 몇 주 동안 증거 테스트를 할 수 없을 거라고 관련 기관들에 알려 놓았다. 윗사람들은 내가 연구소 사무실에 있다고 생각했고, 나는 그들이 그렇게 생각하도록 내가 연구소 밖으로 나간다는 보고를 하지 않았다. 내가 외부에 있다는 것을 윗분들에게 들키지 않기 위해 고속도로에서 빠져나와 레비 로드에 차를 세웠다. 나는 차를 공원에 주차한 다음 연구소 이전 동안의 업무 계획을 읊었다. 연구소는 내 윗사람들이 머무는 건물과는 멀리 떨어져 있었다. 그 덕에 나는 양쪽 건물을 오간다는 핑계로 연구소를 벗어나 EAR 수사를 할 수 있었다. 틈만 나면 연구소를 빠져나와 EAR의 피해자들을 만나고 범행 장소를 조사했다. 그날도 일을 마치고 집에 돌아가다 지역장의 전화를 받은 것이었다.

EAR의 범행 장소를 조사했던 이유는 그에 대해 알고 싶은 욕망에서 비롯되었다. 나는 범인이 피해자를 선택할 때 무엇을 보았는지, 울타리를 뛰어넘고 자물쇠를 따고, 어두운 밤에 집에 잠입해 잠자는 여성과 남성을 놀라게 할 때 느낀 흥분의 정체를 알고 싶었다. 그가 특정한 사람이나 장소를 선택할 때 무슨 생각을 했는지 알아내려고 애썼다. 그러다 보니 내가 필요할 때 범인의 머릿속에 들어갈 수 있을 만큼 그를 잘 알게 된 것 같았다. 종종 그가 범행을 계획하고 실행할 때 느꼈을 법한 감정을 내가 얼마나 쉽게 느끼는지 깨닫고 놀라기도 했다. 나는 범죄자의 마음속으로 들어가는 일에 너무 익숙해졌다. 밤에 잠에서 깨어나 사건들을 떠올리다 보면 내가 어떤 경계를 넘은 게 아닌가 하는 생각마저 들었다. 범죄자의 심리를 파고들어 그를 바짝 추격하는 존재가 경찰이라면, 내가 평생을 쫓아다닌 괴물들과 나는 얼마나 가까웠을까?

그러다 보니, 내 성격은 비교적 안정적인데도 가끔 어두운 유혹에 흔들리기도 했다. 땀이 흐르고 심장이 두근거리면서 공황 발작이 시작될 때, 이성을 잃게 되는 순간에도 나는 스스로 연쇄 범죄자들처럼 사악한 범죄를 저지르고 싶은 충동을 느끼지 않는다고 생각하면서 마음을 가라앉히곤 했다. 광기로 가득 찬 범죄자들에 대해 평생 조사하다 보면 마음이 이상하게 변하는 일이 가끔 있었다.

내가 처음 범죄자의 머릿속에 들어가 본 것은 피츠버그의 성노동자 사건을 조사할 때였다. 당시 나는 다른 끔찍한 살인사건도 같이 조사하고 있었다. 밸러리 슐츠는 살해되기 전 온몸을 난자당했고, 살해된 뒤 시신은 다른 희생자들이 버려진 공업지대에 쓰레기처럼 버려졌다. 소름 끼치는 범죄현장 사진을 보면서 나는 살인자의 마음속으로 들어갔다.

사진 하나하나를 보면서 그 현장에 내가 있다고 상상했다. 한 손으로는 그녀의 목을 누르고, 다른 한 손으로 칼을 든 범인이 피해 여성 위에 올라앉아 있는 모습을 떠올렸다. 범인은 여자가 의식이 있는 동안 그녀의 얼굴을 칼로 긋는다. 그녀는 고통스러워하며 살려달라고 애원한다. 그는 그녀의 상처가 피를 뿜어내는 것을 지켜본다. 범인의 심장이 빨리 뛰고 호흡이 가팔라진다. 피해 여성의 숨이 끊어지기 전에 마지막으로 범인은 칼을 그녀의 목에 찌른 다음 사냥꾼이 사슴의 내장을 파낼 때처럼 칼을 그녀의 배 깊숙이 쑤셔 넣는다. 욕구가 충족된 범인은 그제야 잔혹 행위를 끝낸다. 이런 범행은 분노 살인이 아니다. 살인자가 자신을 환상을 현실화하기 위한 살인이다. 범인은 피해자가 몸부림치고 비명을 지르는 것을 보며 행복감을 느낀다. 피해자가 고통스러워할수록 범인은 더 흥분한다.

나는 그가 누구인지 분명히 알고 있다고 생각하지만, 잠시라도 내가 그의 마음에 머물렀다는 사실에 몸서리를 친다.

살인자의 마음속에 들어가는 것은 위험한 일이다. EAR의 머릿속에서 너무 많은 시간을 보낸 나는 불안해졌다. 거기에 갇힐 수도 있다는 걱정이 들었다.

* * *

2012년 그날, 센트럴 밸리에 갔을 때는 내가 거의 3년 동안 EAR 조사를 비밀로 유지하던 무렵이었다. 어떻게 그렇게 할 수 있었는지 모르겠다. 내가 연구소를 빠져나올 수 있었던 것은 오후에 EAR

수사를 할 수 있도록 점심 전에 하루 분량의 행정 작업과 관리 업무를 깔끔하게 끝낼 수 있던 능력 덕이다.

최초 수사팀이 작성한 방대한 사건파일에서 내용을 추려 600장의 요약 문서를 만드는 것으로 시작한 일은 그 뒤 엄청난 조사과정을 거치면서 추가 조사가 필요하다고 판단되는 사람들의 리스트를 만드는 작업으로 이어졌다. 총 24명이었다. 그 전 2년 동안 모든 용의자를 조사하면서 그들이 누구이고 지난 30년 동안 무엇을 했는지 알아내는 작업을 했다. 데이터베이스에서 용의자들의 운전면허증 번호, 주소 변동 등 기본 정보를 검색한 다음 더 깊게 파고들었다. 흔한 이름은 조사에 시간이 더 많이 들었다.

첫 번째 단계를 마치면 범죄기록과 DNA 프로파일 같은 정보들을 살펴본 다음, 다음 단계 수사로 넘어갔다. 많은 수사관들은 사건의 토대를 마련하는 작업이 지루하다고 불평하지만, 나는 그런 단계적인 작업이 좋았다. 그런 작업은 목공과 비슷하다. 목공 일을 할 때 처음에는 아주 거친 사포로 나무를 다듬다가 중간 정도 사포로 다듬고, 마침내 고운 사포로 마무리한다. 나에게는 사건 현장을 직접 둘러보고, 피해자들과 그들의 친척 또는 친구들을 만나 이야기를 듣는 작업이 마지막 단계였다. 사건이 일어난 지 수십 년이 지났는데도 피해자들은 정신적 상처에서 벗어나지 못하고 있었다. 수많은 수사기관이 EAR을 잡기 위해 엄청난 인력을 소비했으므로, 어느 시점에선가 어느 수사관은 EAR과 직접 대면하고도 지나쳤을지 모른다. 내가 EAR 사건 용의자를 24명으로 좁힐 때 기준으로 사용한 것이 바로 그 경찰 수사기록이었다. 하나의 이름이 맨 위로 떠올랐다. 이 책에서는 로버트 루이스 포츠라는 가명으로 부르게 될 이름이었다.

＊　　＊　　＊

포츠에 대해 내가 깊게 파고들기 시작한 것은 2011년 초였다. 포츠에 대한 요약 내용이 많은 면에서 EAR을 연상시켰기 때문이다. 그 둘의 유사점은 이상할 정도로 많았다. 포츠는 EAR의 주 활동 무대였던 새크라멘토 카운티에서 자랐고 평생을 그곳에서 살았다. 열차 제동수였던 포츠의 범죄 활동영역은 EAR의 활동영역과 거의 겹쳤고, 그 둘의 활농 기간도 겹쳤다. 내가 작성한 포츠의 지리적 프로파일은 EAR의 지리적 프로파일과 거의 비슷했다. 캘리포니아 북부에서 그 둘이 저지른 강간 사건의 발생 위치들은 마치 트레이싱 페이퍼를 놓고 그대로 베낀 것처럼 일치했다. 포츠의 행적을 요약한 15쪽 분량의 문서를 읽으면서 나는 포츠가 EAR임이 틀림없다고 확신했다. 그 둘의 동선이 겹쳤을 뿐만 아니라 EAR처럼 포츠도 어머니에 대해 특별한 애착을 보였다. 사실혼 관계의 여성을 구타해 체포된 포츠의 폭력 전과도 범죄 프로파일러 레슬리 댐브로시아가 초기에 작성한 EAR 프로파일과 일치했다. 또한

EAR의 범죄 중 두 건이, 범죄가 발생하기 몇 년 전 포츠가 다닌 학교와 가까운 곳에서 일어났다.

포츠는 EAR에 대한 초기 수사에서 용의자이기도 했다. 그는 1978년 EAR이 새크라멘토 지역에서 이스트 베이 지역으로 약 130킬로미터를 옮겨가 공격을 시도한 직후 콘트라코스타 카운티 수사팀의 주목을 받기 시작했다. 그해 12월 댄빌에 사는 32세의 한 여성이 눈을 떠보니 마스크를 쓴 어떤 남자가 자신의 몸 위에 올라앉아 목에 칼을 겨누고 있었다. 이 공격은 전형적인 EAR의 방식이었다. 남자는 여성의 손목과 발목을 묶고 눈을 가린 다음, 소리를 지르면 죽이겠다고 위협했다. "섹스 좋아해?" 그가 물었다. "아니에요." 여성이 대답하자 범인은 "남자 흥분시키는 거 좋아해?"라고 물었다. "아니에요." 그녀는 다시 대답했다. "그럼 왜 내가 당신을 볼 때마다 흥분이 되지?" 그 말을 한 뒤 범인은 두 차례에 걸쳐 그녀를 강간했다. 포츠는 두 달 후 같은 지역에서 체포됐다.

1979년 2월 3일 이른 아침, 콘트라코스타 카운티 보안관보 칼 패브리는 댄빌 지역을 순찰하던 중 EAR이 12월에 공격한 리버타 코트의 집과 800미터 정도 떨어진 도로변에서 수상한 차량을 발견했다. 1968년형 폰티악 르망이었다. 패브리가 한 시간 전에 순찰 돌 때는 없던 차였다. 패브리는 차가 정차한 위치가 좀 이상하다고 생각했다. 뭔가 느낌이 좋지 않았다. 패브리는 경계 태세를 갖췄다. 그 전날 밤 패브리는 인근에서 마스크를 쓴 남자를 추격했지만 남자가 높은 울타리를 뛰어넘어 도주하는 바람에 놓쳤다. 패브리는 EAR이 다시 나타난 것일 수 있다고 생각했다.

무전기로 보고를 한 후 패브리는 빈 차처럼 보이는 수상한 차 뒤에 순찰차를 댔다. 조수석 문 쪽으로 조심스럽게 걸어가 플래시로 차 안을 비췄다. 한 남자가 뒷좌석에서 잠을 자고 있었다. 포츠였다. 패브리가 차창을 두드리자 남자는 깜짝 놀라 잠에서 깼다. "차에서 내려주십시오." 패브리가 말했다. 패브리는 그 남자의 체구가 알려진 EAR의 체구(키 약 180센티미터, 몸무게 약 70킬로그램)와 비슷하다고 생각했지만, 그보다 그의 관심을 더 끈 것은 남자의 면허증에 있는 주소였다. 남자의 주소는 EAR의 새크라멘토 카운티 공격의 중심지인 카마이클이었다. "여기에는 무슨 일이십니까?" 파브리가 물었다. 포츠는 프레몬트 열차 기지에서 일을 마치고 집으로 돌아가는 길이라고 말했다. 집까지 160킬로미터를 더 가야 하는데 너무 피곤해 고속도로에서 빠져나와 잠깐 눈을 붙이고 있다고 덧붙였다.

패브리는 그 말을 믿지 않았다. 차가 서 있는 위치는 고속도로와 몇 킬로미터나 떨어져 있는 지점이기 때문이다. 정말 피곤했다면 고속도로에서 가까운 곳에 차를 세웠어야 마땅하다.

젊은 열차 제동수 포츠는 점점 궁지에 몰리고 있었다. 패브리는 신원조회를 하는 동안 꼼짝도 하지 말라고 말했다. 조회 결과 포츠는 수배 상태인 것으로 밝혀졌다. 중범죄는 아니고 오토바이 절도였다. 하지만 그 정도로도 포츠를 체포하기에는 충분했다. 포츠의 차로 돌아온 패브리가 말했다. "체포하겠습니다."

지원팀 순찰차가 경광등을 켜고 사이렌을 울리며 도착했다. 그때까지만 해도 포츠는 비교적 침착했다. 투덜거리고 얼굴을 찡그렸지만, 딱히 이상한 일은 아니었다. 하지만 경찰관 중 한 명이 카메라를 꺼내 머그샷을 찍을 준비를 하자 포츠는 날뛰기 시작했다. 사진을 찍지 말라면서 미친 듯이 욕을 해댔다. "찍지 마! 꺼져!"라고 소리를 질렀다. 자신이 아무 이유도 없이 쓰레기 취급을 받고 있다며 "씨발, 빌어먹을!" 같은 쌍욕을 퍼부었다. 졸려서 잠깐 눈을 붙인 것뿐인데 왜 그러냐며 경찰들과 몸싸움을 했다.

경찰관들이 포츠를 제압한 뒤 수갑을 채우고 순찰차에 태웠다. 유치장으로 가는 20분 동안 포츠는 계속해서 혼잣말을 했다. "누구든지 나를 엿 먹이면 눈을 찔러버리겠어. 혀도 물어뜯을 거야." "내가 도망치려고 하면 날 쏠 건가?" "진짜 범인은 아무도 잡을 수 없어. 항상 도망갈 수 있지." 패브리는 포츠의 이 말들을 전부 녹음해 수사관들에게 넘겼다.

포츠는 마르티네스의 오래된 감옥으로 끌려갔다. 오전 7시, 포츠는 엄마에게 전화할 수 있게 해달라고 요청했다. 포츠의 엄마는 감옥에 와서 보석금 115달러를 냈고, 포츠는 오후 1시 45분에 풀려났다. 그렇게 포츠는 일상으로 돌아갔다. 80번 주간 고속도로와 680번 주간 고속도로를 오가면서, EAR이 데이비스부터 새너제이에 이르는 지역에서 범행을 저질렀을 때 통과했던 도로 출구를 통과하는 일상으로 돌아갔다.

*　*　*

포츠가 댄빌에서 체포됐다 풀려난 지 4개월 후 그리고 EAR이 프레몬트의 부부와 월넛 크릭의 10대 두 명을 공격한 후의 일이다. 댄빌에서 다시 공격 사건이 발생했다. 피해자는 680번 주간 고속도로 근방인 앨러게니 드라이브에 사는 부부였다. 한 번 범행을 저질렀던 지역으로 돌아가 다시 범행을 저지르는 것은 EAR의 범행 패턴 중 하나였다.

이 공격자는 그해 7월 5일에 포츠가 차를 세우고 잠을 잤던 위치로부터 약 800미터 떨어진 시커모어 힐 코트에서 부부를 공격했다. 새벽 4시, 남편은 바스락거리는 소리에 잠에서 깨어났다. 눈을 떠 보니 침실 거울에 가면을 쓰고 있는 남자의 모습이 보였다. 남편은 침대에서 벌떡 일어났다. 범인과 남편의 눈이 마주쳤다. 남편이 침입자에게 소리쳤다. "당신 뭐야?" 마스크를 쓴 침입자는 놀란 것처럼 뒤로 움찔 물러섰다. 남편이 침입자에게 달려들었다. 덩치가 크고 힘이 셌던 남편은 침입자를 침실 구석으로 몰았다. 막 깨어난 아내는 침실에서 뛰쳐나가 도와달라고 소리쳤다. 상대가 무시무시한 EAR일 수도 있다고 생각한 남편은 침입자에게 "그냥 나가 주시오."라고 말한 뒤 뒤돌아 도망치기 시작했다. 침입자는 어둠 속으로 사라졌다.

포츠의 동선과 EAR의 동선을 비교하면서 나는 그 둘이 동일범이라는 확신을 더 굳혔다. EAR은 7월에 부부가 공격당하기 몇 달전 댄빌에서 범행을 저질렀다. 포츠는 몇 달 전에 체포됐지만 풀려났다. 7월에 부부를 공격한 범인은 새크라멘토에서 그랬듯이 경찰의 수사망을 피해 돌아다녔다. 이 부부 공격은 범인의 계획대로 끝나지 못했다. 이후로 EAR은 댄빌에서 공격을 저지르지 않았다.

EAR은 그 후로 조용했다. 7월부터 10월까지 사람들은 그가 완전히 사라졌기를 바라면서 숨을 죽였다. 어떻게 보면 그는 댄빌에서는 완전히 사라졌다. EAR의 다음 범행은 댄빌에서 남쪽으로 600킬로미터 넘게 떨어진 곳에서 일어났다. 그곳에서 EAR은 곧 살인범으로 진화했다. EAR은 그 사건 발생 직후부터 '오리지널 나이트 스토커ONS'라는 이름으로 불렸다.

*　　*　　*

EAR이 활동하는 동안 콘트라코스타 카운티 지방검사 사무실의 수사관 핼 프랭클린은 초기 EAR 수사팀 팀장에게 댄빌 사건들에 대한 8쪽짜리 요약 보고서를 보냈다. 패브리가 포츠를 체포했을 때의 상황에 대한 보고서와 같이 보내진 이 요약 보고서의 결론은 포츠를 EAR과 동일인이라고 간주하기에 충분한 정황증거가 있다는 것이었다. 프랭클린은 포츠가 EAR이라고 확신했다. 1979년 8월 8일 포츠는 몇 달을 버티다 마침내 타액 검사에 동의했다. 이틀 후 포츠는 검사 결과에 따라 용의자에서 제외됐다. 그로부터 4개월 후 ONS는 캘리포니아 남부에서 살인을 시작했다. 이 이야기를 읽고 나서 "어떻게 EAR을 체포하고도 놓아주었을까?"라고 생각했다. 포츠의 타액 샘플은 콘트라코스타 카운티 보안관청 범죄연구소에서 분비자 테스트를 했다. 분비자는 혈액형 항원을 침이나 정액과 같은 체액으로 분비하는 사람을 뜻한다. 혈액형 항원은 비분비자의 체액에서 거의 또는 전혀 발견되지 않는다. 전체 인구 중에서 비분비자는 10%에 불과하다.

포츠는 타액이 A형이었고 분비자로 판명됐다. 이는 포츠가 ABO 물질을 타액 같은 체액으로 분비했다는 뜻이다. 포츠는 분비자였고, EAR은 비분비자였기 때문에 포츠는 EAR과 동일인이 아니라고 본 것이다. 하지만 나는 분비자 테스트 결과를 기초로 포츠와 EAR이 동일인이 아니라고 판단한 것은 실수였다고 생각했다. 여러 연구에서 ABH 물질이 체액으로 비정상적으로 분비되는 사람들이 있다는 것이 입증됐고, 이는 분비자/비분비자 확인 테스트를 신뢰할 수 없다는 뜻이었다.

나는 영국의 저명한 혈청학자이자 혈청학연구소 소장인 브라이언 랙솔에게 도움을 청했다. 랙솔은 오래된 혈청학 기법에 관한 연구를 다수 발표한, 혈청학 분야 권위자였다. 랙솔은 콘트라코스타 카운티 범죄연구소에서 수행한 용의자 타액 검사가 잘못되었다고 판단했다. 랙솔의 전문가 의견과 문헌 검토 결과에 따라 콘트라코스타 카운티 범죄연구소에서 수행한 분비자 상태 검사에 기초한 용의자 제외는 문제가 있다는 게 판명됐으므로 분비물 테스트에서 제거된 유력한 용의자를 다시 조사해야 한다는 결론을 내렸다.

하지만 포츠가 EAR이라는 것을 입증하려면 다른 방법을 찾아야 했다.

22장 : 롤러코스터

EAR의 DNA 프로파일은 10년 동안 그 어떤 용의자의 DNA와
도 일치하지 않았다. 포츠가 EAR이라는 것을 증명하려면 포츠의
DNA를 확보하는 수밖에 없었다. 하치만 포츠를 찾을 수가 없었
다. 포츠의 행적은 2004년까지만 확인되었다. 포츠는 가정폭력으
로 유죄판결을 받아 투옥되었다가 2004년에 석방된 이후로는 행
적이 묘연했다. 그 후 7년 동안 포츠는 신용카드를 신청하지도 운
전면허증을 갱신하지도 않았다. 우편물 수령 주소도 2004년 이후
그대로였다. 복지수당을 신청하지도 않았다. 놀랍게도 경찰과 접
촉기록마저 없었다. 당시 나는 "포츠는 사망했거나, 발견되지 않
기 위해 혼신의 노력을 기울이고 있는 것으로 보임. 포츠가 용의
자일 수 있는 정황이 계속 발견되기 때문에 그의 DNA를 직접 확

보해야 함."이라고 노트에 메모했다.

난 포츠가 어딘가에 숨어있을 거라고 직감했다. 그의 종적이 사라진 해에 캘리포니아 주는 유전자 검사를 적용할 수 있는 범죄의 종류를 늘리는 법안 제69호를 통과시켰다. 이 법에 따라 유죄판결을 받은 중범죄자와 중범죄 혐의로 체포된 용의자의 DNA를 검사해 그 결과를 각 주의 DNA 데이터뱅크 내 CODIS에 업로드할 수 있게 됐다. 가정폭력으로 유죄판결을 받고 복역한 포츠도 이 법의 적용대상이었다. DNA 검사를 받으면 자신이 연쇄살인범인 게 드러날 수 있다고 생각해서 사라진 것일까? 아이러니하게도 이 법안은 EAR 피해자 중 한 사람의 형제가 주도하고 자금을 지원한 캠페인이 반향을 일으킴으로써 통과되었다. 키스 해링턴과 그의 아내는 1980년 8월 오렌지 카운티의 집에서 공격을 당했다. 이 부부에 대한 공격은 ONS가 1979년부터 1986년 사이에 저지른 6건의 범행 중 하나였다. ONS가 EAR라는 사실이 밝혀진 것은 이 사건에서 검출된 DNA를 통해서였다.

내가 포츠에 대한 조사에 열중할 무렵 셰리는 엄마로서의 일 외에 다른 일을 하기 위한 준비를 시작했다. 셰리는 아이들이 각각 여섯 살, 일곱 살이 되면서 점점 스스로 할 수 있는 많아지자 그런 결정을 내렸다. 손재주가 좋았던 셰리는 재봉에 관심을 보였다. 나는 다목적실을 재봉실로 바꾸고, 셰리에게 멋진 새 재봉틀을 사주었다. 시간이 지나면서 셰리와 내가 아이들이 잠든 후 소파에 앉아 TV를 보며 이야기하는 시간이 점점 줄어들었다. 셰리는 재봉실에서 시간을 보냈고, 나는 노트북컴퓨터로 사건 조사를 했다.

그러던 어느 저녁, 나는 초기 수사팀의 보고서에 쓰인 각주 하나를 발견하고 무릎을 쳤다. 1979년 포츠가 수사 대상이었을 때, 그가 친구 집에 두고 온 검은색 스키마스크를 형사들이 확보했다는 내용이었다. "스키마스크?" 스키마스크에 대해서는 한 번도 들어본 적이 없었다. EAR은 모든 범행에서 스키마스크를 착용했다. 보고서에는 추후 머리카락 비교가 필요할 경우를 대비해 포츠의 니트 스키마스크에서 머리카락을 뽑았지만 아무도 그걸 요청한 적이 없다고 언급돼 있었다. 스키마스크로 아무것도 하지 않은 것이다. 나는 포츠 스키마스크가 보존돼 있는지 확인하고 싶었다. 스키마스크가 보존돼 있다면 우리는 계속 포츠의 DNA를 가지고 있었다는 뜻이다. 스키마스크만 보존돼 있다면, 그 안에 포츠의 생물학적 물질도 남아있을 것이다. EAR의 정체가 그 스키마스크에 숨겨져 있을지도 몰랐다.

나는 흥분했다. 누군가에게 말하고 싶었지만, 그 무렵 셰리는 내가 사건에 관해 이야기하는 것을 싫어했다. 그 밤, 잠을 이루지 못했다. 계속 시계를 보면서 연구소에 출근해도 이상하지 않을 시간이 올 때까지 기다리다가 바로 출근했다. 마르티네스로 가는 내내 나는 혼잣말을 했다. "내가 사건을 해결했어." "내가 사건을 해결했어." "내가 사건을 해결했어."

연구소의 내 방에서 증거보관실로 가는 동안에도 마음이 진정되지 않았다. 나는 조심스럽게 오래된 증거물 카드들을 훑어봤다. '스키마스크'라고 쓰인 카드를 찾았을 때는 복권에 당첨된 기분이었다. 얼마 전에 새로 온 증거보관실 직원 리치 와라가 증거물 상자를 가져왔다. 스키마스크가 상자 안에 없을 수도 있었다. 30년이 지났으니 폐기했을 가능성이 있었다.

직원은 상자를 꺼내 카운터 위에 올려놓았다. 그 순간이 내게 얼마나 중요한지 그는 몰랐을 것이다. 너무 긴장되고 흥분되어 심장이 쿵쾅거렸다. 상자를 열었다. 밀봉한 투명 비닐봉지 안에 스키마스크가 고스란히 들어있었다. 나는 범인을 잡았다고 생각했다. 포츠가 어디에 있는지 모르지만, 내 손에는 포츠의 DNA가 있었기 때문이다.

내용물을 더 자세히 살펴보기 위해 상자를 내 사무실로 가져갔다. 상자 바닥에 접힌 종이가 들어있는 비닐봉지가 보였다. "철로 주변에서 수집됨"이라고 쓰인 레이블이 붙어있었다. 포츠가 열차 제동수였던 사실과 관련 있는 듯했다. 봉투를 열어 확인해보니 스프링 노트에서 찢어낸 줄 쳐진 접힌 종이 세 장이 나왔다. 증거보관실 기록에 따르면 이 종이들은 1979년 댄빌의 32세 여성에 대한 EAR의 공격 현장에서 카운티 과학수사관 존 패티가 수집한 것이었다. 존은 내가 신참이던 20대 초반, 연구소에서 만나 인사를 나누었다. 노련한 과학수사관이라고 이야기를 들었지만, 이후로 그

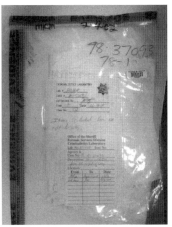

동부 지역 강간범(EAR)을 잡는 데 결정적인 역할을 할 것이라고 내가 확신했던 스키마스크(비닐봉지 안의 검은 물체). 이 스키마스크는 내가 용의자로 생각했던 로버트 루이스 포츠가 친구 집에 두고 온 것으로, 1979년 초동 수사를 하던 수사관들이 찾아냈다. _폴 홀스

보안관청 증거보관실에서 내가 발견한 오래된 공책 종이 세 장. 이 종이들에는 글 두 편과 손으로 그린 지도가 있었다. 범인이 숙제를 하다 남긴 것으로 추정돼 "숙제 증거"라고 불리는 이 메모는 1978년 12월 9일 캘리포니아 댄빌에서 범죄를 저지른 EAR의 도주 경로를 추적하는 과정에서 발견됐다.
_폴 홀스

를 본 적이 없다. 몇 달 후 그가 암 투병 끝에 세상을 떠났기 때문이다. 우연히도 내가 나중에 물려받은 현장 작업복이 존이 입던 옷이었다. 존과 나 사이에 어떤 연결 고리가 있다는 생각이 스쳤다. 존은 독불장군으로 소문난 사람이었다. 존이 EAR 수사에 참여했다는 사실을 알았을 때 나는 그에게 동지 의식을 느꼈다. 존은 경찰 탐지견이 댄빌 여성 살인사건이 일어난 집과 뒷마당, 그 집 뒤에 있는 철로를 따라 EAR의 체취를 추적할 때 이 탐지견들을 따라

가던 중 철로 옆에서 종이를 주웠다. 존은 EAR이 도망치면서 마스크와 무기를 배낭에 쑤셔 넣다가 그 종이를 흘렸을 가능성이 있다고 생각한 게 틀림없었다. 내 생각도 같았다.

나는 그 종이들을 꺼내 펼쳐보았다. 첫 번째 종이는 커스터 장군에 대한 고등학교 역사 숙제로 보였다. 맞춤법과 문법이 형편없다는 점 외에 딱히 눈에 띄는 건 없었다. 두 번째 종이가 내 관심을 끌었다. 초등학교에서 있었던 일을 떠올리며 원망하는 누군가의 투덜거림 같았다. "세상은 미쳤다."라는 문장이 맨 앞에 쓰여 있었다. 그 뒤로 "6학년 때를 생각나게 하는 말이다. 그때는 정말 끔찍했다."라는 문장이 이어졌다. 이 글에는 수업시간에 떠든 벌로 똑같은 문장들을 여러 번 쓰게 만든 교사에 대한 지독한 원망이 담겨 있었다. "선생님이 쓰게 한 끔찍한 문장들이 생각난다. 몇 시간 동안 나는 같은 문장을 수십, 수백 번씩 계속 썼다. (…) 그 문장들을 쓰면서 수치심을 느꼈고, 내가 그런 고통을 당하는 것이 공평하지 않다는 생각을 마음속 깊은 곳에서 했다."

세 번째 종이에는 지도처럼 보이는 그림이 있었다. 뭘 그린 것인지 알 수 없었다. 나는 나중에 다시 보기 위해 그 종이를 옆에 내려놓았다.

그날, 즉 2011년 4월 4일에 나는 실험실에 DNA 검사를 맡겼다. 하지만 내가 연구소 소장임에도 작업은 계속 미뤄지고 있었다. 아이러니하게도 내가 미제사건을 수사한다는 것을 실험실에서 알고 있었기 때문이다. 실험실에는 당장 분석해야 하는 증거들이 쌓여 있었다. 내가 소장이라고 해서 내 일을 우선 해달라고 강요할 수는 없었다. 나는 차례를 기다리기로 했다. 기다리는 동안 EAR 사건과 관련된 다른 조사를 하기로 했다.

나는 EAR이 6학년 때의 경험을 회상한 종이부터 시작했다. 그렇다면 포츠의 초등학교 시절을 알아봐야 했다. 포츠는 현재 베이 포인트로 이름이 바뀐 웨스트 피츠버그에서 초등학교를 다녔다. 나는 초등학교에 포츠의 기록을 볼 수 있는지 문의했고, 다행히도 학교는 내게 기록 열람을 허락했다. 포츠의 6학년 성적표에 교사의 이름이 적혀 있었다. 그 교사는 몇 년 전에 은퇴한 상태였다. 수소문 끝에 그 교사가 오린다에 살고 있다는 것을 알아낸 나는 그에게 전화를 걸어 포츠의 메모 내용을 알려주고 혹시 생각나는 것이 있는지 물었다.

그는 신경질적인 노인이었다. 내가 전화했을 때 그는 "내 학생 중 한 명이 연쇄살인범이 된 게 내 책임이라는 거요?"라고 물었다. 그는 포츠를 기억하지 못했지만, 자신이 6학년 학생들에게 벌로 반복적인 문장을 쓰게 한 것은 기억난다고 말했다. 그러면서 2001년에 이상한 전화가 온 적 있다고 불쑥 덧붙였다. 그에게 전화를 건 남성이 반 학생들에게 벌을 주면서 부르게 했던 노래를 불렀다는 것이다. 교사가 내게 그 노래를 들려줬다. "자유는 공짜가 아니라네. 자유는 공짜가 아니라네. 대가를 치러야 한다네. 희생을 치러야 한다네. 우리의 자유를 위해." 그 교사는 "이 노래 알지요?"
라고 말하더니 전화를 끊어버렸다. 그 후 교사는 전화번호를 바꿨
다. 남성이 교사에게 전화를 한 시점은 24년 전 EAR의 공격을 받
았던 새크라멘토 여성이 2001년에 "우리가 놀았던 거 기억하나?"
라는 전화를 받은 시점과 거의 같았다.

"오케이." 내가 만든 포츠 문서에 항목 하나를 추가했다.

나는 포츠에 대한 조사를 이어나갔다. 전과 기록 갱신 내용에
따르면 포츠는 용의자에서 제외된 후 몇 년 동안 계속해서 법을
위반했다. 그는 폭력적인 성향을 가지고 있었다. 새너제이의 한 버
스정류장에서 신체 수색을 당했을 때 절연테이프로 손잡이를 감싼
스테이크 칼 두 개가 허리춤에서 발견되기도 했다. EAR도 그의 공
격 중 일부에서 스테이크 칼을 사용했었다. 포츠는 이웃이 자기를
괴롭혀 칼을 가지고 다닌다고 말했지만, 그 이웃은 포츠에게 전혀
위협이 되지 않는 장애인 여성이었다.

2002년에 포츠는 사실혼 관계의 여성을 구타하면서 "칼로 몸을
다 잘라버리겠다"고 위협한 혐의로 체포됐다. EAR의 파일에도 이
와 유사한 위협이 가득했다. EAR도 "칼로 몸을 다 잘라버리겠어."
"조용히 하지 않으면 칼로 몸을 다 잘라 버리겠어.", "네 딸의 귀를
잘라서 보여주지." "움직이는 소리가 들리면 여자의 목을 칼로 긋
고, 귀를 잘라 보여주겠다."라는 말을 했다.

우연의 일치였을까? 나는 그렇게 생각하지 않았다.

*　*　*

그즈음 나는 새크라멘토 카운티 지방검사보 앤 머리 슈버트에게 포츠에 대한 내 견해를 이야기할 수 있을 만큼 자신이 있었다. 슈버트는 2년 전에 미제사건 전담팀을 꾸려놓은 상태였다. 슈버트를 직접 만나기 10년 전, 그러니까 EAR과 ONS가 DNA로 연결됐을 때 나는 그녀와 통화를 한 적이 있었다. 슈버트는 미제사건에 관심이 많았고, 특히 EAR을 주목하고 있다고 말했다. EAR이 새크라멘토에서 범행을 저지를 때 그곳에서 성장했던 슈버트는 지역사회를 마비시킨 공포를 생생하게 기억하고 있었다. 나와 통화를 마친 슈버트는 관련 기관들이 모두 모여 정보를 공유하자는 아이디어를 내놓았지만, 기관들은 협조에 미온적이었다. 그로 인해 그녀의 아이디어는 실현되지 못했다.

슈버트와 나는 전화 통화를 하고 10년이 지나 우연히 다시 만났다. 샌타바버라에서 열린 회의에서였다. 회의가 끝난 저녁 시간에 우리는 이야기를 나누면서 친해졌다. 비슷한 일을 하는 사람 사이의 우정 같은 것이었다. 나는 슈버트가 EAR에 대한 내 조사 내용에 관심을 보일 거라고 생각했다.

그해 5월 슈버트에게 전화를 걸어 용건을 말했다.

"포츠라는 사람이 있습니다."란 말로 시작해 나는 포츠에 대해 간단히 설명했다.

내 설명을 들은 슈버트가 놀라운 이야기를 했다. 새크라멘토 카운티 보안관청 형사인 켄 클락도 한 사건에서 포츠와 관련한 흥미로운 단서를 찾았다는 얘기였다. 클락은 2001년 오렌지 카운티에서 벌어진 세 건의 살인사건을 EAR과 연결시키기 위해 래리 풀과 내가 협조를 구했지만 우리에게 벽을 쳤던 샌타바버라 경찰과 정보를 공유하고 있었다. 나 말고도 캘리포니아 북부의 수사관이 EAR 사건을 조사하고 있었다는 것을 그때 처음 알았다. 그동안 괴물을 찾는 데 신경을 쓰는 사람은 나뿐이라고 생각했다. 슈버트에게 전화를 걸지 않았다면 나는 다른 사람들이 무엇을 하고 있는지 전혀 몰랐을 것이고, 그들도 콘트라코스타 카운티에서 내가 하는 일에 대해 알지 못했을 것이다.

그리고 다행스러웠던 건 슈버트가 10년 전처럼 EAR을 찾는 데 관심이 있다는 사실이었다. 슈버트는 "이제 EAR 수사를 하는 사람들이 모두 모여야 합니다."라고 말했다. 나는 이번에는 그녀가 그렇게 해낼 수 있을 거라고 믿었다.

나와 함께 EAR 수사를 할 수 있는 사람을 만나고 싶었다.

첫 번째 EAR 전담팀 회의는 2011년 6월로 예정돼 있었다. 그 회의에 참석하려면 지역장을 잘 설득해야만 했다. 나는 지역장에게, 내가 EAR 사건을 오랫동안 지켜봤으므로 그 회의에 가서 중요한 정보를 제공할 수 있을 거라고 말했다. 나는 슈버트의 초청을 받는 형식으로 회의에 참석할 예정이었다.

회의를 앞두고 나는 곧 포츠를 유력한 용의자로 발표할 수 있기를 기대하면서 수사에 몰두했다. 밤낮을 가리지 않았다. 주말에도 경찰 보고서와 초기 EAR 전담팀의 회의록을 다시 샅샅이 검토하고, 내가 만들어놓은 스프레드시트 문서의 지리적 프로파일도 다시 철저하게 검토했다. 포츠의 이전 주소지들에 찾아가 문을 두드리기도 했다. 포츠의 마지막 주소지에 가서 그가 있는지 확인했고, 포츠의 형 집 앞에서 잠복하기도 했다.

* * *

6월 14일, 우리는 샌타바버라에 있는 경찰 훈련시설의 회의실에 모였다. 4개 카운티의 수사기관에서 사람들이 참석했다. 우리는 긴 테이블에 앉아 자기 소개를 했다. EAR 사건 수사관들과 ONS 살인사건 수사관들이 같은 테이블에 앉은 것은 그때가 처음이자 마지막이었다.

회의는 새크라멘토 카운티 보안관청 형사 켄 클락이 새크라멘토 카운티 사건에 대한 개요를 발표하는 것으로 시작됐다. 벤추라 카운티 형사 그렉 헤이즈는 1980년에 EAR이 라이먼 스미스와 샬린 스미스 부부를 몽둥이로 잔인하게 때려죽인 사건을 수사했던 자신의 연로한 아버지 러스 헤이즈와 함께 회의에 참석했다. 래리 풀은 오렌지 카운티 사건에 대한 브리핑을 했다. 풀은 내가 EAR

사건파일과 증거물을 그에게 넘긴 직후에 살인사건 담당 부서에서 다른 부서로 전출됐다고 말했다. 회의가 열린 샌터바버라 카운티의 형사 개리 키츠먼과 제프 클라파키스는 회의를 주재했다. 나는 키츠먼과 클라파키스가 1979년 정형외과 의사 로버트 오퍼먼과 그의 여자친구 데브라 매닝이 살해된 사건 및 1981년 그렉 산체스와 셰리 도밍고가 살해된 사건이 EAR 연쇄살인 사건과는 관련이 없을 것이라 보는 데에 놀랐다. 그들은 여전히 그 사건들이 그 지역 마약 카르텔과 관련이 있다고 보았다.

나는 콘트라코스타 카운티 사건들에 대해 발표한 뒤 EAR의 정체에 관해 그간 연구한 내용을 말하기 시작했다. 로버트 루이스 포츠와 EAR 사이의 유사점을 하나하나 설명하고 "우리 연구소가 포츠의 스키마스크에서 DNA를 추출하기 위해 작업을 하고 있다"고 말했다. 하지만 다른 참석자들은 심드렁한 표정을 지었다. 그들 대부분은 자신들이 한 번쯤은 EAR 사건을 해결했다고 확신했지만 "빌어먹을 DNA 검사" 결과가 뒤통수를 쳤다고 말했다.

첫날 미팅이 끝난 뒤 참석자들이 모두 모여 술을 마셨다. 우리는 수사 실패담, 엉뚱한 용의자를 수사하느라 시간을 허비한 이야기를 하면서 저녁 시간을 보냈다. 회의에 참석한 수사관들은 모두 EAR 사건 해결을 위해 노력하고 있었다. 그들과 이야기를 나누면서 내가 조사한 캘리포니아 북부의 EAR 관련 증거들이 사건 해결에 도움이 될 것이라고 확신을 굳혔다.

첫날 회의에 참석했을 때만 해도 포츠가 EAR이라고 확신했지만, 다른 참석자들의 실패담을 듣고 나니 내 확신에 의심이 들기 시작했다. 켄 클락과 래리 풀은 경험이 많았고 나는 그들의 지식과 노하우를 존중했다. 이틀간의 회의가 모두 끝났을 즈음, 그 시점까지 내가 한 일에 대한 확신이 흔들리는 것을 느꼈다. 코너티와 자코멜리가 생각났다. 그들과 일했던 경험을 떠올리며 그때까지 내가 한 일에 대해 다시 생각하기 시작했다.

6시간 동안 101번 고속도로를 달리면서 나는 포츠가 EAR이라는 결론에 이르게 한 모든 세부사항에 대해 곱씹어보았다. 그리고 실리콘밸리를 지나칠 때쯤 포츠가 EAR이라는 내 생각이 맞을 거라는 확신이 다시 들었다. 반드시 포츠를 찾아내 DNA 검사로 그가 EAR이라는 것을 증명해야겠다고 마음을 굳혔다.

DNA 추출 결과를 몇 달 동안이나 기다렸는데도 실험실에서는 아무 연락이 없었고, 나는 좌절했다. 8월이 되자 더는 기다릴 수가 없었다. 나는 오렌지 카운티 범죄연구소장에게 부탁했다. 그녀는 그곳에도 일이 많지만 최대한 빨리 해보겠다고 약속했다. 스키마스크를 오렌지 카운티로 보낸 뒤, 매일매일 하던 포츠에 대한 조사를 계속했다. 그때 내가 작성한 포츠 문서는 벌써 157쪽에 이르렀다. 그렇게 8개월 동안 포츠에 대한 조사를 이어나갔다. 그 8개월 동안 나는 전화벨이 울릴 때마다, 이메일이 올 때마다 혹시 결과가 나왔을지 모른다고 생각하며 긴장했다. 사람들과 만나거나 여행을 가서도 계속 결과를 기다렸다. 모든 것이 그 스키마스크에 달려 있었다.

2012년 4월 오렌지 카운티 범죄연구소에서 전화가 왔다. 분석요원이 말했다. "스키마스크에서 DNA가 검출되지 않았습니다."

토할 것 같았다. 이제 할 수 있는 일은 하나밖에 없었다.

포츠를 찾는 일이었다.

* * *

포츠를 검거하기 위한 BOLO(법집행 수사기관들 사이의 정보공유 프로그램)가 발효됐다. 포츠 또는 그와 관련된 사람이 내 수사기관의 주의를 끌면 언제든지 경찰이 검문 등을 통해 조사할 수 있게 됐다는 뜻이었다.

그해 8월, 켄 클락과 함께 일했던 새크라멘토 보안관청 형사 페이지 닐랜드가 전화를 걸어왔다. "포츠의 형을 찾았습니다." 포츠의 형은 노숙자였으며 앤텔로프의 한 주유소 뒤에 버려진 차 안에서 살고 있다고 했다. 하지만 그 정보는 포츠의 형에 대해 내가 알고 있던 것과 일치하지 않았다. 내가 가진 정보에 따르면 포츠의 형은 앤텔로프에 있는 부모의 집을 상속받은 뒤 팔고 다른 곳으로 이사 간 상태였다. 그 전화를 받기 얼마 전 포츠의 형이 사는 집 앞에서 그의 차가 주차된 것을 본 적이 있던 나는 "포츠의 형이 확실합니까?"라고 물었다. 나와 통화를 마친 앤텔로프 경찰은 포츠의 형으로 추정되는 사람의 지문을 곧장 채취해 신원을 확인했다. 그가 바로 로버트 루이스 포츠였다. 포츠는 그 자리에서 가정폭력 혐의로 체포됐다.

복잡한 수사는 롤러코스터를 타는 것과 비슷하다. 수사 속도가 빨라졌다. 어지러울 정도였다.

켄 클락은 새크라멘토 보안관청에서 찍은 포츠의 머그샷을 내게 보내왔다. 포츠는 빗질하지 않은 머리를 어깨까지 기르고, 흰 수염이 지저분하게 나 있었다. 사나운 사람으로 보였다. 가장 눈에 띄었던 것은 그의 눈이었다. 뭔가를 미친 듯이 쏘아보는 듯한 시선이었다. 클락은 포츠가 EAR 사건 용의자라고 당사자에게 알렸다. 포츠는 EAR 초기 수사 기간에 여러 차례 조사를 받고 풀려났기 때문에 자신이 그 사건들과는 관련이 없다는 점이 이미 확인되었다고 여기고 있었다.

"당신의 DNA 샘플이 필요합니다." 클락이 포츠에게 말했다.

"지금 장난하는 거요?" 포츠가 대꾸했다.

포츠의 구강에서 채취한 샘플이 연구소로 왔다. 나는 그 샘플과 EAR의 샘플을 비교하는 작업을 내가 신뢰하는 DNA 분석요원 중 한 명인 요한나 에스트라다에게 맡겼다. 요한나는 포츠의 샘플에서 DNA를 추출한 뒤 다양한 구성 약물들과 혼합해 반응을 유도한 다음 다채로운 선들로 구성된 전기영동도electropherogram 차트를 만들어냈다. 요한나는 컴퓨터 모니터에 표시된 포츠의 DNA 데이터를 내게 보여주면서 "이렇게 결과가 나왔어요."라고 말했다. 그녀 뒤에 서 있던 나는 모니터 앞으로 더 가까이 다가갔다. 그녀는 화면을 가리키며 계속했다. "EAR의 DNA 차트에는 이 위치에 이러한 표지자가 있지만 포츠의 차트에는 없어요. 그 옆에도 마찬가지예요. 둘의 DNA는 일치하지 않아요. 포츠는 EAR이 아닙니다."

목이 꽉 막힌 상태에서 내 방으로 돌아왔다. 의자에 털썩 주저앉았다. 움직일 힘이 없었다. 몇 분 동안 벽을 멍하니 쳐다보다 밖으로 나와 집으로 차를 몰았다. 마리나 비스타 쪽으로 차를 몰아 쉘 정유공장을 지나가는데 너무 허탈한 느낌이 들었다. 포츠를 EAR로 생각하게 만든 모든 정보와 증거들이 다시 뇌리를 스쳤다. 나는 혼잣말로 계속 "어떻게 포츠가 EAR이 아닐 수 있지?" "다른 사람의 DNA 샘플을 내게 보낸 게 아닐까? 그랬을 리가 없어."라고 중얼거렸다.

내 인생의 거의 2년을 엉뚱한 사람을 쫓는 데 보냈다. 그 2년 동안 나는 포츠에 대한 조사를 가장 우위에 뒀다. 그런 내 집착은 삶의 모든 측면에 영향을 미쳤다. 나는 스스로 옳은 길을 가고 있다는 확신으로 본래 업무마저 제쳐두고 포츠를 조사하는 데 집중했다. 그동안 나는 감정적으로도 정신적으로도 집에 있지 못했다. 셰리가 내게 이야기를 할 때도 듣다 말고 포츠 조사를 위해 노트북 앞으로 달려가곤 했다. 아이들이 잠자리에 든 후 소파에서 셰리와 보낼 수 있는 친밀한 순간도 포기했다. 나는 셰리가 재봉에 관심을 가지는 것을 환영했다. 그녀가 재봉틀 앞에 앉아 있는 동안 노트북컴퓨터로 포츠 조사를 할 수 있었기 때문이다.

한때 셰리는 내 생각을 가장 잘 들어주는 사람이었다. 하지만 최근 내가 포츠에 대한 조사를 하던 때 셰리는 그 이야기를 듣고 싶어하지 않았다. 사건 조사 이야기를 눈을 반짝이며 듣던 셰리가 더 이상 내 이야기를 들어주지 않았다. 그 2년은 우리 가족과 나 모두에게 피해를 줬다. 그 2년 동안 나는 일이 잘 안 풀릴 때마다 속상함을 달래기 위해 술을 더 마셨다. 사건에 더 많은 시간을 할애하기 위해 운동을 중단했다. 나는 주말에도 사건 조사를 하느라 가족과 시간을 보내지 못했다. 도대체 무엇 때문에 내가 그렇게 했는지 생각하니 허무했다.

그날 밤 나는 좌절에 빠져 소파에서 버번을 들이켰다. 처음 마티니를 마셨을 때 혀가 느꼈던 것과 같은 감각을 느끼고 싶었다.

"EAR"이란 말을 다시는 듣고 싶지 않았다.

UNMASKED

23장 : 미셸

미셸 맥나마라에 대한 기억이 희미해진다는 것을 깨달을 때 나는 슬퍼진다. 거의 4년 동안 그녀는 내 일에 대해 털어놓을 수 있는 친구이자 범죄 조사 파트너였다. 그녀는 당시 너무나 깊었던 내 안의 구멍을 메워줬다. 그때 나는 공허함 외에 아무것도 느끼지 못하는 인생으로 전락할까 봐 두려웠다. 미셸은 포츠가 EAR이 아니라는 사실을 확인하고 두 달 정도 지났을 때 내게 전화를 걸었다. 모르는 전화번호였으므로 나는 전화가 음성사서함으로 넘어가도록 놔뒀다. 그날은 너무 힘든 날이었다. 연구소에서 계속 잠을 자다가 걸린 지문 분석 요원에게 해고를 통보해야만 했다. 그 분석 요원에게는 일곱 명의 자녀가 있었다. 그래서 해고 통보를 하는 게 더 힘들었다. 그 전날 밤, 아침에 출근하면 그녀에게 해고 통보를 해야 한다는 생각 때문에 잠을 이룰 수 없었다. 괴로웠다. 그런 일을 하려고 과학수사관이 된 게 아니었다.

그렇게 힘겨운 하루를 보내고 집에 가는 길에 음성사서함을 확인했다. "안녕하세요? 미셸 맥나마라라고 합니다. 제가 전화한다고 래리 풀 형사가 말했을 거예요." 유쾌하면서도 전문적인 느낌을 주는 목소리였다. 내가 기다리던 전화였다. 그 전화가 오기 얼마 전 풀은 전담팀 회의에서 〈로스앤젤레스〉라는 잡지에 실을 EAR 사건 관련 기사를 쓰고 있는 한 여자와 이야기를 나눈 적이 있다고 말했다. 풀은 그녀가 전담팀의 다른 사람들에게도 자신의 이름을 알려달라고 했다고 덧붙였다. 그 말을 들으면서 "참, 당찬 여자구나."라고 생각했다. 우리는 그녀와 이야기를 나눠도 될지 토론했고, 우리 사건에 대해 대중이 관심을 갖게 되는 것이 나쁘지 않다는 결론을 내렸다.

그 무렵 나는 포츠가 EAR이 아닌 것으로 밝혀진 이후 우울감에 시달리고 있었다. EAR 전담팀과 함께 일하느라 나는 상사인 보안관청 캡틴과 계속 충돌했다. 결국 캡틴은 내가 전담팀과 일하는 것을 허용할 수 없다는 직접적인 의사 표시를 했다. 어느 날 나는 캡틴에게 "전담팀 회의에 참석해야 합니다. 출장 신청서 쓰겠습니다."라고 말했다. 나는 캡틴의 심기를 덜 건드리기 위해 다른 이야기를 하다 그 말을 슬쩍 끼워 넣었다. 캡틴은 입술을 깨물더니 손가락으로 머리칼을 쓸어 넘겼다. 그는 "지금은 안 가는 게 좋을 것 같은데."라고 말하면서 "왜 그 회의에 가는 거요?" 하고 물었다. 사실 그때 EAR 전담팀은 EAR의 성폭행 사건 일부에서만 어느 정도 성과를 내고 있었고, 그 사건들은 모두 공소시효가 지난 상태였다. 나는 "제가 가서 발표할 내용이 많습니다."라고 거짓말을 했다. 그러자 캡틴은 "하지만 이번, 딱 한 번만이야."라고 말했다.

그때 나는 암흑기를 겪고 있었다. 어떤 것에서도 기쁨을 찾을 수 없었다. 직장에서도 집에서도 혼자라는 생각이 들었다. 내 이야기를 나눌 사람이 없었다. 셰리는, 포츠가 EAR이 아닌 것이 확인된 후 내가 절망에 빠져 얘기를 해도 내 말에 귀 기울이지 않았다. 셰리와 멀어지는 느낌 때문에 괴로웠지만 아무 말도 하지 않았다. 나는 문제가 생기면 말을 하지 않는 성향이 있다. 셰리도 그런 면에서 나와 비슷하다. 서로 부딪히려고 하지 않기 때문이다. 나는 셰리가 무슨 생각을 하고 있는지 전혀 알 수 없었고, 셰리도 마찬가지였을 것이다. 나는 셰리가 재봉 일 하는 것을 격려했다. 셰리가 원했기 때문이다. 한편으로는 셰리가 나와 멀어졌기 때문에 재봉이라는 취미를 선택했을지 모른다고도 생각했다. 소파에 앉아 함께 드라마를 보는 대신 노트북컴퓨터로 사건 조사를 하고 싶었던 나에게, 셰리의 취미 생활은 그런 내 욕망을 정당화하는 구실이 되었다. 셰리가 재봉 일을 하는 동안 나는 버번을 마시고 아무 생각 없이 TV를 보기도 했다. 그 무렵 나는 나의 경력, 나의 능력, 나의 결혼생활, 나의 삶에 대해 자문하고 있었다. 그러던 때 내게 전화를 건 사람이 바로 미셸이었다.

미셸이 남긴 음성사서함 메시지에 답을 하기 위해 차를 마르티네스 시내의 주차 구역에 세웠다. 기자들은 항상 내게 일방적으로 질문을 던졌다. 내게 요구만 했다. 그런 소모적인 게임에 참여할 에너지가 내게 남아있는지 확신할 수 없었다. 내 전화를 받은 미셸은 "연락 주셔서 고마워요."라고 말한 뒤 자신이 우리 사건에 관심을 갖게 된 이유에 대해 말했다. 그녀는 2010년에 래리 크롬튼이라는 전직 형사가 자비로 출판한 책을 읽고 EAR에 대해 처음 알게 됐다고 했다. 그 책을 읽은 후 EAR 사건에 관심 있는 사람들이 만든 인터넷 게시판을 뒤지게 됐고, 곧 그 사건에 빠져들었다는 것이다. 미셸은 자신의 블로그인 '트루 크라임 다이어리True Crime Diary'에 EAR에 관해 자신이 조사한 내용을 올리기 시작했다. 내게 전화할 당시 미셸은 〈로스앤젤레스〉에 실을 EAR에 관한 기사를 준비하면서 사건 관련 핵심인물들을 만나는 중이었다. 미셸은 내가 EAR에 대해 더 많은 것을 이야기해줄 것이라고 기대했다.

나는 '기자 상대 모드'로 전환했다. 기본적인 사실 외에는 아무것도 말하지 않았다는 뜻이다. 미셸은 내가 수행한 조사에 진심으로 관심이 있는 것 같았다. 나는 사람을 꽤 잘 판단하는 편이었고, 미셸은 진지한 사람으로 보였다. 하지만 그때는 미셸에 대해 아는 것이 거의 없었다. 나는 방어막을 쳤다. 미셸에게 나의 조사 내용을 요약해 말해줬다. 기자들과 말할 때는 내 말이 수사에 피해를 주지 않을지 늘 걱정했다. 게다가 그 무렵 나는 보안관청의 상급자들과 관계가 좋지 않았으므로 말을 최대한 아꼈다. 미셸과의 통화는 정중한 인사로 몇 분 만에 마무리됐다.

＊　＊　＊

미셸과의 통화 덕이었는지, 포츠 때문에 충격을 받은 지 몇 주가 흘러서 그랬는지 모르지만, 내 조사가 어디에서 잘못됐는지 다시 살펴보기로 마음을 먹었다. 그 후 며칠 동안 내가 내렸던 판단들에 대해 곰곰이 생각해 봤다. 그러던 중 킴 로스모 박사가 쓴 범죄 수사 관련 논문 하나를 접하게 됐다. 로스모 박사는 과학수사 분야에서 높은 평가를 받는 사람이다. 지리적 프로파일링에 관한 그의 책을 읽고 내가 하는 조사에 그 내용을 응용하기도 했었다. 내가 읽은 논문은 범죄 수사 실패에 관한 것이었다. 논문을 읽다 보니 포츠를 수사하는 내 모습이 보이는 것 같았다. 그 논문을 읽으면서 포츠 조사를 할 때 내가 중대한 실수를 저질렀다는 것을 깨달았다. 로스모 박사는 최고 수준의 수사관들도 연역적 추론보다 귀납적 추론을 사용해 함정에 빠질 수 있다고 지적했다. 진실을 밝히기 위해 수사를 하는 것이 아니라 특정 용의자에 대한 수사에 집중해 상황을 꿰맞추는 실수를 할 수 있다는 뜻이다. 아마추어 탐정들이 자주 하는 일이다. 그들은 특정한 가정을 한 뒤 자신의 결론을 뒷받침하는 증거나 상황들만 본다. 때때로 너무나 평범해 의미가 없는 세부사항들에 집착하기도 한다.

나도 그런 함정에 빠졌던 것이다. 너무 흥분한 나머지 포츠에 대해 내가 잘못된 길을 가고 있다는 경고 신호를 눈치채지 못했다. 어느 주말 장모님 집에 갔다가 뒤뜰에서 옆집에 사는 은퇴한 철도 노동자와 이야기를 나눈 적이 있다. 그는 1970년대 경기침체기에 철도 노동자들이 당시에는 일거리가 그나마 있던 캘리포니아 남부로 흘러들었다고 말했다. 그 이야기를 듣기 전까지 나는 포츠가 캘리포니아 남부에서 활동했을 거라곤 생각하지 못했다. 그때 그 이야기만 듣고 아무런 조사도 하지 않은 채 포츠가 남부에서 범행을 저질렀을 것이라고 예단했다. 내가 생각한 강력한 연결 관계들 이외의 자잘한 세부사항을 무시했다. 내 추측과 다른 내용이 보일 경우, 누군가가 날짜를 잘못 적거나 목격자가 설명을 잘못했을 것이라고 여겼다.

사건을 제대로 보려면 강력한 연결 관계로 보이는 것들 말고 다른 것들도 눈여겨 검토했어야 한다. 철저하게 증거에만 의존해 조사했어야 한다. 내 추측에 부합하지 않았던 세부사항들을 버리지 말았어야 했다. 아마추어 같은 실수를 저질렀다는 사실을 인정하자니 마음이 너무 아팠다. 하지만 나는 이 실패경험을 더 나은 수사를 하기 위한 발판으로 삼기로 했다.

＊　＊　＊

　미셸과 처음 통화를 한 뒤 몇 달 동안 우리는 가끔 이메일이나 전화를 주고받았다. 미셸은 잡지 기사를 쓰기 위해 내게 질문을 하거나 사실 확인을 했다. 우리의 대화는 거의 전적으로 EAR 사건에 관한 것이었다. 잡담이나 사적인 이야기는 거의 하지 않았다. 미셸은 남편이 배우이자 코미디언이며, 남편과의 사이에 어린 딸이 있다고 말했다. 미셸의 남편 이름은 패튼 오스월트라고 했다. 나는 누군지 몰라 머뭇거렸다. 미셸은 남편이 만화영화 〈라따뚜이〉에서 레미 목소리를 낸 배우라고 말했다. 〈라따뚜이〉는 요리사가 되고 싶어 하는 쥐의 이야기를 그린 애니메이션이다. 그 목소리를 들어본 적이 있는 것도 같았다.

　미셸이 쓴 기사 〈살인자의 발자취〉가 2003년 3월호 〈로스앤젤레스〉에 실렸다. 나는 그 기사를 읽기가 두려웠다. 미셸이 신뢰를 배반하고 내가 하는 일에 피해를 입히거나 EAR 전담팀의 다른 구성원과 관계를 위태롭게 할 수 있는 내용을 썼을지도 모르는 일이었다. 그 이유만은 아니었다. 나는 사람들을 비교적 정확하게 판단하는 편인데, 미셸이 내가 생각했던 것과 다른 인간으로 밝혀질까 봐 겁이 났다. 당시 나는 수사관으로서 자신감을 막 되찾고 있었다. 그렇지만 기사 내용이 너무 궁금했으므로 용기를 내어 읽어 보기로 했다. 미셸의 기사 내용 중 일부는 다음과 같다.

"범인을 찾은 거 같아." 잠을 못 잔 탓에 약간 몽롱한 상태에서 내가 말했다. 코미디언인 내 남편은 그 범인이 누군지 묻지 않았다. (…) 낮에 나는 단정한 머리를 하고 가방에 크래커를 넣고 다니는 42세의 주부다. 하지만 저녁이 오면 아마추어 탐정이 된다. 나는 경찰이 간과했을 수도 있는, 인터넷에 떠도는 정보를 검색해 미제사건을 연구한 다음 내 블로그를 정기적으로 방문하는 8,000명 정도의 미스터리 애호가와 내 이론을 공유한다. 가족이 잠들면 디지털 전화번호부, 학교 연감을 뒤지고, 범죄현장을 '구글 어스'로 샅샅이 살펴본다. 나는 정보가 될 수 있는 것들을 찾아 인터넷을 뒤지는 '노트북' 수사관이다.

7,500단어 분량의 그 기사를 읽은 뒤 나는 미셸의 의도와 사건 해결을 바라는 마음을 더 이상 의심하지 않기로 했다. 미셸은 연구를 했고, 설득력 있는 스토리텔링으로 연구결과를 설명했다. 미셸은 내 신뢰를 배신하지 않았다. 또한 그녀는 범인에게 EAR이나 EARONS 같은 이름보다 더 기억하기 쉬운 '골든 스테이트 킬러GSK'라는 이름을 붙였다. 그 기사가 잡지에 실린 뒤부터 범인은 GSK라는 이름으로 널리 알려지게 됐다.

미셸은 기사가 잡지에 실린 후 한동안 연락이 없었다. 그러던 어느 날 미셸이 내게 불쑥 전화를 해서 "뭐 좀 물어볼게요."라고 말했다. 나는 "뭐든 말씀하세요."라고 대답했다. 미셸은 GSK에 대한 책을 써달라는 제안을 받았다고 했다. "그래도 될까요? 전담팀 사람들이 괜찮다고 생각할까요?" 그녀가 물었다. GSK를 다룬 책은 이미 두 권이나 나왔지만, 전문적인 작가가 쓴 책들이 아니라 내용이 좀 거칠었다. 미셸은 책을 쓴다면 GSK 범행들에 대한 세부사항, 사건을 수사한 형사들에 관한 이야기 그리고 자신이 개인적으로 수집한 정보들을 엮어 쓸 생각이라고 말했다. 그때까지 봐온 미셸이라면 기존의 책들과는 다른 차원의 글을 쓸 수 있을 것 같았다. 나는 "좋은 생각이라고 봅니다. 그런 식으로 정보가 공개돼도 사건 해결에 도움이 될 것 같습니다."라고 대답했다.

몇 주 뒤 미셸이 다시 전화를 했다. 미셸은 GSK 사건의 모든 것을 생생하게 묘사하고 싶다고 말했다. 자기가 사는 LA의 집에서가 아니라 사건이 일어난 장소를 직접 관찰하면서 책을 쓰고 싶다고. 나는 그녀를 콘트라코스타 카운티의 범행 장소들로 데려가겠다고 제안했다. "네, 고마워요." 미셸이 인사했다.

그해 7월의 더운 아침에 콩코드에 있는 호텔로 미셸을 데리러 갔다. 그때까지 우리는 거의 일년 동안 전화와 이메일을 주고받았지만, 실제로 얼굴을 본 것은 그때가 처음이었다. 우리는 하루 종일 범죄현장들을 돌아다녔다. 우리는 잡담을 거의 하지 않았다. 사건에 대해 생각할 것이 너무 많았기 때문이다. 그녀는 내가 왜 EAR이 새크라멘토에서 이스트 베이로 이동해 범죄를 저질렀다고 생각하는지 물었다. 나는 EAR의 생활에 뭔가 변화가 있었기 때문에 그렇게 이동한 것 같다고 말했다. "어쩌면 EAR은 계속 새크라멘토에 살면서 이스트 베이에 있는 직장을 다녔을지도 모릅니다. EAR은 캘리포니아 남부와 북부를 잇는 680번 주간 고속도로를 타고 이스트 베이로 나가는 출구를 이용했어요. EAR 공격의 대부분은 그 주간 고속도로 근처에서 발생했습니다. 가다 보면 그 출구가 보일 겁니다." 댄빌에서 일어난 사건들이 완벽한 예였다. "가서 볼래요?" 내가 물었다. "물론이지요." 미셸이 대답했다.

나는 미셸에게 1979년에 EAR이 처음 댄빌에서 범행을 저지른 직후 존 패티가 철로 옆에서 발견한 EAR의 종이 메모들에 대해 이야기한 적이 있었다. 잡지 기사에서 그 이야기를 언급했던 미셸은 그 종이들이 떨어진 곳을 보고 싶어했다. 나는 아이언 호스 철교(이전에는 사우스 퍼시픽 진입로라고 불렀다) 근처에 주차한 뒤 "종이가 발견된 지점이 저 아랩니다."라고 말했다. "내려가 볼래요?" 내가 물었다. "네!" 미셸이 대답했다. 그녀의 열정은 전염성이 있었다. 내가 수없이 가본 곳에 미셸이 가서 신선하고 간절한 눈으로 볼 수 있다는 것이 짜릿하게 느껴졌다. "신발 불편하지 않아요?" 그녀의 굽 높은 샌들을 내려다보며 내가 묻자 "괜찮아요."라며 미셸이 어깨를 으쓱했다. 우리는 약 360미터를 걸어 44년 전 EAR의 메모 종이가 배낭에서 떨어졌던 지점에 도착했다.

함께 차에서 8시간 있다 보면 우정이 생길 수도 있고 깨질 수도 있다. 그날은 우정이 굳건해졌다. 댄빌에서 콩코드, 샌래몬, 월넛크리을 거쳐 데이비스에 이르기까지 우리는 약 200킬로미터를 돌아다니며 EAR의 범행 장소를 둘러봤다. 미셸과의 대화는 쉬웠고, 대화가 끊겨도 편안했다. 나는 미셸이 진지한 사람이며 최선을 다해 사건을 조사하는 사람이라고 판단했다.

미셸은 내가 경험했던 기회주의적인 기자들과는 달랐다. 그녀는 할리우드 배우와 결혼했지만 유명인과의 결혼 생활이 편하지는 않다고 말했다. 남편의 성공을 자랑스러워했지만, 유명한 배우들의 생활방식이 자신을 힘들게 한다고 토로했다. 미셸은 중서부에서 소박하게 자란 사람이었다. 고급 드레스를 차려입고 영화 시사회에 참석하는 것이 좋은 시간을 보내는 방법이라고 생각하지 않았다. 범죄 해결을 하는 사람들과 같이 활동하는 것이 자신을 쓰러지지 않고 버티게 만든다고 미셸은 말했다.

미셸과 내가 여러 면에서 비슷한 영혼을 가지고 있다는 생각이 들었다. 나는 미셸이, 마스크를 쓴 유령이 집에 침입하기 전까지 평범하고 예측 가능한 삶을 살았던 피해자들과 공감하는 사람인 것이 감사했다. EAR이 공격한 후에도 이전과 같은 삶을 산 사람은 없었다. 피해 여성들은 그가 침입했던 집에서 더 이상 살 수 없었다. 그의 공격을 당했던 커플이나 부부는 대부분 헤어졌다. 아내가 옆방에서 강간당하는 동안 무기력하게 묶여 있던 남편은 40년이 넘도록 죄책감에 시달렸다. 피해 여성 중 한 명은 40년이 지난 후에도 범인이 자신을 지켜보고 있을지 몰라 두렵다며 술에 취해 한밤중 내게 여러 번 전화를 하기도 했다. 끔찍한 상황에서 미친 인간에게 사랑하는 사람을 잃은 이들은 말할 것도 없다.

그날 미셸과 내가 마지막으로 갔던 곳은 마르티네스의 범죄연구소였다. 미셸이 내가 일하는 곳을 보고 싶어했기 때문이다. 미셸은 연구소에서 내 맞은편에 앉아 강력한 협상가의 모습을 보였다. 미셸에게는 살인사건을 수사하는 거친 형사들도 설득할 수 있는 힘이 있었다. 미셸은 "꼭 물어봐야겠어요. 기자라 어쩔 수가 없어요. 당신이 갖고 있는 내부정보가 필요해요. 나도 당신이 모르는 정보를 드릴게요."라고 말했다. 이렇게 정보를 교환해도 될지 망설여졌다. 미셸은 내게는 없는 다른 카운티 경찰의 부검 보고서와 범죄현장 사진을 가지고 있었다. 미셸이 가진 그 정보가 내 수사에 도움이 될 것이라고 판단했다. 책상에서 뒤로 물러나 그녀를 바라봤다. 그녀도 나를 똑바로 쳐다봤다.

"그럽시다." 내가 말했다.

＊　＊　＊

그 후로 미셸과 나는 자주 연락했고, 나는 생기를 찾았다. 우리는 정보와 아이디어를 공유했고, 미셸에게 서서히 마음을 터놓게 되면서 나는 밤 시간이 견디기 힘들다고 그녀에게 말했다. 그 무렵 나는 밤마다 끝나지 않은 일이 자꾸 떠올라 잠을 이루기 힘들었다. 겨우 잠에 들어도 끔찍한 악몽에 시달리다 깨어나곤 했다. 미셸은 남편과 딸이 잠자리에 든 후 밤새도록 노트북 앞에 앉아 있는 때가 많다고 말했다. 그러고 보니 미셸이 내게 이메일을 보낸 시간은 사람들이 대부분 자고 있는 한밤중이었다. 어느 날에는 새벽 3시 19분에 이메일을 보내기도 했다. 내가 찾고 있던 용의자의 고등학교 시절 사진을 인터넷에서 발견해 첨부한 메일이었다. 그 사진은 EAR의 몽타주 중 하나와 매우 비슷했다. 미셸은 그 메일에서 "이 시점에서는 누구의 얼굴이라도 범인의 몽타주 중 하나와 비슷해 보일 수 있지만, 그래도 이 사진은 너무 비슷하다고 생각했습니다. 잠이 안 올 때는 이런 사진을 찾곤 해요. 확증편향에 빠져서 말이지요."라고 썼다.

미셸에 대해 더 많은 것을 알게 되면서 나는 그녀가 정보를 소화하는 방식에 감탄했다. 그녀는 법 집행 기관에서 일한 적도, 수사관으로서 훈련을 받은 적도 없었다. 사건 수사에 필요한 전문적인 능력을 가지고 있지도 않았지만, 노련한 프로처럼 자신의 일에 임했다. 통찰력이 풍부했고, 수많은 정보를 수집하고 처리할 수 있는 지적 능력을 가지고 있었다. 또한 새로운 정보를 열린 마음으로 받아들여 자기가 하는 일에 대해 다시 생각하고 일의 방향을 바꾸기도 했다. 미셸은 지식과 열정으로 나뿐만 아니라 많은 다른 전담팀 구성원과 수사관들 대부분을 설득했다. 사람들로부터 뭔가를 알아낼 수 있는 능력이 뛰어난 사람이었다. 기자들에 대한 불신은 경찰에게 제2의 천성이다. 하지만 미셸이 수집한 광범위한 정보는 그녀가 자신에 대한 경찰의 불신을 무너뜨렸다는 것을 보여줬다. 심지어 미셸은 어떤 경우에는 수사관보다 더 많은 것을 알고 있었다. 나는 미셸에게 "사실만을" 말해주는 단계가 오래 지속되지 않을 거라는 생각을 하게 됐다. 어느 날인가 미셸이 내게 끈질기게 질문한 적이 있었다. 그때 미셸은 이렇게 말했다. "어서 대답해주세요. 더 많이 알고 있다는 거 알아요."

미셸과 함께 일을 한 지 거의 일년이 돼 가던 2014년 늦여름 어느 날 밤, 최소한 가장 민감한 정보는 미셸에게 말하지 않겠다는 결심이 깨졌다. 우리는 서로 의견을 경청했고, 서로 의견이 다를 수 있다는 것도 인정했다. 미셸과 대화는 내게 활력을 불어넣었다. 서로 자존심을 세우지도 않았다. 우리는 옳은 일을 하기 위해 함께 일하는 두 사람일 뿐이었다. 그즈음 나는 새로운 방향으로 수사를 시작하고 있었고, 그에 대해서는 아무도 모르고 있었다. 무더운 8월의 밤이었고 나는 그녀에게 말을 해야 할지 말아야 할지 고민하며 테라스 근처를 서성거렸다. "미셸에게 말해도 될까? 안 될 것 같다. 하지만 나는 미셸을 믿는다…. 아니다. 미셸은 기자다…. 누군가한테 말은 해야 할 것 같다…. 왜 미셸에게 말을 해야 할까?…. 미셸은 배려를 잘하는 사람이다. 그래, 미셸한테 말해야겠다." 나는 침대에 눕기 전에 노트북을 열고 조심스럽게 단어를 선택해 이메일을 쓰기 시작했다.

당신에게 이 말을 하는 것은 일종의 도박이라고 생각합니다. 내 동료 수사관들에게 말하기 전에 내가 당신에게 먼저 말했다는 사실이 밝혀지면 나는 직장에서 어려움에 처하게 될 겁니다. 하지만 당신은 매우 투명하고 믿을 수 있는 사람입니다.

나는 당신을 떠보거나 당신이 내가 무슨 일을 하는지 추측하게 만들어 당신의 시간을 낭비하게 하고 싶지 않습니다. 첨부파일은 제가 작업하고 있는 내용을 요약한 것입니다. 이 문서들은 내가 사건 관련 브리핑을 하거나 구두로 설명하는 세부사항들의 상당 부분은 들어있지 않은 일종의 스토리보드입니다. 첨부한 사진 파일들은 순서가 뒤죽박죽이거나 불완전하며, 지금도 내가 정리를 하고 있는 중입니다. 하지만 당신이 이 문서와 사진을 보면 감을 잡을 것이라고 생각합니다. 이 내용은 혼자만 알고 계셔야 합니다. (…) 당신이라면 이 용의자가 왜 민감한지 알 것입니다. 이 용의자는 자주 출국하는 사람이며 언제든지 자신이 원할 때 '밤의 어둠속으로 사라질 수 있는' 사람입니다.

나는 파일을 첨부한 뒤 전송 버튼을 눌렀다.

미셸은 새벽 1시 27분에 이 메일을 읽고 답장을 보냈다. "세상에! 정말 흥미로운 정보군요. 공유해 주셔서 감사합니다. 저 혼자만 알고 있겠다고 약속할게요."

$$* \quad * \quad *$$

포츠가 EAR이 아니라는 사실이 확인된 후 나는 다른 방향으로 EAR을 추적하기 시작했다. 어느 날 나는 존 패티가 철로 옆에서 찾은 종이 메모 중 하나에 그려진 지도를 들여다보고 있었다. 하지만 사무실에서 아무리 자세히 들여다봐도 도저히 그 지도가 무엇을 나타내는지 알 수 없었다. 처음에는 그 지도가 범인이 목표로 삼았던 범행 대상의 위치를 표시한 것이라고 생각했다. 하지만 그 생각은 곧 접었다. "왜 범인은 상업용 건물 지붕에 있는 HVAC(공기조화시스템) 장비를 그린 걸까?" "나무와 덤불은 왜 그린 걸까?" 하는 의문이 들었다.

지도를 그린 종이 뒷면에는 가운데 부분에 크게 휘갈긴 글자들이 있었다. 나는 연구소 직원 로리를 불렀다. 로리는 똑똑하고 말을 분명하게 하는 직원이었다. 로리는 뒷짐을 진 채 내 방으로 들어왔다. "이게 뭐라고 쓴 걸까?" 내가 종이에 쓰인 글자들을 가리키며 물었다. 로리는 더 가까이 와 들여다보더니 무미건조하게 "'처벌punishment'이요."라고 대답했다. 다시 글자들을 들여다보니 "i"가 빠진 처벌이란 글자로 보였다. 로리가 정확하게 본 것이다. "그러네. 처벌이라고 쓴 게 맞네." 그 글자들을 다시 들여다보니 단어 뒷부분으로 갈수록 연필을 더 세게 눌러서 쓴 것이 보였다. 그 글자들을 쓴 사람은 쓰면서 점점 더 화가 났던 것 같았다. 이건

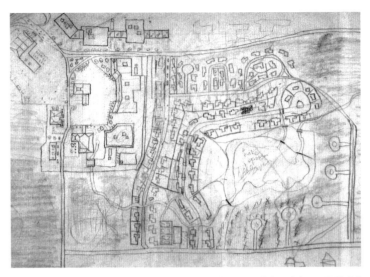

"숙제 증거"의 일부인 손으로 그린 지도. 나는 이 지도가 골든 스테이트 킬러(GSK)를 찾아낼 수 있게 해줄 확실한 증거라고 생각했고, 몇 년 동안 이 지도를 들여다보면서 단서를 찾으려고 애썼다. 미셸과 나는 이 지도와 GSK와의 연관성을 두고 논쟁을 벌이기도 했지만, 결국 미셸은 이 지도가 GSK 사건을 푸는 데 핵심적인 역할을 할 수 있을 것이라며 내 생각에 동의했다. -폴 홀스

EAR의 심리와 완벽하게 일치했다.

그 후 나는 수사의 초점을 그 지도에 맞췄다. 그 지도는 매우 독특해 GSK의 직업을 알아내는 데 결정적인 역할을 할 수 있을지도 모른다는 생각을 했다. 나는 캘리포니아대학교 데이비스 캠퍼스 조경건축과 명예 교수, 코섬니즈 리버 칼리지 건축과 교수, 토목기사, 측량기사, 중장비 운전자 등 다양한 분야의 전문가와 건설 분야 실무자들에게 자문을 구했다. 그들은 대충 그린 이 지도가 주

택 단지를 설계를 하는 과정에서 부동산 개발업자가 그린 그림인 듯하다고 말했다. 누가 이 지도를 그렸든, 그 사람은 숙련되고 명석한 사람임이 분명했다. 나는 더 이상 다리 아래에서 트롤을 찾고 있지 않았다. 어느 정도 윤곽이 잡히는 것 같았다.

부동산 개발업자 목록을 뒤지기 시작했다. 인터넷 검색만으로도 대부분의 부동산 개발업자들을 용의선상에서 제외할 수 있었다. 그렇게 이름들을 하나씩 제거한 뒤 남는 이름이 있었다. 미셸과 내가 둘 다 알고 있는 이름이었다. 로저 머리(가명)라는 매우 잘나가는 개발자였다. 나는 1978년 3월 18일 EAR이 스톡턴에서 저지른 사건의 피해자 부부 중 아내가 로저 머리와 같은 분야에서 일하면서 자주 마주쳤다는 사실을 발견했다. 로저 머리는 폭력 혐의로 체포된 적은 있지만, 유죄판결을 받은 적은 한 번도 없었다. 로저 머리의 활동 반경은 캘리포니아 북부의 EAR 활동 반경 안에 있었다. 하지만 로저 머리를 내 용의자 목록의 맨 위에 올려놓은 것은 그의 성기였다. 로저 머리의 전처는 이혼 소송 과정에서 고용한 사설탐정에게 로저 머리의 성기가 너무 작아 처음에는 "선천적 기형"인 줄 알았다고 말한 적이 있었다. EAR 사건의 피해 여성 중 대부분도 EAR의 성기가 작았다고 진술했다. 나는 로저 머리의 전처가 고용했던 사설탐정과 만나서 들은 이야기를 요약해 미셸에게 말했다. 다음과 같은 내용이었다. "로저 머리의 전처는 사설탐정에게 전 남편이 자신의 성기 크기에 대해 이야기하면 죽이겠다는 위협을 했다고 말했다. 로저 머리는 성기 크기에 매우 민감했다. 로저 머리는 자신의 머리에 누가 총을 겨눠도 눈도 깜박이지 않는 사람이다. 그는 사회적 규범을 따르지 않고 원하는 것은 무엇이든 한다. 이혼소송 중이던 1980년대 초반에 사설탐정은 로저 머리가 버린 쓰레기 중에서 결박 섹스 장면이 담긴 포르노 테이프를 찾아 냈다. 로저 머리는 다양한 여자들과 '가학-피가학 섹스와 결박 섹스'를 즐겼다."

나는 로저 머리에 대해 계속 조사했고 새로운 사실을 발견할 때마다 미셸과 그 내용을 공유했다. 미셸도 그의 부동산 보유 상태, 페이스북 친구, 오래된 신문기사들을 검색해 내 조사를 도왔다. 미셸은 10월 14일에 내게 보낸 이메일에 이렇게 썼다. "이 남자 갈수록 흥미를 끄는 사람이군요. 점점 더 궁금해져요. (…) 이 남자가 용의자가 아닐 거라고 생각하게 만드는 게 있다면 그건 뭘까요?"

나는 답장을 리스트 형식으로 작성해 보냈다. "로저 머리는 성공한 부자이며, 우리는 EAR이 그런 인물일 거라고는 한 번도 생각해본 적이 없다. 로저 머리는 우리가 추정한 EAR보다 나이가 더 많다. 범행 장소 중 일부가 EAR과 일치하지 않는다."

미셸은 "네. 그래 보입니다. EAR 사건이 아귀가 완벽하게 들어맞기는 힘들어 보여요."라고 다시 내게 답장을 보내왔다.

나는 다시 "나도 당신과 생각이 같습니다."라고 답장을 했다.

나는 조사 과정에서 그가 이혼 후 매우 매력적인 젊은 여성과 관계를 맺었다는 사실을 알게 됐다. 그 둘은 결국 헤어졌고, 나는 그녀를 찾아냈다. 그녀의 동네 식당에서 만나기로 했다. 우리는 말이 잘 통했고, 긴 대화 끝에 나는 그의 성기에 대한 어색한 얘기를 꺼냈다. "EAR은 성기가 작다고 추정됩니다. 전 애인은 어땠습니까?" 내가 물었다.

그녀는 이마를 찌푸리면서 정면을 응시했다. 뭔가를 생각하는 표정이었다. "아뇨. 정상이었어요."

미셸은 그 대화 내용을 알고 싶어했다. 나는 미셸에게 문자를 보냈다. "전처는 그의 성기가 작다고 하고, 전 애인은 정상이었다고 말한 것을 보면 전처가 앙심을 품고 그런 말을 했을 가능성이 있습니다."

진술 불일치를 해결하기 위해 나는 EAR의 음경 크기에 대한 연구에 착수했다. 사건파일을 살펴보면서 피해 여성이 그의 음경에 대해 설명할 때 사용한 단어들을 추출했다. 나는 피해 여성들의 관련 진술을 골라 이메일로 미셸에게 보냈다. 피해 여성들이 말한 EAR의 성기 크기는 발기했을 때 7.6센티미터에서 18센티미터에 이르기까지 다양했다. 성기의 굵기도 매우 얇았다는 진술부터 평균 정도였다는 진술까지 천차만별이었다. 설상가상 EAR의 성기가 완전히 발기하지 않은 상태를 묘사하는 데 "작다"는 말을 사용한 피해 여성도 있었고, 그의 성기가 발기했을 때도 작았다고 말한 피해 여성들도 있었다. 나는 이메일로 미셸에게 "피해 여성들이 그린 그림들을 보고 범인의 성기 크기에 대한 의견을 말해줄 수 있을까요?"라고 물었다.

미셸이 답장을 보냈다. "그림들을 봤어요. 내가 보기에 범인의 성기 크기는 확실히 평균 이하입니다. 길이는 7.6~10센티미터, 지름은 0.6센티미터 정도인 것 같아요. 성폭력을 당하는 상황에서는 성기의 크기는 실제보다 크게 느껴질 수 있다고 생각해요. 공포를 느꼈기 때문이지요. 폭력적인 상황에 있던 수많은 피해 여성이 범인의 성기가 작다고 묘사한 것이 중요하다고 봅니다."

미셸의 말이 맞는 듯했다. 하지만 나는 포츠를 용의자로 잘못 지목했을 때처럼 실수를 하고 싶지 않았다. 결국 나는 성기의 크기는 고려 대상에서 제외하기로 했다. 나는 미셸에게 "직감에 기초해 우연의 일치가 아니라고 여긴 일들이 사실은 우연의 일치인 것으로 드러나는 경우를 여러 차례 겪었습니다."라고 썼다.

"그래도 난 범인의 성기가 작다고 봐요." 미셸이 회신했다.

그때쯤 나는 미셸을 비공식 탐정 파트너로 생각하고 있었다. 우리는 같은 차를 타고 다니지는 않았지만 꾸준히 소통했다. 미셸은 내게서 정보를 원하는 만큼 자신도 최대한 많은 정보를 제공했다. 우리는 서로의 추측과 직감에 귀를 기울였고, 상대방이 엉뚱한 방향으로 움직인다고 생각하면 서로 지적을 했다. 나는 "그 사람은 내가 제외시킨 사람이에요. 조사하지 마세요." 같은 말을 그녀에게 했고, 그녀는 내게 "확실히 그 방향은 잘못됐어요." 같은 조언을 하곤 했다. 우리 중 한 명이 범인을 찾았다고 생각했을 때는 서로 기쁨을 나눴고, 범인이 아니라고 밝혀지면 실망감을 공유했다. 우리는 서로를 지원했다. 그런 식으로 미셸은 내 인생에서 셰리의 자리를 대신했다.

* * *

나는 DNA 증거를 찾기 위해 로저 머리가 버린 쓰레기를 뒤지는 작전이 진행 중이라는 민감한 정보를 미셸에게 알려줬다.

그 후 2014년 9월 30일에 미셸에게 이메일을 보냈다. "로저 머리의 쓰레기는 아마 내일 수거될 것 같습니다."

"하루 이틀이면 결과가 나오겠지요?" 그녀가 물었다.

"쓰레기에서 뭐가 나오는지에 따라 다릅니다. DNA 소스가 좋으면 며칠 안에 결과가 나올 겁니다. 쓰레기에서 쓸 만한 DNA가 나올 수도 있고 그렇지 않을 수도 있습니다. 여러 사람의 DNA가 나오거나 DNA가 전혀 검출되지 않을 수도 있습니다."

로저 머리와 GSK 사이에는 유사점이 너무 많아 그를 용의자에서 제외하려면 DNA가 필요했다. DNA 샘플을 몰래 수거하기 위해 잠복 팀이 그의 집 주변으로 파견됐다. 하지만 수십 억 짜리 주택들이 늘어선 동네에서 낡은 수사 차량은 쉽게 눈에 띌 수밖에 없었다. 로저 머리의 이웃 중 한 명이 BMW에서 내려 까맣게 선팅

된 수사 차량의 창문 안을 들여다봤다. 차 안에 있던 형사는 경찰 배지를 보여줘야 했고, 작전은 중단됐다.

플랜 B를 실행해야 했다. 로저 머리의 집이 있는 지역을 관할하는 경찰서 서장이 내 경찰학교 동기였다. 나는 그녀에게 로저 머리가 EAR일지 모른다고 얘기했다. 그녀는 최선을 다해 돕겠다고 말했다. 며칠 후 그녀가 내게 문자를 보냈다. "당신이 말한 용의자를 방금 전에 만났어." 나는 "그게 무슨 말이지?"라고 바로 물었다. 그때 갑자기 이동통신 장애가 발생했다. 나는 초조하게 통신이 복구되길 기다렸다. 30분 뒤 전화가 다시 왔다. 그녀는 "우연히 용의자를 만났어."라고 말했다. 그녀는 일이 있어 사복 차림으로 시청 도시계획 부서에 갔는데 카운터 앞에 로저 머리가 건축설계용 청사진을 들고 서있었다고 했다. 그녀는 그가 왜 그곳에 왔는지 알아내기 위해 몇 분 동안 서성이고 있었는데, 용의자가 자기를 알아보고 "경찰서장님이시죠?"라고 말했다는 것이다. 그녀는 고개를 끄덕이며 "우리가 아는 사이던가요?"라고 물었다. 그는 자기가 누구인지 말했고, 그녀는 내게 문자를 보내려고 차로 갔다. 문자를 보내고 있을 때, 창문 두드리는 소리가 들렸다. 로저 머리는 말재주가 좋은 매력적인 남자였다. "언제 점심식사하면서 경찰을 도울 수 있는 방법을 얘기해도 될까요?" 그가 제안했다. 그녀는 예리한 사람이었고, 기회를 잡기로 했다.

그들은 샌프란시스코의 도시 풍경이 잘 보이는 곳에서 만나기로 날짜를 정했다. 계획대로 그녀는 일찍 식당에 도착해 인도 쪽에 자리를 잡았다. 비밀 작전이 시작된 것이다. 형사 한 명이 웨이터로 위장해 식당 안에서 서빙을 하고, 사복형사들이 관광객처럼 카메라를 들고 인도에서 식당을 기웃거리고 있었다. 식당 건너편에는 잠복 차량이 대기했다. 그 차에서 몇 미터 떨어진 곳에 나도 차 안에 앉아있었다. 로저 머리가 도착했다. 그는 경찰서장에게 인사를 건네면서 자리에 앉았다. 잠시 후 다른 남자가 인도에 나타났다. 스파이 영화에 나오는 캐릭터처럼 검은 선글라스에 야구 모자를 쓰고 티셔츠를 입고 있었다. 그 남자가 나를 보지 못하게 하려고 창문을 올렸다. 차 안은 찌는 듯이 더운데 나는 정장차림이었다. 그가 차 안에 사람이 있다는 것을 알기를 원하지 않기 때문에 시동을 끄고 에어컨을 작동하지 않았다. 나는 조수석에 앉아 있었고, 그 남자는 3미터 정도 내게서 멀어진 상태였다. 더워서 죽을 것 같았다. 나는 재킷을 벗고 티셔츠까지 벗었다. 바지에 땀이 찼다. 남자가 길 건너 식당 쪽으로 움직이기 시작했다. 하지만 이 남자는 그냥 행인이었다.

한 시간가량이 지났다. 경찰서장이 식사를 마치고 자리에서 일어났다. 용의자는 악수를 하고 자리를 떴다. 웨이터 역할을 하던 형사는 용의자가 사용한 숟가락과 물잔, 빨대를 수거했다. 그 물건들을 받아든 나는 경찰서장에게 고맙다고 말한 다음, 차에 탔다. 라디오에서 음악이 나왔다. 기분이 좋다. "잡았다."

식당에서 수거한 물건들에서 채취한 DNA를 분석하는 데는 이틀이 걸렸다.

용의자의 DNA는 EAR의 DNA와 일치하지 않았다.

나는 미셸에게 그 결과를 알렸다.

"제길." 미셸이 말했다.

미셸과 나는 2016년 3월 초 라스베이거스에서 다시 만났다. 법집행기관 회의가 열리고 있었고 그녀는 남편과 같이 와서 우리를 즐겁게 했다. 회의에 참석한 나는 미셸 부부의 호텔 스위트룸에 함께 앉아 사건에 대한 정보와 이론을 공유하는 시간을 가졌다. 미셸은 유력해 보이는 용의자를 조사하고 있다고 말했다. 스톡턴에 있는 퍼시픽 대학교의 미식축구 선수 출신이었다. EAR 공격 직후 그는 용의자로 지목됐지만 다리 부상이 있는 것을 보고 경찰은 그를 용의자에서 제외했다. EAR은 범행 현장에서 울타리를 뛰어넘는 버릇이 있었기 때문에, 미셸과 나는 그가 다친 다리로 울타리를 뛰어넘을 수 있었을지 생각했다.

"그때 경찰이 그를 용의선상에서 제외한 게 옳은 일이었을까? 다리를 다쳤어도 울타리를 뛰어넘어 공격할 수 있는 거 아닌가?" 미셸이 물었다. 좋은 지적이었다. "맞는 말입니다. 다리를 다쳤다고 제외하면 안 됐어요." 내가 대답했다. 나는 미셸의 생각에 완전히 동의하지는 않았지만, FBI에 연락해 그 남자의 DNA 샘플을 채취하도록 요청하겠다고 약속했다.

미셸은 캘리포니아 남부에서 일어난 살인 사건 관련 파일을 몰래 입수해 가지고 있었다. 그녀는 범죄현장 사진 몇 장을 가져와서 탁자 위에 놓았다. 나는 수년 동안 그 사진들을 구하려고 했지만 항상 수사기관들의 장벽에 부딪쳤다. 그녀는 집에 도착하면 내게 사진 파일을 보내겠다고 약속했다.

내가 그녀를 본 것은 그때가 마지막이었다.

✳ ✳ ✳

다음 달이었다. 2016년 4월 21일 미셸은 집에서 자다가 사망했다. 애더럴, 자낙스, 펜타닐을 한꺼번에 과다 복용한 것이 공식 사인이었다. 미셸이 의사 처방 없이 스스로 치료를 하고 있다는 사실을 아는 사람은 아무도 없었다. 숙면을 취하고 글쓰기에 집중하기 위해 약을 먹었다는 이야기가 들렸다. 미셸이 마감일을 맞추는 데 지쳐있었다는 것을 알지만, 나는 그녀의 죽음에는 그보다 훨씬 더 복잡한 이유가 있다고 생각했다.

살인사건 수사가 주는 엄청난 스트레스에 대해 아는 사람은 거의 없다. 살인사건 수사는 무시무시한 일이다. 가볍게 시작할 수 있는 일이 아니다. 단련된 전문가라도 상처를 입지 않는 사람은 없다. 미셸은 낮에는 아내이자 엄마였지만, 밤이면 사이코패스와 희생자들 사이에서 살았다.

연쇄살인범을 잡기 위해 임무를 수행하는 작가라는 말이 낭만적으로 들릴지 모른다. 하지만 그 일은 숨겨진 지뢰가 가득한 지뢰밭을 걷는 일이었다. 나는 사건 수사에 대한 미셸의 열정과 연쇄살인범의 정체를 밝히려는 헌신에 감동을 받았다. 하지만 그런 일을 하면서 4년을 살다보면 반드시 대가가 따를 수밖에 없다. 그동안 미셸은 정신적 상처를 너무 많이 받았다. 그녀는 자신이 괴로움을 겪고 있음을 인지하고 증상을 가라앉히기 위해 약물을 복용한 것이었다. 나는 그 느낌을 알고 있었다. 미셸이 복용한 약물은 내가 마시는 버번 같은 것이었지만, 약물은 그녀에게 치명적이었다. 나는 미셸이 골든 스테이트 킬러GSK에 관한 책을 쓰기 시작하지 않았더라면 더 좋았을 것이라고 생각했다.

그녀가 나와 고통을 공유했으면 더 나았을지 모른다는 생각도 들었다. 나라면 누구보다 그녀를 잘 이해했을 것이다. 내가 그녀의 고통을 알았더라면, 사건 조사에 빠져 헤어나지 못하게 될 위험에 대해 조언했을 것이다. 나도 그녀와 비슷한 위험에 빠질 가능성이 있었기 때문이다. 처음에 미셸에게 끌렸던 것은 그녀의 집착 때문이었다. 나는 미셸의 집착을 지켜보면서 나도 그런 집착을 가지고 있다는 것을 확인했다.

미셸이 내게 보낸 마지막 이메일은 그녀가 세상을 떠나기 몇 시간 전인 2016년 4월 20일 수요일에 발송됐다. 그녀가 세상을 떠났다는 소식을 듣고 얼마 지나지 않아 그 이메일을 열어보았다. 그녀는 "곧 연락드릴게요. 미셸."이라는 말로 끝을 맺었고, 라스베이거스에서 한 약속대로 사건현장 사진 파일을 첨부했다. 그녀는 계속 나를 돕고 있었다. 2013년 〈로스앤젤레스〉 지에 실린 기사에서 미셸은 다음과 같이 썼다.

사람들은 살인자가 잡히지 않고 있으니 혹시 나를 해치지 않을지 걱정되지 않느냐고 묻곤 했다. 나는 그때마다 살인자의 나이가 62세는 훨씬 넘었을 테니 그럴 가능성이 없다고 고개를 저었다. 하지만 정작 나는 내가 딸과 시간을 보내지 않으면서 살인자를 추적했던 모든 시간, 잠 못 이루던 그 시간이 나에게 이미 해를 끼치고 있다는 것을 알지 못했다.

어떻게 보면 GSK의 마지막 희생자는 미셸이었다. 그놈을 찾아내야 할 이유가 하나 더 생겼다.

UNMASKED

24장 : 살인

범인은 세 번째 살인 시도에서 가장 완벽한 모습을 보였다. 자신이 원하는 대로, 모든 일이 순조롭게 진행됐다. 첫 번째 살인 시도는 1979년 10월 골레타 사건이다. 그는 이 사건에서부터 "죽여버리겠어!"라는 말을 반복하며 살인을 위한 마음의 준비를 했다. 하지만 이 공격은 피해자 부부가 탈출하면서 중단됐다. 그는 교훈을 얻었고 두 달 후 벌인 다음 범행에서 방법을 개선했다. 이 두 번째 살인 시도는 전형적인 EAR의 공격 패턴을 보였다. 범인은 같은 해 12월 30일 정형외과 의사인 로버트 오퍼먼과 그의 여자친구인 정신과의사 데브라 매닝이 자고 있던 고급주택에 침입했다. 이 커플은 침대에 묶여 있었지만, 오퍼먼은 자신을 묶은 끈을 느슨하게 만든 뒤 범인에게 달려들었다. 하지만 범인은 그런 상황에 이미 준비가 돼 있었다. 범인은 오퍼먼의 가슴에 총을 쐈고, 매닝은 묶인 채 누워 있는 동안 머리 뒤쪽에 총알을 맞았다. 하지만 범인은 만족감을 느끼지 못했다. 너무 간단하게 끝났기 때문이다. 세 번째 공격은 달랐다. 범인은 상황이 자신에게 나빠지도록 두지 않았다. 그의 분노는 분출되어야 했다.

내가 이 세 건의 살인사건을 검토할 수 있었던 것은 미셸이 내게 준 사건파일 덕분이었다. 캘리포니아 남부의 수사기관들은 전담팀이 구성된 후에도 계속해서 중요한 정보를 공유하지 않았다. 나는 그들을 비난하지 않았다. 게다가 모든 수사기관이 정보를 숨긴 것도 아니었다. 오렌지 카운티의 수사관 중 한 명이 결국 미셸의 정보 교환 설득에 넘어간 것이다. 내게는 미셸이 확보한 CSI 보고서, 병리학자의 의견서, 범죄현장 사진, 부검 사진 등을 이용할 수 있게 된 것이 마치 잃어버린 퍼즐 조각들을 찾아낸 것 같은 느낌이 들었다. 내가 GSK를 알게 된 것은 그 파일들을 통해서였다. 수천 쪽에 이르는 문서를 통해 나는 그가 강간범에서 마약중독자들의 마약 복용 충동만큼 강한 살인 충동을 가진 냉혈한 살인자로 진화하는 과정을 지켜볼 수 있었다.

마지막 공격 이후 3개월이 지났을 때였다. 피해자 증언에 따르면 마지막 공격에서 범인은 반복적으로 울었다. EAR은 남쪽으로 이동하기 전에도 강간을 마친 후 울었다. 나는 범인이 자신이 원하는 것을 얻지 못했기 때문에 눈물을 흘렸다고 생각했다. 범인은 그만하라고 애원하는 피해 여성의 표정만으로는 만족하지 못했다는 것이 내 생각이었다. 그는 남쪽으로 이동해 살인을 저지르기 전부터 살인 충동과 싸우고 있었을 것이다. 골레타에서 이뤄진 첫 번째 공격에서 피해자 부부는 그가 통제력을 잃지 않았다면 죽었을 것이다. 나는 그가 얼마나 정교한 인간인지 깨닫기 시작했다. EAR은 콘트라코스타 카운티에서 저지른 범행 경험에서 많은 것을 배웠다. 동선을 정교화하고 새로운 기술을 개발했다. 캘리포니아 남부에서 그는 플랜 A가 효과가 없을 경우 플랜 B를 행동에 옮길 수 있는 능력을 보여줬다. 그가 자신의 공격에 대해 많은 생각을 했다는 사실이 사건들을 연구하면서 명백해졌다. 그는 각각의 범행을 저지르기 전에 미리 대상과 그 주변을 살펴보고, 계획을 세우고, 예상 상황에서 사용할 수 있는 전술을 미리 생각했다. 또한 자신의 계획대로 범행이 진행되지 않았을 때는 범행에 대한 재평가를 했다. 마침내 범인은 세 번째 살인 시도에서 갈망의 압박에서 벗어나는 데 성공했다. 적어도 잠시 동안은 그랬다.

＊　＊　＊

라이먼과 샬린 스미스 부부는 꼼짝도 못 하고 당한 경우였다.

1980년 3월 어느 날 한밤중에 GSK는 벤추라 카운티의 부유한 하이포인트 지역 고급주택에 침입해 이들 부부를 깨웠다. 스미스 부부는 평범한 사람들이 아니었다. 이들은 엘리트였고 상당히 활동적인 민주당 당원이었다. 라이먼은 43세였으며 벤추라 카운티 지방검사보 경력이 있는 사람이었다. 사건 발생 당시 라이먼은 제리 브라운 주지사에 의해 판사로 임명되기 직전이었다. 샬린은 남편보다 열 살 아래였다. 그녀는 라이먼의 두 번째 아내가 되기 전에 라이먼이 다니던 로펌에서 비서로 일했다. 샬린은 엄청난 미인이었다. 샬린이 살해당했다는 소식이 알려졌을 때 범인이 그녀의 미모 때문에 그 집에 침입했을 거라는 추측이 가장 먼저 나왔을 정도다. 범인은 해변이나 동네에서 샬린을 보고 그 집에 침입했을 수도 있고, 어떤 경로로 만나게 된 라이먼에게 앙심을 품고 공격을 했을 수도 있었다. 범인은 복수를 통해 자신이 누군지 보여주고 싶어 하는 성격이었다.

그날 밤 범인이 어떻게 집에 들어왔는지는 알려진 게 없다. 방충망이 찢기거나 연장으로 문이 열린 흔적도 없었다. 이들 부부가 범인을 초대하지 않은 것은 분명했다. 내 분석에 따르면 그는 초기에 실패한 이후 자신이 부족하다고 느꼈다. 자신의 힘과 통제력을 되찾기 위해서라도 이 사건은 반드시 성공해야만 했다. 범인은 라이먼과 샬린의 손목과 발목을 묶었다. 확실하게 성공하기 위해 그는 범행방식을 수정했다. 그는 라이먼의 가슴과 두 팔을 담요로 단단하게 감았다. 움직이지 못하게 하기 위해서였다. 범인은 지난번 같은 실패를 반복하고 싶지 않았다. 실패로부터 학습한 것이었다.

살인자는 자신의 계획대로 범행을 이어갔다. 라이먼과 샬린은 침대에 엎드려 있었다. 라이먼은 알몸이었고, 샬린은 티셔츠만 걸치고 있었다. 그는 집 밖에 있는 나무더미에서 통나무를 하나 가지고 왔다. 통나무는 엄청난 무기가 될 수 있다. 그는 샬린을 성폭행한 후 어느 시점에서 부부를 통나무로 때렸다. 범죄현장 사진에는 침대 옆 바닥에 떨어진 바지 위에 나무껍질 조각이 흩어져 있는 모습이 담겼다. 범인이 부부를 때릴 때 통나무가 손상됐다면 나무껍질은 침대 위에 떨어졌을 것이다. 하지만 나무껍질 조각은 침대 옆 바지 위에 흩어져 있었다. 범인은 겁에 질린 부부가 무기력하게 침대에 누워있을 때 침대 옆에 서서 부부를 바라보며 통나무 껍질을 벗겨낸 것이다.

나는 살인자의 머릿속으로 들어가 봤다. 삶의 무언가가 그를 화나게 만들고 있었다. 직장을 잃었을 수도, 이혼을 당했을 수도, 아내와 싸웠거나 어머니의 잔소리에 시달려 증오를 느꼈을 수도 있었다. 피해자들은 항상 범인이 증오하는 대상의 대체 인물이었다. 연쇄살인범 로저 킵은 늘 아내의 잔소리에 시달렸다. 킵은 아내가 자신을 괴롭힐 때마다 조용히 집을 나와 밤새도록 피해자를 물색했다. GSK의 분노를 일으킨 게 무엇이었든, 그것은 점점 커져만 가고 있었다. GSK는 사람을 쏘아 죽이는 것만으로는 더 이상 분이 풀리지 않았다. 그는 스미스 부부의 머리를 통나무로 내리치면서 분이 풀리는 느낌을 가졌을 것이다.

＊　　＊　　＊

ONS의 범행 간격은 EAR의 범행 간격보다 길었다. EAR은 일주일에 4~5차례 범행을 저질렀다. ONS는 스미스 부부를 자신이 원하는 방식으로 살해한 뒤부터는 5~6개월에 한 번씩 범행을 저질렀다. 1980년 8월 19일, 그는 데이너 포인트에서 퍼트리스 해링턴을 강간한 뒤 그녀와 그녀의 남편을 살해했다. 1981년 2월 5일, 어바인의 한 집에 침입해 남편이 병원에 가고 집에 없는 동안 마누엘라 위툰을 강간하고 살해했다. 1981년 7월 27일, 그는 골레타에서 셰리 도밍고와 그녀의 친구 그렉 산체스를 살해했다. 도밍고는 다른 사람의 집을 봐주고 있었고, 친구 산체스는 도밍고를 만나러 그 집에 와 있었다. 이 모든 사건에서 피해자들은 몽둥이로 맞아 사망했다.

내가 범죄현장을 재구성한 결과에 따르면 산체스는 격렬하게 공격에 저항했다. 산체스는 얼굴에 총을 맞은 후에도 범인과 싸웠다. 사건현장의 핏자국으로 그 길고 치열했던 싸움 전 과정을 추측할 수 있었다. 산체스는 필사적으로 저항했지만, 결국 뒤통수를 24차례나 몽둥이로 맞고 쓰러졌다. 산체스에게서 피가 너무 났기 때문에 범인은 현장에서 옷장을 뒤져 집주인의 깨끗한 바지를 입고 밖으로 나갔다. 나는 범인이 산체스 때문에 겁을 먹었다고 생각했다. 결과적으로 산체스는 범인이 겁을 먹게 만들어 많은 생명을 구한 셈이다.

범인은 5년 동안 잠잠했다. 하지만 1986년 5월 4일과 5월 5일 사이의 어느 밤 시간, 그는 어바인으로 돌아와 18세의 자넬 크루즈를 강간하고 살해했다.

그리고 그는 사라졌다.

25장 : 조지프 제임스 디앤젤로

2017년 초가 되자 GSK에 대해 더 이상 조사할 수 있는 것이 없었다. 전담팀은 지쳐갔고, 유력한 용의자들도 모두 용의선상에서 제거됐다. 미셸이 세상을 떠난 후 10개월 동안 두 명을 더 조사했다. 하지만 그 둘 모두 GSK가 아니었다.

나는 은퇴를 앞두고 있었다. 내 경력의 끝을 바라보면서 나는, 23년간의 GSK 추적이 나보다 먼저 그를 찾아내려고 했던 사람들의 노력처럼 막다른 골목에 이르게 될지도 모른다는 생각을 하기 시작했다. 그런 결말을 맞지 않기 위해 다시 일년을 노력했지만, 결국 더 이상 할 것이 없었다.

수년 동안 긴밀하게 협력해 온 보안관청의 노련한 수사관이자 친구 록샌 그루언하이드로부터 2월에 전화가 왔다. 록샌은 "이쪽으로 좀 와야 할 것 같아."라고 말했다. 나는 록샌의 사무실로 차를 몰았다.

내가 도착했을 때 그녀는 샌버나디노 보안관청의 피터 헤들리와 스피커폰으로 통화를 하고 있었다. 헤들리가 숨 가쁜 목소리로 말했다. "리자 젠슨의 신원이 밝혀졌습니다." 내가 끼어들어 물었다. "무슨 말이지?" 헤들리가 상황을 설명했다.

*　*　*

1996년 한 남성이 자동차 캠핑장에 버려진 다섯 살짜리 아이가 자기 딸이라고 주장하며 데려갔는데 결국 거짓말로 밝혀졌고, 리자라는 이름의 그 아이는 다른 가정에 입양됐다. 하지만 소녀의 정체는 미스터리로 남아 여러 해 동안 많은 수사관들이 이를 풀기 위해 애를 먹었다. 애초 아이의 아버지라고 주장했던 남자 래리 배너는 2년 미만 징역을 선고받고 복역했다. 다른 가정에 입양된 리자는 입양 전의 일을 거의 기억하지 못했다.

이후 교도소에서 출소한 뒤 사라졌던 배너는 2002년 우리 카운티에 다시 나타났다. 배너의 여자친구 전은순의 시신이 둘이 함께 살던 집의 구덩이에서 고양이 배설물에 덮인 채 발견된 것이다. 그는 살인혐의로 기소됐다. 배너가 리자의 친부가 아니라는 사실은 DNA 검사에 의해 이미 밝혀진 상태였다. 설상가상 배너가 2010

년 교도소에서 사망함으로써 리자의 신원에 대해 아는 사람은 아무도 없게 됐다.

그런데 리자의 원래 이름이 돈 보딘이라는 사실을 밝혀냈다고 헤들리가 알려온 것이다.

"어떻게 신원을 밝혀냈습니까?" 내가 물었다.

헤들리는 입양된 사람들이 친부모를 찾는 웹사이트를 이용했다고 설명했다. 그는 입양된 사람들이 뿌리를 찾을 수 있도록 도와온 바버라 레이 벤터라는 계보학자의 도움을 받았다. 그가 어떤 과정을 통해 친부모를 찾을 수 있는지는 정확히 설명하지 못했지만, "센티모건centimorgan"이라는 용어를 언급했다. 센티모건은 유전적 연관성을 측정하는 데 사용되는 단위다. 오랜만에 들어보는 말이었다. 센티모건이라는 개념은 내가 GSK의 가계 검색에 사용했던 개념들과는 완전히 다른 개념이다. 나는 이 개념이 돈 보딘의 신원을 밝혀내는 데 어떻게 사용됐는지 궁금했다.

차를 몰아 사무실로 돌아오면서 나는 설렘을 느꼈다. 기대감에 몸이 저릿저릿했다. 벤터에게 당장 전화를 걸어서 그녀가 돈에게 사용한 기술이 소재가 파악되지 않은 범죄자를 찾아내는 데 효과가 있는지 물어보고 싶어 견딜 수가 없었다.

사무실 책상 앞에 앉자마자 전화를 했다. 벤터에게 내가 큰 사건을 수사하고 있으며, 돈 보딘의 신원을 확인하는 데 사용한 기술에 대해 알고 싶다고 말했다. "살인범의 DNA 샘플로 그 살인범을 찾아낼 수 있을까요?"라고 나는 조언을 구했다. 그녀는 "못 찾아낼 이유가 없다고 봅니다. 샘플을 보내주세요."라고 대답했다. 나는 GSK의 마지막 공격으로 알려졌으며 1986년 어바인에서 벌어진 18세 자넬 크루즈 살해사건의 정액에서 추출한 범인의 DNA '스냅샷'을 보내겠다고 말했다. 이 스냅샷은 DNA 분석기술 개발 회사인 파라본이 오렌지 카운티를 위해 개발한 새로운 연쇄살인범 몽타주 작성 기법을 이용해 만들어진 것이다. 벤터는 "SNP(단일염기다형성) 프로파일이 없는 것이 유감입니다."라고 말했다. SNP가 질병을 일으키는 유전자를 식별하는 데 사용된다는 것을 나는 알고 있었다. 법의학 세미나에서 연구자들이 SNP를 이용해 범인의 신원을 밝혀내려 했다는 내용으로 발표하는 것을 여러 번 보기도 했다. 하지만 당시 법의학계의 표준은 STR이었다. 계보학자들이 조상을 추적하는 방법의 하나로 SNP 기술을 사용하고 있다는 것을 나는 알지 못했다. 내게는 새로운 기법이었다.

벤터에게 스냅샷을 보낸 뒤 연락을 기다렸다. 몇 주 뒤 다시 벤터에게 이메일을 보냈다. 답이 없었다. 계보학자들이 사생활 보호 문제 때문에 경찰과 협력하는 것을 주저하므로 내게 연락하지 않는 것이라고 생각했다.

한편으로 나는 표준 Y-STR 기술을 사용해 콘트라코스타 카운티에서 보관중인 성폭행 진단 키트 중 하나에서 추출한 Y 염색체 프로파일을 'Ysearch.org'라는 무료 웹사이트에 업로드해 부분적

일치라는 결과를 받아낸 상태였다. 이 결과가 나온 뒤 나는 FBI의 협조를 받아 연방 대배심 소환장을 들고 오리건 주 요양원에 살고 있는 74세 남성의 DNA를 채취했지만, 이 남자는 900년 전까지 거슬러 올라가도 GSK와는 혈연관계가 발견되지 않았다. 이로써 Y-STR 기술로는 범인을 찾아내기 어려울 것 같다는 판단을 했다. 다시 원점으로 돌아가야 했다.

더 이상 할 수 있는 것도 없고 벤터로부터 아무 대답도 듣지 못한 나는 SNP와 계보 연구 간 연관성을 연구해 어떻게 범죄자의 신원을 밝힐 수 있는지 스스로 알아내려고 노력했다. 구할 수 있는 모든 자료를 읽고, 관련 유튜브 영상을 몇 번이나 찾아봤다. 인간 게놈은 23개의 염색체 쌍으로 구성되며, 그 중 22쌍은 '정상적인' 염색체 즉, 보통 염색체이지만 나머지 한 쌍은 남성과 여성을 구별하는 DNA를 포함하는 X 염색체 또는 Y 염색체다. Y 염색체는 가족의 부계로 유전되며, 세대를 통해 상대적으로 변하지 않고 아버지에서 아들에게 전달된다.

몇 년 동안 나는 Y-STR 기술을 이용해 만든 GSK의 DNA 프로파일을 사용했지만, 민간 조상 찾기 사이트들에서 이 기술을 사용하는 데에는 한계가 있다는 것이 드러났다.

하지만 SNP 프로파일은 보통 염색체에서 추출한 DNA로 만들기 때문에 부계로만 유전되는 유전자들을 분석하는 방법보다 훨씬 많은 사람들의 신원을 확인하는 데 사용될 수 있다. 유전자로 조상을 찾아주는 회사들은 인간 게놈 전체에 걸쳐 수십만 개의 SNP 기법을 적용해 고객이 제출한 DNA 샘플에서 SNP 프로파일을 생성하고 있었다. 이 회사들이 하고 있는 일은 내게 놀라움과 새로움 자체였다. 경찰은 이 기법의 아주 일부만 사용하고 있을 뿐이었다. 나는 훨씬 더 깊은 바다로 뛰어들 준비가 돼 있었다.

2017년 봄, FBI 로스앤젤레스 지부의 고문 변호사 스티브 크레이머로부터 전화를 받았다. 내가 스티브를 직접 만난 적은 없지만 우리 둘을 모두 아는 FBI 직원이 스티브에게 나를 소개한 것이다. 스티브는 내가 GSK 사건 해결을 위해 진행 중인 작업에 대해 들었다고 말했다.

"나는 DNA를 믿습니다. DNA가 사건을 해결할 수 있을 거라고 생각합니다." 스티브가 말했다.

나는 "어떻게 도와드릴까요?"라고 물었다. 내 뒤에 FBI가 있다는 것이 든든했다.

그 후로 우리는 매일 이야기를 나눴다. 스티브는 지식 습득력이 매우 높고 보기 드물게 똑똑했다. 그는 1990년대 중반 O.J. 심슨 재판에서 DNA 증거를 다뤘던 변호사 우디 클락과 함께 인턴을 한 경험도 있었다. 스티브는 외향적이고 활달한 성격이었다. 불독처럼 한 번 무언가에 꽂히면 놓지 않았다. 다시 말해 스티브는 같이 일할 만한 사람이었다.

우리는 내가 벤터에게 보낸 파라본의 스냅샷 보고서를 함께 읽으면서 DNA 스냅샷 생성 프로세스를 같이 연구했다. 나는 때로 운명을 믿는다. 전문용어로 가득 찬 그 보고서를 읽던 나는 오렌지 카운티 경찰이 크루즈 살인사건 당시 수집한 DNA 샘플에서 추출한 SNP 수십만 개를 관찰하기 위해 칩을 사용했다는 각주를 발견했다. 내가 우리에게 SNP 프로파일이 없다고 했을 때 벤터는 실망한 듯 말했지만, 보고서에 따르면 파라본은 스냅샷을 생성하기 위해 오렌지 카운티의 정액 증거로부터 포괄적인 SNP 프로파일을 생성했다. "젠장!" 욕이 절로 나왔다.

법 집행기관은 사건을 해결하기 위해 수년 동안 계보학을 이용해왔지만, 족보 사이트를 검색하는 데 사용할 수 있는 유형의 DNA를 추출하지는 못했다. 'Ancestry.com'이나 '23andMe' 같은 민간 사이트는 품질이 떨어지는 정액 증거를 처리하는 방법을 몰랐다. 이 사이트들은 시험관에 담긴 타액을 이용했다. 가장 큰 문제는 '호환 가능한 프로파일'을 만들 수 있는 방법을 찾아내는 것이었다. 그 문제는 파라본이 해결한 것 같았다.

나는 그 소식을 가지고 스티브 크레이머에게 전화를 걸었다. 내가 그에게 말했다. "Ancestry.com과 23andMe가 고객의 친척을 찾는 방법을 알아냈어요. 파라본은 우리가 필요로 하는 85만 개의 SNP를 보유하고 있습니다." 개인 조상 찾기 사이트에서 사용할 수 있는 GSK의 새로운 DNA 프로파일을 만들어내려면 그 SNP 모두를 분석해야 했다.

그 후 몇 주 동안 우리는 경찰이 기존에 사용했던 기술에 비해 SNP 기술을 사용할 때 얻을 수 있는 여러 이점에 대해 줄기차게 대화를 했다. 결론을 말하자면, SNP 기술이 아직까지 범죄 수사에 사용된 적 없으며 새 기술을 적용하는 과정에서 장애물에 부딪힐 수밖에 없겠지만 결국은 가야 할 길이라고 우리 둘은 의견을 모았다.

* * *

우리는 처음부터 과감하게 움직였다. 파라본은 자신들이 작성한 보고서가 "기업 재산"이기 때문에 공개하지 않겠다고 했다. 말도 안 되는 소리였다. 파라본이 작성한 DNA 프로파일은 오렌지 카운티에서 제공한 DNA 샘플을 이용해 만든 것이었다. 그러니 당연히 그 프로파일은 오렌지 카운티의 소유였다. 우리는 파라본의 사주 부부와 이 문제를 논의한 후 오렌지 카운티 담당 수사관의 구두 허가를 받는 조건으로 우리에게 그 DNA 프로파일을 공개하겠다는 약속을 받아냈다. 그 정도 허가를 받는 건 일도 아니었다.

곧장 나는 전담팀에서 함께 일했던 오렌지 카운티 지방검찰청 수사관 에리카 허치크래프트에게 전화했다. 에리카는 GSK의 새로운 몽타주 작성을 위한 스냅샷을 만들어달라고 파라본에 요청한 사람이었다.

"당신의 허락이 필요합니다." 내가 말했다. 에리카는 내 요청에 대해 상급자에게 문의하겠다고 했고, 그 상급자가 내게 전화를 했다. "더 윗선의 허락이 받아야 할 것 같습니다." 그사이 스티브 크레이머는 범죄수사에서 민간 조상 찾기 회사의 데이터를 사용할 수 있는지, 합법성 조사를 진행했다. 나는 SNP 프로파일을 가져야 GSK를 찾아낼 수 있다고 생각했지만, 그러기 위해서는 개인의 유전자 정보를 합법적으로 검색할 수 있어야만 했다.

스티브가 합법성을 확인하자마자 우리는 조상 찾기 회사에 협조를 구하기로 했다. 우리는 가장 규모가 큰 'Ancestry.com'부터 접촉했다. 회사 개인정보 담당자는 우리가 가진 정보가 자신의 회사가 사용하는 기술과 호환되지 않는다고 말했다. 사정을 잘 모르는 수사관들에게 그런 말을 수도 없이 한 것 같았다. 하지만 나는 그런 거절을 무력화할 준비가 돼 있었다. 나는 "우리가 가진 프로파일은 Ancestry.com이 보유한 SNP 프로파일 검색 기술로도 검색이 가능합니다."라고 대꾸했다. 개인정보 담당자는 "다시 전화 드리겠습니다."라며 전화를 끊었다. 몇 주가 지났다. Ancestry.com의 변호사가 전화를 했다. 스티브도 변호사였으므로, 두 변호사가 만나 우리가 하는 일의 합법성에 대해 토론했다. 스티브는 연방 대배심 소환장이 있으면 개인정보 보호 문제를 해결할 수 있다고 말했다. Ancestry.com의 변호사는 그것만으로는 충분하지 않다고 맞섰다. 법원이 결정해야 하는 문제일 수도 있었다. 스티브는 "그렇다면 한 번 해봅시다."라고 대꾸했다.

하지만 그럴 필요가 없어졌다. 누구나 자신의 DNA 데이터를 업로드해 검색 결과를 얻을 수 있는 'GED-매치'라는 다른 웹사이트를 발견했기 때문이다. 게다가 이 사이트는 무료로 이용할 수 있었다. 이 사이트의 장점은 또 있었다. 민간 조상 찾기 회사 사이트에 DNA 데이터를 올린 사람들 대부분이 이곳에도 같은 데이터를 올리기 때문에 상당히 넓은 범위의 검색이 가능하다는 사실이었다. 한마디로 GED-매치는 조상 찾기 사이트들을 모두 모아놓은 곳이라고 할 수 있었다.

7월 31일에 스티브에게 이메일을 보냈다. "지메일Gmail 계정을 하나 만들어 GED-매치에 등록했습니다. 다양한 계보 조상 찾기 회사에서 DNA 데이터 파일을 가져와서 GED-매치에 업로드해 검색하는 방법을 보여주는 스크린샷을 첨부했습니다."

마침내 일이 뜻대로 흘러가고 있었다. 오렌지 카운티 지방검찰청에서 회신을 주지 않자 스티브는 어바인 경찰서에 우리가 하는 일을 설명하며 협조를 구했다. 어바인 경찰서 서장과 형사들은 우리 일에 지대한 관심을 보이면서 적극 협조하겠다고 약속했다.

* * *

수사는 중간중간에 지체되기 마련이다. 이번에도 예외는 아니었다. 10월이 돼서야 오렌지 카운티 검찰청 부지방검사를 그만두고 나와 GSK 사건을 맡게 된 사람으로부터 이메일이 왔다.

오렌지 카운티 검찰청은 시간이 조금 더 흐른 후에야 이 수사에 협조를 하겠다고 알려왔다. 2016년 가을 회의 이후 새크라멘토 카운티 지방검사 앤 머리 슈버트의 요청으로 지방검사 토니 래코캐스가 사건 해결을 위한 공동 노력에 자원을 투입하기로 동의했고, 에리카 허치크래프트 형사가 배정됐다.

나는 래코캐스와 11월 1일에 만나기로 했다. 프레젠테이션 준비를 한 나는 8시간 동안 차를 몰고 가서 우리가 무엇을 하고 있는지 그에게 보여주고 싶었다. 마침 같은 엘리베이터에 탄 래코캐스와 나는 서로 인사를 나눴다. 하지만 그를 따라 회의실로 들어가려는 나를 지방검사보 두 명이 제지했다. 내가 허치크래프트 형사와 밖에서 기다리는 동안 래코캐스와 두 지방검사보는 문을 닫고 회의를 했다.

40분이 지나서야 나는 회의실로 들어갔다. 나는 래코캐스 바로 맞은편에 앉았다. 테이블 중앙에는 전화기가 있었다. 래코캐스는 전문가 두 명을 회의실 전화로 연결해 놓고 있었다. 나는 파라본에 대해 언급하면서 발표를 시작했다. 그때 전문가 중 한 사람이 스피커폰으로 계속 내 말을 방해했다. 그 전문가는 파라본이 비윤리적인 기업이라고 목소리를 높였다. 그는 내가 더 이상 발표하지 못하도록 최선을 다하고 있었다.

나는 래코캐스을 바라다보았다. 그는 슬쩍 웃고 있었다. 모든

게 미리 설정된 듯했다. 이런 상황을 만들려고 나를 오라고 했던가. 그들은 나를 신뢰하지 않았고, 내 조사가 중단되기를 원했다. 나는 스피커폰에 대고 전문가 중 한 명에게 했다. "방해하지 말아주십시오. 나는 지금 우리가 파라본을 어떤 용도로든 사용해야 한다고 말하는 게 아닙니다. 단지 그들이 우리가 필요한 것을 가지고 있으며, 그걸 우리에게 돌려주어야 한다고 말하는 겁니다."

하지만 전문가가 다시 내 말을 끊었다. "우리는 그 조사에 관심이 없습니다." 그는 프랑스의 최근 사례를 들면서 STR 기법을 계속 사용해야 한다고 강조했다. GSK의 STR 표지자는 매우 특이한 유형에 속하기 때문에 STR 기법이 유용하다고 그는 주장했다. 그 전문가는 캘리포니아 주 데이터베이스에 있는 모든 사람의 목록과 그 표지자들을 상호 참조하는 것이 용의자 풀을 좁히는 방법이라고 말했다.

내가 대꾸했다. "흥미로운 아이디어네요. 하지만 캘리포니아 주의 DNA 데이터베이스 크기를 기반으로 계산했을 때 2만 4000명이 GSK와 표지자와 같은 표지자를 갖고 있다는 사실을 아십니까?" 나는 조상 찾기 사이트를 이용하는 것이 가장 확실한 방법이라는 확신을 굳히게 됐다.

회의는 험악한 분위기에서 끝났다. 래코캐스는 회의실에서 확 나가버렸고, 지방검사보 한 명은 내게 남아있어 달라고 요청했다. 나는 그녀가 후속 질문을 할 것이라고 예상했지만, 그녀의 태도는 곧 진지함에서 분노로 바뀌었다. 그녀는 내게 "당신은 어바인 경찰과 손을 잡고 우리 뒤통수를 쳤어요."라고 목소리를 높였다 그녀의 손은 분노로 떨렸다. 어이가 없었다. 스티브가 어바인 경찰서에 전화해 협조를 구한 일을 트집잡고 있었다.

내가 말했다. "잠깐만요. 나는 누구의 뒤통수도 치지 않았습니다. 오렌지 카운티는 우리의 문의에 응답하지 않았어요. 다만 크레이머와 나는 수사를 계속하기 위해 필요한 일을 했을 뿐입니다. 우리는 어바인 경찰서에 협조를 구했을 뿐이라고요."

검찰이 우리가 하는 일을 방해하고 있었다. 기가 찼다. 지방검사는 수사를 지휘할 수 없고, 방해만 되기 때문이었다. 그녀는 내 말을 들으려고 하지 않고 날을 세우기만 했다. 그녀는 요양원에 있는 남자에게서 DNA를 얻기 위해 오리건까지 가는 것은 시간과 자원의 낭비라고 말했다.

"우리는 그보다 더한 일도 해야 합니다." 내가 쏘아붙였다.

회의실에서 걸어 나오면서 나는 정치적인 폭풍우에 휩싸여 공격을 당했다는 느낌을 받았다. 크레이머가 어바인 경찰과 회의를 주선했다는 사실 때문에 래코캐스는 크게 열을 받았고, 회의에서 자신의 권위를 보여주겠다고 작심한 것 같다. 래코캐스는 콘트라코스타 카운티의 과학수사관과 FBI 자문 변호사가 자기 사건을 해결하게 놔두지 않으려고 마음먹은 것이었다.

난장판이 된 회의실을 나와 호텔에 있는 술집으로 향했다. 다음 날 아침에는 예정대로 FBI, 어바인 경찰, 오션 카운티 보안관청 사람들에게 같은 내용의 프레젠테이션을 했다. 점심시간에 나는 어바인 경찰서 형사 존 샌더스 옆에 앉았다. 그는 래코캐스 검사와 검사보들의 행동을 매우 못마땅해 했다. 샌더스는 어바인 경찰이 우리에게 필요한 것을 넘길 권한이 있다고 말하면서 필요한 자료를 모두 주겠다고 약속했다.

며칠 후 크레이머가 내게 전화를 했다. 몹시 열 받은 상태였다. 그가 씩씩거리며 말했다. "래코캐스가 어바인 경찰서 서장한테 샘플을 우리에게 내주지 말라고 말했대. 이게 말이 돼?"

잠깐 동안 생각에 잠겼던 내가 대답했다. "수사기관이 자체 조사하는 사건을 래코캐스가 막을 수는 없습니다."

"어바인 경찰이 어떤 선택을 할 수 있을까? 검찰이 어바인 경찰의 수사를 통제하려고 하는데 말이야."

"검찰이 우리와 협력해 수사하고 싶은 생각이 없어진 겁니다." 생각할수록 래코캐스가 우리 일을 방해하는 태도가 어이없고 황당했다. 우리 연구소가 자넬 크루즈에게서 검출한 DNA는 분석에 충분할 만큼 양이 많았다. 우리가 가진 최고의 증거였다. 그런데 진실과 정의를 대표해야 하는 사람이 도리어 우리의 일을 방해하고 있었다. 래코캐스는 자기가 가진 증거가 우리 수사에 사용할 수 있는 유일한 증거라고 생각한 게 틀림없다. 나도 그럴까 봐 걱정했지만 아니었다.

기가 막힌 상황을 겪으면서도 크레이머와 나는 새로운 DNA 소스를 찾기 위해 분투했다. GSK의 모든 살인사건을 검토한 끝에 벤추라 사건 희생자인 라이먼과 샬린 스미스 부부에게서 검출된 범인의 DNA로 프로파일을 만드는 것이 최선의 방법이라는 결론을 내렸다. 우리는 벤추라 카운티 검찰청 수사관 스티브 로즈와 벤추라 카운티 범죄연구소장 섀닌 배리오스를 만나 우리가 진행하는 일에 대해 간단하게 설명했다. 그러자 그들은 믿을 수 없다는 표정을 지었다. 로즈는 "왜 우리는 그런 생각을 못했을까요?"라고 물었다. "가장 중요한 것은 DNA의 양과 질이겠지요." 내 말에 배리오스가 응수했다. "우리한테 뭐가 있는지 알아보겠습니다."

중요한 것은 시간이었다. 나는 이 일이 래코캐스의 귀에 들어가 그가 다시 훼방을 놓을까 봐 걱정스러웠다. 벤추라 카운티 범죄연구소에서 DNA가 추출되기를 초조하게 기다렸다. 크레이머는 FBI가 이 수사에 개입한다면 래코캐스도 어쩔 수 없을 것이라고 말했다. 그는 FBI 벤추라 지부에 연락해 벤추라 카운티 범죄연구소에서 DNA가 추출되는 즉시 FBI가 그 DNA를 수거해달라고 요청했다. 11월 중순이었다. 벤추라 범죄연구소로부터 스미스 부부 살인 현장에서 나온 증거에서 충분한 양의 범인 DNA를 추출했다는 연락을 받았다.

그 증거는 1980년 살인 사건 이후 내내 냉동실에 보관돼 있어 거의 훼손되지 않은 상태였다. 게다가 1980년 당시 벤추라 범죄연구소 검시관이었던 클로스 스페스가 샘플 하나는 조사용으로 쓰고, 백업용으로 복제한 다른 하나는 성폭행 키트를 만드는 특이한 습관을 지녔다는 점도 도움이 됐다. 스페스는 만약의 경우를 대비해 그렇게 했던 것이다.

FBI 요원이 벤추라 범죄연구소에서 샘플을 수거한 지 며칠 만에 우리는 유전자 검사 회사 '패밀리트리DNAFamilyTreeDNA'와 협력해 샬린 스미스에게서 수집한 면봉을 이용해 새로운 SNP 프로파일을 만들었다.

그 회사와의 협력은 회사 창립자 베넷 그린스팬의 도움으로 이뤄졌다. 회사는 200만 고객의 유전자 프로파일과 우리가 새로 만든 프로파일을 컴퓨터로 비교했고, 우리는 사지에서 벗어났다. 크레이머는 가짜 신분으로 패밀리트리DNA 계정을 만들었다. 우리는 그 계정으로 로그인해 회사 데이터베이스에서 살인자와 DNA가 비슷한 사람들을 찾아냈다. 그런 다음 우리 프로파일을 가져와 FBI에서 제공한 로그인 자격 증명을 사용해 GED-매치의 비밀 계정에 업로드해 검색 범위를 프로파일로 확장했다.

나는 새크라멘토 지방검찰청 검사 앤 머리 슈버트와 검사실 수사관들을 만나서 크레이머와 내가 하고 있는 일을 설명했다. 슈버트는 커크 캠블 경위와 모니카 크자코프스키 수사관에게 내 작업을 도울 것을 지시했다. 한편 크레이머는 FBI 지부에서 분석가인 멜리사 패리솟을 데려왔다.

같은 달인 2017년 11월, 바버라 레이 벤터가 내게 이메일을 보냈다. 그녀와 전화 통화를 한 지 9개월이 지났을 때다. 벤터는 그동안 연락을 하지 못해 미안하다며 자신에게 건강 문제가 있었다고 설명했다. 벤터는 "지금도 우리 도움이 필요한가요?"라고 물었고, 나는 "네!"라고 대답했다.

벤터의 도움을 받아 우리는 계보학을 이용한 GSK 찾기라는 엄청난 일을 시작했다. 은퇴하기 전까지 4개월밖에 남지 않은 상태였다. 그사이 셰리와 나는 새로운 시작을 계획하고 있었다. 바커빌의 집은 매물로 내놓고, 우리는 열두 살과 열 살짜리 아이들을 데리고 콜로라도로 이사할 계획이었다. 사건이 곧 해결될 것 같은데 이사할 생각을 하니 마음이 답답했다. 그 절박함이 나를 더 힘들게 했다. 낮에는 사무실에서, 밤에는 집에서 모두가 잠든 사이에 사건 조사를 했다. 오래된 습관은 쉽게 사라지지 않았다.

샬린의 성폭행 키트에서 추출한 DNA로 SNP 프로파일을 만든 뒤 우리 팀 6명은 GSK의 가계도와 매칭될 수 있는 계보를 만드느라 수백 시간을 보냈다. 벤터는 계보학자들이 입양되는 사람들의 친족을 찾기 위해 사용해 온 기술을 우리에게 가르쳐 줬다. 살인 사건을 해결하기 위해 한 번도 사용된 적이 없는 삼각측정 기법으로 GSK의 먼 친척이라도 찾아내기 위해 안간힘을 썼다. 우리는 기존의 계보 연구 도구를 사용해 가계도를 만들고 출생 기록, 신문 기사, 페이스북을 비롯한 SNS까지 샅샅이 뒤졌다. 한때 우리는 60명까지 먼 친척을 조사하고, 1700년대까지 가계도를 추적했다. 하지만 규모가 너무 커져버려 조사가 어려워지게 되자 8촌까지로 범위를 좁혔다. 그보다 더 좁히기는 힘들었다.

시간이 속절없이 흐르던 2018년 2월, 벤터가 크레이머와 나에게 이메일을 보냈다. "잠시 교착상태를 겪었던 것 같아요."라고 쓴 벤터는 자신의 계정으로 'MyHeritage.com'에 접속해 GSK의 6촌을 형제를 찾아냈다고 알렸다. 큰 진전이었다.

6촌의 이름을 이용해 다시 가계도를 보충했다. 용의자 제거 과정에서 GSK 공격 당시 캘리포니아에 살고 있던 범인 나이대의 소수 남성들 목록을 추려내고, GSK에 대한 피해자의 신체 묘사를 이용해 검색 범위를 더욱 좁혔다. 그 결과 우리가 찾는 용의자는 현재 60~75세 사이임이 확실해졌다. 보통 키의 백인 남성, 중간 체격, 푸른 눈, 신발 사이즈 270밀리미터(일부 범죄 현장에 남겨진 신발 자국을 기반으로 함)로 범위가 좁혀졌다. 가장 유력한 용의자는 콜로라도 출신의 남자였다. 우리는 그의 여동생 DNA 샘플을 채취했다. 하지만 그녀는 GSK의 여동생이 아니었다. 이로써 콜로라도 출신 남자는 용의자에서 제거됐다.

다음으로 유력한 용의자는 조지프 제임스 디앤젤로라는 사람이었다. 그동안 GSK 사건 수사에서 한 번도 나온 적 없는 이름이었다. 3월 15일, 나는 그를 추적하기 시작했다. 놀랍게도 디앤젤로는 전직 경찰이었다. 20대와 30대에 엑시터 경찰서, 로즈빌 경찰서, 오번 경찰서에서 근무했다.

만약 우리가 찾는 연쇄살인범이 경찰 출신이라면 일이 쉽지는 않을 거라는 생각이 들었다. 그는 우리가 추정한 연령대에 속했고, 새크라멘토 카운티의 시트러스 하이츠에 살고 있었다. 이혼 전문 변호사와 결혼했지만, 같은 집에서 10년 이상을 살지 않았다. 그에게는 세 딸이 있었다. 모니카 크자코프스키는 그가 보니라는 여성과 약혼을 발표한 내용의 1970년 신문 스크랩을 발견했지만, 결혼에 대한 기록은 없었다. EAR의 성폭행 범죄 중 한 건에서 범인은 "보니, 네가 미워. 보니, 네가 미워."라며 주저앉아 운 적이 있었다.

디앤젤로는 파헤칠수록 흥미로운 인물이었다. 그의 주소 변동 내역은 1970년대 EAR의 범행 동선과 일치했다. 시트러스 하이츠에 집을 사기 전에는 랜초 코도바에 살았다. 1970년대 초, 바이샐리아 좀도둑이 샌호아킨 밸리의 주택에 침입해 도둑질을 하던 그곳에 그는 살고 있었다. 경찰은 EAR이 EAR이 되기 전에 악명 높은 바이샐리아 좀도둑이었다고 오랫동안 추정했었다.

＊　＊　＊

　은퇴까지 2주도 남지 않은 시점이었다. 내가 지방검사 사무실에서 일하는 마지막 날은 3월 28일로 잡혀 있었다. 사람들과 이야기를 시작해야 한다고 생각했다.

　나는 오번 경찰서에 연락해 디앤젤로의 인사 기록을 요청하는 것으로 시작했다. 인사 기록을 검토한 결과 디앤젤로는 1979년 7월 새크라멘토의 한 마트에서 개 퇴치용 스프레이와 망치를 훔치다 걸려 해고당했다는 사실을 알게 됐다. 나는 그를 해고한 전 오번 경찰서장 닉 윌릭을 만났다. 디앤젤로가 해고된 지 두 달 뒤 GSK가 골레타에서 연쇄살인을 시작했다.

　나는 윌릭에게 오번 경찰서에서 해고된 전직 경찰관 조지프 디앤젤로에 대해 조사하고 있다고 말했다. 윌릭이 한마디로 단언했다. "디앤젤로는 형편없는 경찰이었습니다." 나는 당시 그의 신체적 모습은 어땠는지를 물었다. "키는 180센티미터가 좀 안 됐고, 금발에 운동선수 머리를 하고 다녔습니다." 윌릭이 대답했다. EAR의 모습과 비슷했다. 윌릭은 "디앤젤로의 집에 간 적이 있는데, 좀 이상했습니다. 부부가 서로 각방을 썼는데 같이 자고 싶으면 각자의 방 말고 다른 방에서 잔다고 하더군요."라고 덧붙였다.

　나는 그가 해고될 때는 어땠는지도 물어봤다. 윌릭은 디앤젤로가 해고될 당시를 상세하게 기억하고 있었다. "좀도둑질을 하다

엑시터 경찰서에서 근무하던 당시의 조지프 디앤젤로(1974
년). 이 사진을 찍을 당시 디앤젤로는 여성들의 옷가지 같은 것
들을 훔치다가 클로드 스넬링이라는 여성의 딸 베스를 납치하
려고 시도하는 과정에서 그 여성을 살해한 "바이샐리아 좀도
둑"이었다. 그 후 디앤젤로는 경사로 승진한 뒤 절도 전담반 책
임자로 일하는 동안에도 계속 절도 행각을 벌였다.
_엑시터 경찰서

걸렸지. 우리가 디앤젤로 집을 수색했는데, 그 집에 훔친 물건들이 엄청나게 많았어요."라고 대답했다.

월릭은 디앤젤로가 해고된 뒤 자신을 죽이겠다고 말했다는 이야기를 들었다고도 했다. 디앤젤로는 GSK처럼 복수심이 강한 사람이었다. 월릭은 제일 이상했던 일이 생각났다며 이렇게 말했다. "어느 날 딸이 와서 자기 방 창 밖에 플래시를 든 남자가 서 있다고 그랬어요." 월릭이 서둘러 밖으로 나가 보니 집 주변에 방금 찍힌 신발자국이 있었다고 말했다. 월릭은 "그게 디앤젤로의 발자국이라는 걸 알고 있었죠."라고 덧붙였다.

팔에 소름이 돋았다. EAR이 범행을 저지르기 전의 모습이 바로 그 모습이었기 때문이다. 나는 크레이머에게 전화해 월릭과 나눈 얘기를 전했다. 하루 빨리 디앤젤로의 DNA를 확보해야 했다.

은퇴가 하루 앞으로 다가왔다.

나는 마르티네스를 떠나 시트러스 하이츠로 향했다. 콜로라도로 집을 사러 가기 전에 디앤젤로가 사는 집이라도 가봐야 한다는 생각에서였다.

26장 : GSK 검거 작전

2018년 4월 중순 조지프 디앤젤로에 대한 감시가 시작됐다. FBI와 새크라멘토 카운티 보안관청의 위장전술팀이 24시간 내내 캐니언 오크 드라이브에 있는 그의 집을 감시했다. 그들은 눈에 띄지 않도록 빌린 중고차를 몰고 시트러스 하이츠 주변의 전략적 위치 곳곳에 잠복했다. FBI 비행기가 정기적으로 디앤젤로의 집 위를 비행했다.

디앤젤로는 자신의 큰딸과 10대 외손녀와 함께 살았다. 그가 정원 일을 하고 볼보 차를 만지작거리는 동안 모든 시선이 그에게 쏠렸다. 새크라멘토 지방검찰청 수사관 켄 클락이 감시를 총괄했다.

나는 3월 말에 공식적으로 은퇴를 한 뒤 콜로라도를 왔다갔다

하면서 살 집을 찾고 있었다. 그러던 어느 날 켄이 내게 전화를 해서 디앤젤로의 DNA를 수집하기 위한 비밀 작전이 시작됐다고 알려줬다. 4월 18일 수요일, 잠복 팀은 용의자를 따라 시내에 있는 한 가게로 갔고, 그가 쇼핑하는 동안 차 손잡이에 면봉을 문질러 DNA 샘플을 채취했다.

이틀 간 샘플 분석 결과를 기다리는 동안 켄, 크레이머 그리고 새크라멘토 지방검사 사무실 수석조사관인 커크 캠블이 계속 내게 전화해 계획을 알렸다. 4월 20일 금요일, 셰리와 나는 재봉실로 쓰기에 안성맞춤인 방이 딸린 집을 발견하고 구입 금액을 제안했다. 우리가 식당에서 저녁을 먹는데 핸드폰에 커크 캠블의 이름이 떴다. 나는 전화를 받으러 밖으로 나갔다.

커크는 인사말도 하지 않고 한동안 숨만 가쁘게 쉬었다. 이윽고 커크가 작은 목소리로 말했다. "아무한테도 말하면 안 됩니다. 연구소 사람들이 진짜로 흥분한 것 같습니다." 그가 내게 DNA 분석 결과를 읽어줬다. 디앤젤로가 우리가 찾던 범인이었다.

우리는 72세 전직 경찰의 집으로 가는 직접적인 경로가 표시된 유전자 지도를 가지고 있었다. 마침내 범인의 이름이 밝혀졌다. 흉악한 연쇄강간범이자 연쇄살인범은 집 앞 진입로에 낚싯배를, 차고에 볼보 차를 주차해 놓은 아버지이자 할아버지였다. 모형 비행기를 만드는 데 시간을 보낸 "평범한 남자"였다. 우리가 찾던 범인은 깨끗하게 정원 잔디를 정리하는 것을 좋아하는 집주인, 잔디

깎기를 마치면 집 앞에 자신이 장식용으로 놓아둔 돌들을 무릎을 꿇고 하나하나 손질하는 남자였다.

나는 GSK 사건 해결을 위해 24년 동안 노력하는 동안 수없이 그가 사는 동네를 지나쳤다. 내가 범인을 찾아 헤매던 그 시간 동안 그는 잘 보이지 않는 곳에 숨어 있었다.

해질녘 콜로라도에 눈이 살포시 내리기 시작했다. 별을 올려다보며 숨을 들이켰다. 눈물이 흘러내렸다. 24년 동안 그를 추적했다. 그 24년 동안 나는 아주 좋은 일들과 아주 나쁜 일들을 두루 겪었다. 첫 번째 결혼생활을 하는 동안에는 EAR을 추적했고, 두 번째 결혼생활을 하는 동안에는 GSK를 찾아 헤맸다. 이 사건은 나의 모든 것보다 우위에 있었다. 그리고 은퇴한 지 몇 달도 안 되어서 나는 그 대가를 치러야 한다는 것을 깨닫기 시작했다. 셰리와 나는 여러 번 상담을 받았지만, 어느 순간 나는 스스로 문제를 해결할 때까지 상담을 받지 않겠다고 했다. 나는 버번을 계속 마셨고 대부분은 대취했다. 은퇴하면 콜로라도로 이사해서 마음의 평화를 얻고 싶었다. 하지만 GSK로 하여금 대가를 치르게 하고, GSK로 인해 삶이 망가진 피해자들이 마침내 휴식을 얻을 수 있게 됐다는 소식을 들으며 하늘의 별과 산을 바라본 그 순간이야말로 다른 어떤 것도 주지 못한 감회를 나에게 줬다.

통화를 마치고 다시 식당으로 들어갔을 때 셰리는 포춘 쿠키에 담긴 메시지를 읽으며 흥분하고 있었다. "꿈에 그리던 집을 찾을 수 있을 것입니다."라는 메시지였다. 셰리는 내 포춘 쿠키 메시지도 읽어보라고 했다. 나는 말없이 그녀를 바라보았다.

그렇게 몇 초쯤 지났을까? 셰리가 물었다. "키크가 뭐래요? DNA 검사 결과가 벌써 나왔대요?" 나는 고개를 끄덕인 뒤 말없이 셰리를 바라다보았다. "그 사람이 범인이에요?"

내가 다시 고개를 끄덕였다. 말을 시작하면 우리 둘 다 침착할 수 없다는 것을 알기에 나는 그저 고개만 끄덕인 것이다. 음식 값을 내자마자 셰리가 나를 식당 밖으로 밀었다. 셰리는 계속 내게 "말 좀 해봐요."라고 재촉했다.

차를 몰고 호텔로 돌아오면서 셰리는 그 일이 끝나서 얼마나 안심이 되는지 모른다고 말했다. 언젠가 범인이 그토록 오랫동안 자신을 추적해온 나를 찾아올지 몰라 늘 걱정했다는 것이다. 그날 밤 우리 둘 다 잠을 이루지 못했다. 우리가 제안한 금액이 받아들여진 후 토요일에 비행기를 타고 콜로라도로 다시 가서 서류 작업을 마쳤다. 월요일에는 새크라멘토 보안관청에 들러야 했다.

새크라멘토 지방검사 앤 머리 슈버트는 조심스럽게 두 번째 샘플을 수집하라고 지시했다. 감시팀은 명령을 수행할 기회를 엿보고 있었다. 월요일 저녁에 디앤젤로가 다음날 수거될 쓰레기를 내놓았다. 어두워진 후 요원들이 쓰레기통에서 쓰레기봉투를 꺼내 그의 DNA가 묻어있을지 모르는 모든 쓰레기를 뒤졌다. 음료수 캔과 생수병을 비롯해 그가 입을 댔을 가능성 있는 모든 것을 끄집어냈다. 11개 물품이 수거된 후 마지막 순간에 12번째 물품이 추가됐다. 화장지였다. 화장지에도 DNA가 묻었을지 모른다. 연구소에 긴급명령이 내려졌다.

결과를 기다리는 동안 켄 클락과 나는 판사의 서명을 받기 위해 44쪽에 달하는 체포영장을 썼고 전술팀은 공격을 계획했다. 초특급 비밀 작전이었다. 결정적인 증거를 제공한 벤추라 카운티 수사기관만 작전에 대한 통보를 받았다.

2차 DNA 분석 결과는 4월 24일 화요일에 나왔다. 디앤젤로의 조직 DNA가 범인의 그것과 완벽하게 일치했다. "블랙 백 작전 Black Bag Operation(은밀하고 비밀스럽게 진행하는 작전)"이 본격화됐다. 디앤젤로가 집에서 나올 때까지 기다렸다가 그가 공공장소에 도착했을 때 요원들이 둘러싼 뒤 잠복용 밴에 태우는 것이었다. 디앤젤로는 이른 저녁에 집을 정리하는 습관이 있었다. 수요일에는 아무데도 나가지 않았다. 다른 날을 기다리는 것은 너무 위험하다는 것이 팀의 공통된 의견이었다. 마침내 디앤젤로가 집 옆의 마당에 모습을 드러냈을 때는 막 해가 지기 시작할 때였다. 집 옆 마당에는 문이 없었고, 울타리도 없었다. 집 안으로 통하는 문도 없었다.

나는 새크라멘토 보안관청 강력계에서 다른 사람들과 함께 새로운 계획이 진행되는 것을 경찰 보안무전기로 듣고 있었다. 작전 팀장이 "지금이다, 진입!"이라고 말하자 작전팀원들이 디앤젤로를 급습했다. 경찰서에 있던 우리는 가슴이 조마조마했다.

디앤젤로는 아주 위험한 연쇄살인범이었다. 우리는 그가 여러 해 동안 총을 수집했다는 것도 알고 있었다. 디앤젤로가 총으로 경찰을 쏠 수도 있었다. 딸과 외손녀를 인질로 잡을 수도 있었고, 자살을 시도할 수도 있었다. 다급한 순간들이 지나갔다. 등에 땀 한 방울이 떨어지는 것이 느껴졌다.

마침내 작전팀장이 말했다. "용의자 체포."

강력계에서 환호성이 터졌다. 사람들은 소리를 지르면서 서로 하이파이브를 했다. 검은색 반바지와 흰색 티셔츠를 입은 디앤젤로는 두 손이 등 뒤로 묶인 채 집에서 나와 경찰차에 태워졌다. 디앤젤로는 "오븐에 뭘 굽는 중이야. 요리중이란 말이야!"라고 카랑카랑한 목소리로 말했다.

* * *

그날 저녁, 디앤젤로 사건과 관계된 모든 기관에 살인범이 체포됐다는 통보가 갔다. 디앤젤로는 새크라멘토 보안관청 강력계로 호송됐다. 우리는 무장한 경찰관 세 명이 그를 취조실로 데려가는 모습을 지켜봤다. 우리 중 몇몇은 사진을 찍었다. 수많은 생명을 앗아간 괴물은 늙고 과체중이었다. 그는 사악한 표정을 제외하면 평범한 사람처럼 보였다. 나는 그가 그런 모습일 거라고 항상 상상했었다.

그는 양면거울이 달린 회색 취조실 탁자 앞에 수갑이 채워진 채 앉아 있었다 나는 그에게서 눈을 뗄 수가 없었다. 한 시간 동안 그는 꼼짝도 하지 않았다. "사람들을 공격할 때도 저랬습니다." 함께 그 모습을 지켜보던 크레이머에게 내가 말했다. 범행 당시 범인이 침대 옆에 너무나 조용히 서 있어서 그가 거기에 있는지조차 몰랐다고 EAR의 피해자들이 말했던 것이 기억났다.

체포된 직후 조사실에 앉아있는 조지프 디앤젤로(2018년 4월 23). 디앤젤로는 이 자세로 꼼짝도 하지 않고 한 시간 동안 앉아있었다. 폴 홀스

그 후 몇 시간 동안 수사관들이 차례로 디앤젤로를 취조했다. 그는 아무 말도 하지 않고 벽을 바라보기만 했다. 그러다가 여성 수사관이 들어가 마실 것을 원하느냐고 물었을 때 그는 딱 한 번 고개를 움직였다. 양면거울 너머로 그의 반응을 보면서 나는 등골이 오싹해졌다. 희대의 악마는 사악한 얼굴로 여성 수사관을 향해

몸을 돌렸고 천천히 그녀를 위아래로 훑어본 다음 다시 벽을 쳐다봤다.

수사관들이 몇 시간 동안 그의 입을 열기 위해 시도했지만 그는 결국 아무 말도 하지 않았고, 취조실에 혼자 남겨졌다. 나는 헤드폰을 끼고 그가 혼자 중얼거리기 시작하는 것을 지켜보았다. 그가 말하는 것을 거의 알아들을 수 없었지만, 분명하게 내 귀에 들린 말이 있었다.

그는 수많은 피해자들에게 그랬듯이 낮고 쉰 목소리로 속삭이듯 연거푸 중얼거렸다. "내가 더 강했어야 했어. 그 사람이 내게 시켰어."

27장 : "진짜 그 사람 맞아요?"

2018년 4월 26일

3시간 정도 눈을 붙인 뒤 나는 앤 머리 슈버트의 기자회견에 참석하기 위해 새크라멘토로 돌아왔다. 기자회견에 참석하기 전에 나와 몇몇은 디앤젤로의 집을 둘러봤다. 침실 세 개, TV가 있는 거실, 인스턴트 음식과 먹다 만 초콜릿, 과자, 음료수가 놓여있는 주방 식탁은 평범했다. 그가 범죄현장에서 가져간 장신구를 어디에 숨겼는지 궁금했다.

나는 그가 1970년대에 범행 대상을 찾기 위해 한밤중 아내와 딸들을 두고 집을 나서는 모습을 상상했다. 그때 그의 아내와 딸들은 무슨 생각을 했을지, 그는 가족들에게 무슨 말을 했을지 궁금했다. 마지막으로 나는 디앤젤로의 침실 문을 열었다. 그의 침실로 들어서다가 멈칫했다. 침실 문 안쪽 책상 위에 컴퓨터 모니터가 있고, 그 옆에 땅콩버터 통과 스푼이 놓여있었다. 나는 모니터 쪽으로 가까이 갔다. 그는 평면 스크린 모니터를 수건으로 덮어놓고 있었다. EAR이 범행 현장에서 하던 행동이었다. 그는 여성을 강간하기 직전에는 언제나 TV 화면이나 램프를 수건으로 덮어 조명을 부드럽게 만들었다. 피해자들의 목소리가 다시 들리기 시작했다. "그는 나를 강간하기 전에 눈을 가리고 조명 위에 수건을 덮었어요." "그는 내 블라우스를 찢어 램프 위에 놓은 다음 그날 밤 내가 섹스를 했는지 물었어요." "그는 나를 엎드리게 한 뒤 손과 발을 묶더니 욕실로 가서 수건을 꺼내 램프를 덮었어요."

나는 뒤에 서 있던 크레이머 쪽으로 몸을 돌려 말했다. "범행 현장을 재현해 놓은 겁니다."

*　*　*

새크라멘토 지방검사 사무실은 미국 전역과 해외에서 날아온 기자들로 붐볐다. 차를 세우면서 보니 각 관할구역에서 사람들이 도착하고 있었다. 오렌지 카운티에서는 토니 래코캐스 지방검사와 회의 때 나와 얼굴을 붉혔던 지방검사보가 왔다. 래코캐스는 내게 인사를 하는 둥 마는 둥 하면서 빠르게 나를 스쳐 들어갔다. 지방

2018년 4월 24일 기자회견을 마친 뒤 디앤젤로의 머그샷(체포된 범인을 촬영한 사진) 앞에서 찍은 사진. 당시 나는 디앤젤로의 피해자 중 생존해 있는 사람들 몇 명과 전화 통화를 마치고 스티브 크레이머와 계보학 수사 연구팀원들과 만나기로 한 상태였는데, 기자들이 내게 질문을 쏟아내는 바람에 멈춰서 대답을 할 수밖에 없었다. 나는 디앤젤로를 검거한 일에 대해서는 매우 자랑스럽게 생각하고 있었지만, 은퇴를 하면 이런 미제사건들을 더는 수사할 수 없게 될 것이라는 불안감 때문에 마음이 불편한 상태였다. _미디어뉴스그룹/〈머큐리 뉴스〉-게티이미지

바버라 레이 벤터와 함께 조지프 디앤젤로가 GSK라는 것을 알아낸 계보학 수사 연구팀원들. 이 사진은 디앤젤로가 체포된 뒤 열린 기자회견 직후에 찍은 것이다. 왼쪽부터 커크 캠블, 나, 스티브 크레이머, 멜리사 패리솟, 모니카 크자코프스키. _제이 크자코프스키

검사보는 내가 인사를 하려고 하자 표정이 굳어졌다. 그들의 그런 태도를 보면서 나는 40년에 걸친 비극의 끝이 정치적으로 바뀔 것이라는 확신이 들었다.

래코캐스는 자신에게 권력이 있다는 것을 과시하는 태도로 연단에 올라갔다. 나는 그의 그런 모습을 보면서, 그가 입고 있는 흰색 와이셔츠의 버튼들이 빵빵한 가슴 때문에 떨어져 나올 것 같다는 생각을 했다. 그가 연단에 올라서도 오렌지 카운티에 대해서만 자랑하듯이 이야기를 할 것이라고 생각했다. 그는 "마침내 긴 세월이 지난 후 누가 이 끔찍한 범죄를 저질렀는지에 대한 풀리지 않았던 의문이 해결되었습니다."라고 입을 뗐다. 카메라 셔터 누르는 소리가 사방에서 쏟아졌다. 그런 그를 보며 나는 "당신 덕분에 의문이 풀린 건 아니지."라고 혼잣말을 했다.

나는 다 안다는 표정으로 나를 쳐다보는 크레이머에게로 몸을 돌렸다. 정치인들의 오만함을 더는 보고 싶지 않았다. "저 먼저 가겠습니다. 전화를 해줘야 하는 피해자들이 있어서요." 나는 크레이머에게 이렇게 말한 뒤 기자회견장을 빠져나왔다.

때마침 휴대폰이 울렸다. 핸드폰 화면에 뜬 이름은 내가 몇 년 동안 보지 못한 이름이었다. 그 사건의 모든 희생자들에게 그랬듯이 나는 그녀에게도 내 번호를 알려줬다. 차 뒤에 몸을 숨기고 전화를 받았다.

"메리?" 내가 물었다.

메리는 디앤젤로의 마지막 강간 피해자 중 한 명이자 가장 어린 피해자였다. 1979년 여름 8학년이 되기 바로 전 어느 새벽 4시에 그녀는 집에 몰래 침입한 범인에게 벽에 유니콘이 그려진 분홍색 침실에서 강간을 당했다. 메리는 당시 아버지가 자기를 돕지 못한 것에 괴로워하다 3년 후 세상을 떠났다고 믿었다.

그 메리가 TV에서 나오는 내용이 진짜인지 확인하고 싶은 간절한 마음으로 내게 전화를 한 것이다.

그녀는 떨리는 목소리로 물었다. "진짜 그 사람 맞아요?"

"네, 100퍼센트 맞습니다. 그 인간은 다시는 햇빛을 못 보게 될 겁니다." 내가 대답했다.

근 40년 동안 짊어져 온 마음의 고통과 두려움이 한꺼번에 해소됐다. 모든 기억이 새록새록 떠올랐다. 메리는 흐느끼면서 "미안해요! 미안해요! 미안해요! 화가 난 게 아니에요. 너무 행복해서 그래요."라고 말한 뒤 전화를 끊었다.

UNMASKED

28장 : 목적의식

골든 스테이트 킬러 사건에 대해 되짚어보기 전인 5월 말이었다. 기자회견이 있은 후 몇 주 동안 이 사건에 대해 이야기해 달라는 기자들, 방송 에이전트들, TV 프로듀서들의 전화가 쇄도했다. 전 세계 기자들로부터 하루에 100통 넘는 전화를 받았다. 그 봄날 오후 나는 2주 만에 처음으로 콜로라도의 새집에 있었다. 셰리와 아이들은 밖에 있었고, 집 안은 조용했다. 나는 버번을 한 잔 따른 뒤 디앤젤로가 체포되던 날 밤에 찍은 사진을 꺼냈다. 그는 혼자 취조실에 웅크린 채 낙담한 표정을 짓고 있었다. 나는 "내가 잡았어." 하고 큰 소리로 외쳤다.

그 사건으로 나는 일종의 유명인사가 됐다. 디앤젤로가 체포되고 2년 동안 며칠을 제외하고는 미국 전역의 수사기관들을 돌아다니며 미제사건 해결을 돕기 위한 조언을 했다. 내가 TV 방송에 출연해 그 사건에 관해 설명하는 동안 셰리는 혼자서 우리의 새로운 삶에 자신과 아이들을 적응시켰다. 그 와중에 나는 텍사스 포트워스에서 일어난 칼라 워커 사건에 대해 알게 됐다. 2019년 12월, 칼라의 남동생 짐을 만나면서 나는 예상하지 못한 감정적 영향을 받았다. 어릴 때 누나의 시신이 발견된 배수로에 계속해서 갔다는 짐의 말을 듣고 가슴이 무너졌다.

칼라가 살해당했을 때 짐은 주근깨가 많고 헝클어진 붉은빛 금발을 가진 7학년 학생이었다. 칼라가 집에 돌아오지 않은 지 나흘째 되던 날 부모님과 함께 있던 짐은 보안관보들이 집에 찾아와 칼라의 시신이 발견됐다고 말하는 것을 들었다. 칼라의 시신을 확인하기 위해 부모님과 함께 병원 영안실에 갔던 짐은 비탄에 잠긴 부모님 곁에 힘없이 서 있었다. 40여 년이 지난 후에도 어머니의 비명은 여전히 그의 귓가를 맴돌았다.

"죽음의 비명이었습니다." 짐이 눈물을 삼키며 내게 말했다.

나는 평정심을 유지하기 위해 이를 악물었다. 그 순간 적절할 말을 찾아내려고 애쓰면서 "사랑하는 사람의 시신을 그렇게 확인해야 하는 것은 정말 어려운 일입니다."라고 그를 위로했다.

짐이 말했다. "그때 나는 열두 살이었어요. 우리 가족과 이웃 사람들 모두 황폐해졌어요. 그게 화가 났어요. 사람들은 우리 주변에 살인자가 있다는 사실에 엄청난 공포를 느꼈어요."

1974년 2월 20일, 당시 17세였던 칼라 워커의 시신이 발견된 지하 배수로 북쪽 입구. 시신은 칼라 워커가 텍사스 포트워스의 리질리아 볼링장 주차장에 있던 남자친구의 차에서 납치된 지 며칠 만에 발견됐다. _포트워스 경찰서

"누나가 발견된 곳에 가봤나요?" 내가 물었다.

운전할 수 있는 나이가 되자 짐은 칼라의 시신이 버려진 배수로까지 차를 몰고 나갔다고 말했다. 짐이 멈칫거리면서 말을 이었다. "누나가 그곳에 버려졌을 때 살아있었을지, 누나가 뭘 보고 어떤 느낌을 받았을지, 어떤 냄새를 맡았을지…, 알고 싶었습니다. 어느 밤에는 6시간 동안 그곳에 앉아있기도 했어요. 추웠습니다. 나는 누나가 어땠을지 알고 싶었어요." 그는 처음에 그곳에 갔던 밤에 살인자들이 가끔 그렇듯이 칼라의 살인범이 범죄현장으로 다시 오기를 기다리고 기다렸다고 했다.

목이 메어 말이 잘 나오지 않았다. 나는 내 막내아들 나이였을 때부터 평생 그 배수로에서 벗어나지 못하고 괴로워하면서 살고 있는 남자를 보고 있었다. 사람을 그렇게 만드는 일은 결코 정당화될 수 없다. 불안한 그의 마음을 진정시키고 마음에 평화를 주기 위해, 필요한 모든 일을 해야 한다는 생각이 들었다. 칼라 워커 사건 같은 비극으로 인해 피해자가 겪고 있는 고통을 내가 조금이라도 덜어줄 수 있다면, 나는 그런 사건들을 해결하는 것을 최우선 순위에 둘 수밖에 없다.

미제사건에 관한 조사를 하려면 피해자와 가장 가까운 사람들을 먼저 조사해야 한다. 피해자의 가족, 친척, 친구를 만나야 한다는 뜻이다. 사건이 해결되지 않은 채 오랜 세월이 흐르면 칼라의 부모님이 그랬던 것처럼 피해자의 가족이나 친척 중 일부는 세상을 떠날 수밖에 없다. 하지만 피해자의 형제자매는 계속 살아있다. 칼라의 남동생과 언니 신시아, 칼라의 남자친구 로드니는 45년이 지난 뒤에도 살아있다.

특히 로드니는 그 긴 세월 동안 의심을 받으면서 살아왔다. 칼라가 실종된 후 로드니는 경찰에게 칼라와 같이 탄 차를 댄스파티가 끝난 후 지역 볼링장에 주차했는데 총을 든 한 남자가 조수석 문을 당겨 연 다음 총 손잡이로 자신을 때렸고, 칼라를 차 밖으로 끄집어냈다고 말했다. 로드니는 자신이 마지막으로 들은 칼라의 말은 "아빠 불러와!"였고, 의식을 되찾았을 때 칼라는 사라진 후였다고 진술했다.

나는 로드니가 살고 있는 포트워스에 가서 그를 만났다. 그는 60대 초반이었고 이혼한 상태였다. 내가 만났을 때 그는 오래 만나온 여자친구와의 아픈 이별을 극복하는 과정에 있었고, 나는 그 안에 내재한 안타까움을 느꼈다. 그것을 제외하면 로드니는 꽤 잘 살고 있는 듯했다. 그는 성공적인 화이트칼라 경력을 가지고 있었고 여전히 최고의 신체 조건을 지닌 잘생긴 남자였다. 그는 하루에 팔굽혀펴기를 100번씩 한다고 말했다. 로드니는 정말 호감이 가는 인상이었다. 나는 그에게 인생 최악의 밤을 떠올리게 하는 날카로운 질문을 했지만, 그는 친절한 태도를 보였다. 눈물을 흘리는 그의 모습을 보면서 그가 아직도 1974년의 일을 생생하게 기억하고 있다는 것을 잘 알 수 있었다.

로드니가 말했다. "칼라는 누군가가 훔쳐간 겁니다." 그의 친절한 미소가 갑자기 떨렸다. 그는 입술을 깨물고 정신을 차리려 애쓰며 먼 곳을 바라보았다. "나도 그 도둑질의 일부였습니다." 그가 회한으로 가득 찬 말을 했다. 감정을 추스르려 노력하는 모습을 보면서 나는 그가 칼라의 살인과 아무 관련이 없다면, 평생 의심을 받으면서 살아야 하는 것이 그에게 얼마나 부당한 일일지 생각했다. 칼라를 잃은 것에 대한 슬픔과 죄책감, 그리고 그녀를 잃은 방식이 수십 년 내내 그를 괴롭혔을 거라고 나는 확신했다.

나는 로드니에게 말했다. "당신은 희생자였습니다." 그날 밤에 일어난 일에 대한 그의 이야기가 모두 사실이라고 가정하고 한 말이었다.

"우리는 모두 희생자입니다." 그는 침착함을 유지하려 애쓰면서 시선을 돌렸다. "희생자가 너무 많아요."

너무나 가슴 아픈 여행이었다. 칼라의 살인으로 인한 부수적 피해는 광범위하고 가혹했다. 그녀의 부모부터 형제자매, 남자친구와 포트워스의 모든 주민에 이르기까지 너무 많은 사람이 고통을 겪었다. 너무나 많은 사람이 그 슬픈 과거에 갇혔지만, 그토록 많은 것을 앗아간 사람은 그냥 사라져버렸다.

포트워스를 떠나면서 여러 가지 감정에 휩싸였다. 어린 소녀의 비극적인 죽음에 대한 슬픔, 그녀가 마지막 순간에 경험한 공포에 대해 생각했다. 그녀의 가족을 실망시키지 않기 위해 그 사건을 필사적으로 해결해야 한다고 생각하면서 나는 차 운전대 앞에 앉아 흐느껴 울었다.

나는 항상 사건이 끝난 후 감정을 마음 깊은 곳에 숨겼다. 하지만 그런 감정들은 대개 한밤의 공황 발작 형태로 표출됐다. 가장 최근의 공황 발작은 너무 심해서 나는 침실 바닥에서 쓰러져 기절했다. 오랫동안 쌓아둔 내 감정들이 쏟아지고 있었다. 두 손에 얼굴을 묻었다. 눈물이 계속 났다. 나는 두렵고 혼란스러웠다.

포트워스에서 TV 출연을 위해 캘리포니아로 돌아와 점보 클라운 룸에서 술을 마시면서 괴로워했던 밤을 보낸 나는 콜로라도로 가서 가족들과 휴일을 지냈다. 셰리가 저녁에 재봉 일을 하는 동안 나는 칼라 사건을 계속 처리했다. 내가 TV 프로그램에 출연하는 동안에도 그 사건에 대한 과학수사 실험은 계속 진행되고 있었다. 포트워스의 수사관들에게 조언을 해주면서 나는 칼라의 옷을 실험실로 보내 분석해보자고 제안했다. DNA 분석요원이 우리에게 좋은 소식을 전했다. 칼라의 브래지어 끈에서 정액 샘플을 채취했다는 소식이었다. 정액 샘플은 DNA 분석에 최적이었고, 계보학 기법을 그 분석에 보완하면 범인의 DNA 프로파일과 일치하는 항목을 찾아낼 수 있을 거라고 확신했다.

하지만 기대는 곧바로 무너졌다. 계보학 연구소는 샘플을 모두 소비했지만 결과를 얻을 수 없다는 피상적인 내용의 이메일을 보내왔다. 우리는 좌절했다. 나는 처음으로 돌아갔다. DNA 분석요원이 다른 DNA 소스를 찾아냈지만, 그것은 첫 번째 소스의 일부에 불과했고 그나마도 훼손돼 별로 가능성이 없어 보였다.

2020년 5월, 나는 2018년에 최첨단 법의학 DNA 시퀀싱 연구소를 갖춘 신기술 회사 오스램을 설립한 친구 데이비스 미텔먼을 만나 조언을 구했다. 내가 첫 번째 샘플 분석에 관한 이야기를 하자 데이비스는 "그들은 잘못된 기술을 사용했어."라고 말하면서 "우리는 게놈 시퀀싱 방식을 사용해."라고 덧붙였다.

"깨끗한 상태가 아닌 샘플을 계보 데이터베이스 검색과 호환되는 방식으로 변환할 수 있을까?" 내가 물었다. 이어서 "꼭 해줘야 해."라고 부탁했다.

데이비스는 흔쾌히 동의했다. 적어도 희망은 있었다. 그전에도 이와 비슷한 일들을 겪은 적이 있었다. 내가 할 수 있는 일은 포트 워스 수사관이 오스램과 함께 다음 단계를 진행하는 동안 옆에서 기다리는 것뿐이었다.

* * *

캘리포니아 여행에서 돌아온 지 얼마 되지 않은 어느 밤이었다. 셰리와 나 둘만 주방에 있는데, 셰리가 싱크대에서 돌아서더니 눈물 머금은 눈으로 나를 바라다보았다. 그러더니 "당신, 상담을 받아야 할 것 같아요."라고 말했다.

그 순간 나는 셰리가 나를 미제사건 수사에서만 완벽한 행복감을 느끼는 대신, 자신과 아이들을 떠나서도 살 수 있는 사람으로 보기 시작했다는 것을 깨달았다. 셰리는 GSK 사건이 종결되면 내가 미제사건 수사를 더는 하지 않을 거라 믿었다고 말했다. 그런데 다시 텍사스에서 일어난 사건을 해결하는 데 집착하고 있다는 얘기였다. 셰리는 내가 그 사건 외에는 아무것도 생각하지 않는다고 말했다.

"우리한테 신경을 쓰기는 해요?" 셰리가 물었다. 나는 셰리와 아이들과 관계를 회복하고 싶은 내 소망을 표현하고 싶었지만, 적당한 말이 생각나지 않았다. 나는 셰리와의 결혼생활이 성공하길 바랐다. 셰리를 사랑했다. 내 아이들을 사랑했다.

"왜 그렇게 생각하는지 다 이해해." 나는 울면서 말했다. "하지만 내 감정은 내가 알아. 더 나아지려고 노력할게."

셰리는 PTSD 치료를 전문으로 하는 치료사를 찾았고, 나는 상담 약속을 잡았다. 나는 치료사에게 내가 해왔던 일을 설명하며 몇 가지 사례를 들었다. 치료사는 "그런 일을 겪을 때마다 깊은 상처를 입은 겁니다."라며 "그런 상처는 절대 치유되지 않습니다. 당신은 그 상처들을 한 번도 제대로 치료하지 않았기 때문에 지금 피를 흘리고 있는 겁니다."라고 말했다. 나의 감정적 트라우마는 수년에 걸쳐 쌓이고 구축된 것이었고, 내 해결책은 감정을 머릿속 개별 상자에 가두는 것이었다. 이제 그 상자는 가득 찼고 슬픔이 스며들었다. 버번은 반창고였다. 하지만 슬픔에 대처하지 않으면 이제 반창고도 붙지 않을 것이라고 나는 생각했다.

내 감정을 직시하자고 결심하면서 상담실을 나왔다. 더 나은 남편과 아빠가 되도록 노력해야겠다고 생각했다. 하지만 셰리를 위해, 모두를 위해 내가 그렇게 될 수 있을지 확신할 수 없었다.

나는 대다수 사람들이 필요로 하는 방식으로 사랑을 주는 것에 서툴렀다. 그것이 내 인생을 혼자 헤쳐 나가야 한다는 의미일지도 모른다는 생각 때문에 괴로웠다. 마땅히 느껴야 할 모든 감정을 깊게 느꼈지만, 그 감정을 표현하는 능력이 부족하면 무슨 소용이 있을까? 나는 다른 사람이 해결할 수 없는 사건을 해결해낼 수 있고, 피해자에 대한 나의 헌신 역시 진실하고 현실적이라는 것을 확실히 알고 있었다. 내가 하는 일은 그저 평범한 일이 아니다. 내 일은 나의 사명이자 존재 이유다.

나의 목적의식은 사건을 처리할 때 발휘된다. 나는 다른 사람을 도울 때 존재 가치를 느낀다. 애도의 과정을 끝내고 앞으로 나아가는 데 필요한 답을 얻지 못해 비극적으로 삶이 보류된 사람들이 너무 많다. 그들이 그 답을 얻도록 도우려는 의지가 내게는 있었다. 하지만 그것으로 충분했을까? 잘 모르겠다.

* * *

2020년 여름, 칼라 워커 사건의 유전적 계보 분석 과정이 시작됐다. 두 번째 샘플은 작업이 완료돼 사용 가능한 프로파일을 만들 수 있었다. 수사관들이 수사 정보를 유출해서는 안 되기 때문에 소규모 팀이 GED-매치 같은 사이트를 통해 작업해서 이룬 성과에 대한 보고서는 기밀문서로 유지됐다.

8월, 골든 스테이트 킬러가 평생 감옥에 수감되었던 같은 주에 칼라 워커 수사팀의 수사관 중 한 명인 제프 베넷이 내게 전화를 했다. 그가 말했다. "무슨 일이 일어나고 있는지 정말 말하고 싶지만 할 수 없습니다." 그런 말을 하려면 전화를 걸지 말았어야 한다. 베넷은 디앤젤로의 자동차와 쓰레기를 처리하던 방식으로 비밀 DNA 샘플을 얻는 것의 합법성에 대해 전문가의 의견이 필요하다고 했다. 검사해야 할 사람들의 범위를 계보학 기법으로 좁혔다고도 말했다.

*　　*　　*

2020년 9월 22일 아침 5시 54분에 핸드폰 문자 메시지가 왔다. "좋은 아침입니다. 텍사스 포트워스에 사는 짐 워커입니다. 기회가 될 때 전화를 주시면 감사하겠습니다. 나는 당신에게 흥미로운 소식을 전하고 싶습니다. 하느님의 축복이 있기를. 당신과 곧 이야기를 나눌 수 있기를 기대합니다."라는 문자 메시지였다. 칼라 워커 사건을 다루기 시작한 지 9개월이 지났고 45년 된 미제사건은 해결된 상태였다.

칼라의 살인자는 글렌 맥컬리라는 77세의 남자였다. 그는 줄곧 포트워스에 살고 있었다. 수사팀은 맥컬리의 먼 친척을 찾았고 공개 기록을 이용해 가계도를 재구성한 다음, 확보한 증거들을 보충해 용의자 범위를 좁혔다. 맥컬리는 살인사건이 발생했던 당시에도 여러 용의자 중 한 명이었지만 증거가 전혀 발견되지 않았었다. 그는 재판이 시작된 지 얼마 안 돼 납치, 강간, 살인 혐의를 인정했고 종신형을 선고받았다.

나는 짐의 메시지를 받자마자 그에게 전화를 걸었다.

짐은 독실한 종교인이다. 그는 내게 "하느님의 축복을 빕니다. 이 사건은 당신의 도움이 없었다면 결코 해결되지 못했을 겁니다. 진심으로 감사드립니다."라고 말했다.

45년 동안 의문을 풀 수 없었던 짐 워커는 마침내 답을 얻었다. 하지만 그렇다고 칼라가 살아 돌아오는 것은 아니다. 칼라를 다시 살릴 수는 없었지만 열두 살 때부터 누나의 시신이 있던 곳 주변을 배회하던 짐에게는 자신이 찾던 답이 주어진 것이었다. 나는 선한 사람이 평화를 찾도록 도왔고, 살인범을 찾아내는 데 최선의 도움을 주겠다는 짐 칼라와의 약속을 지켰다.

전화를 끊은 나는 앞으로 어떻게 미래를 헤쳐 나가야 할지 생각하며 사무실 의자에 다시 앉아있었다. 전국의 가족들과 사법당국의 도움 요청이 너무 많아서 일일이 다 답을 하지도 못하는데, 집에서는 힘들었다.

더 많은 시간을 가족과 함께 즐기며 살기로 결심했다. 아이들이 10대로 접어들면서 셰리는 경력을 이어가기로 했다. 셰리는 지역 경찰 범죄연구소에서 혈청학자로 아르바이트를 했다. 과학과 살인에 대한 공통의 관심에서 처음 시작된 우리의 관계는 이제 셰리가 퇴근해서 자기가 맡은 사건에 대해 나와 대화를 나누면서 다시 이어졌다. 처음 사귈 때처럼 우리는 사건에 관한 긴 대화를 다

1970년 캠폴린도 고등학교 2학년 학생이
었던 코제트 엘리슨의 학교 앨범 사진.

1970년 3월 3일 스쿨버스에서 내린 코
제트 엘리슨이 모자를 쓴 남자와 대화하
는 것을 목격한 사람의 증언을 기초로 작
성한 범인의 몽타주. 미제사건 파일들을
모아 놓은 내 바인더의 첫 번째 파일들 제
일 앞 장에 있는 사진이다.
_1970년 사건파일

시 나누었다. 셰리와는 그런 대화를 나누면서 힘든 시기를 견뎌냈다. 하지만 셰리가 말했듯이 생활에는 일보다 더 많은 것이 있었고, 나는 여전히 가족과 가정생활에 더 집중해야 했다.

나는 셰리에게 최선을 다해 노력하겠다고 약속했다. 나는 기타를 연습하고 목공을 배울 작정이다. 아들과 함께 산악자전거도 탈 생각이다. 이전에는 집에 머물 때 나는 단지 "집에 존재하기만 했다." 어쩌면 나는 셰리와 아이들이 좋아하는 보드게임에 익숙해질 수도 있을 것이다.

짐 워커와 나눈 대화를 셰리에게 말해주기 위해 일어나는데 책상 옆 선반에 있는 검은색 바인더가 눈에 들어왔다. 내가 카운티 사무실에서 잘 보이게 보관하다가 은퇴할 때 가지고 나온 것이었다. 그 바인더에는 1970년 3월 3일 모라가에서 학교를 마치고 집으로 가던 15세 소녀 코제트 엘리슨이 납치되어 살해된 사건에 관한 파일이 들어있다. 그녀의 훼손된 시신은 10개월 후 몇 킬로미터 떨어진 개울에서 발견됐다. 그녀를 강간하고 목숨을 앗아간 괴물은 아직 어딘가에 있을 것 같았다. 그런데도 나는 모자를 쓰고 편안한 미소를 짓는 남자의 몽타주를 손에서 놓아야 했다. 그 사건이 나를 괴롭혔다.

머뭇거리던 나는 선반에서 바인더를 꺼내 열었다.

옮긴이 **고현석**

연세대학교 생화학과를 졸업하고 〈서울신문〉 〈경향신문〉 〈뉴시스〉 〈뉴스1〉에서 과학
및 외신 담당 기자로 일했다. 현재 전문번역가로서 문학과 우주물리학, 생명과학 등
다양한 분야의 책을 번역하고 있다. 옮긴 책으로 짐 다운스의 《제국주의와 전염병》,
부르한 쇤메즈의 《이스탄불, 이스탄불》, 안토니오 다마지오의 《느낌의 진화》, 크리스
토퍼 완제크의 《스페이스 러시》, 알렉스 코밤의 《불공정한 숫자들》, 나이절 캐머런의
《로봇과 일자리: 어떻게 준비할 것인가?》, 조너선 마크스의 《인종주의에 물든 과학》,
닉 레인의 《외계생명체에 관해 과학이 알아낸 것들》, 레이먼드 피에로티 외 《최초의
가축, 그러나 개는 늑대다》 등 다수가 있다.

UNMASKED

첫판 1쇄 펴낸날 2023년 4월 28일

지은이 | 폴 홀스
옮긴이 | 고현석
펴낸이 | 지평님
본문 조판 | 성인기획 (010)2569-9616
종이 공급 | 화인페이퍼 (02)338-2074
인쇄 | 중앙P&L (031)904-3600
제본 | 서정바인텍 (031)942-6006
후가공 | 이지앤비 (031)932-8755

펴낸곳 | 황소자리 출판사
출판등록 | 2003년 7월 4일 제2003-123호
대표전화 | (02)720-7542
E-mail | candide1968@hanmail.net

ⓒ 황소자리, 2023

ISBN 979-11-91290-21-9   03810

* 잘못된 책은 구입처에서 바꾸어드립니다.